高等职业教育财经商贸类新编系列教材・经济管理基础课

统计学基础

主　编　徐　娟　胡军强
副主编　姚　伟　任　志

電子工業出版社
Publishing House of Electronics Industry
北京・BEIJING

内 容 简 介

本书根据统计工作过程设计了八个教学项目，分别为认识统计、统计调查、统计整理、统计描述、时间数列分析、统计指数分析、抽样推断分析、相关与回归分析。每个项目均以案例引入开始，通过分析、解决案例中的问题来完成对项目知识的学习。对于主要的统计方法，都以简单的统计软件Excel做了操作演示，不仅能够培养学生应用统计方法的能力，而且有助于提高学生的计算机应用能力，实现学生在校学习与实际统计工作的无缝对接。

本书坚持“内容导向正确，体现学科特点”的原则，突出职业教育“理论必要、够用，重视应用能力培养，服务学生技术技能积累，服务学生成长成才和就业创业”的特色，构建符合高等职业院校学生技术技能人才成长规律的项目化教材。

本书既可作为高等职业院校财经商贸类相关专业的专业基础课教材，也可作为在职人员培训及自学的参考书，对于广大社会读者也是一本非常有益的读物。

图书在版编目（CIP）数据

统计学基础 / 徐娟，胡军强主编. —北京：电子工业出版社，2021.1
ISBN 978-7-121-40122-0

Ⅰ. ①统… Ⅱ. ①徐… ②胡… Ⅲ. ①统计学－高等职业教育－教材 Ⅳ. ①C8

中国版本图书馆CIP数据核字（2020）第242286号

责任编辑：朱干支　　文字编辑：王宝熠
印　　刷：大厂聚鑫印刷有限责任公司
装　　订：大厂聚鑫印刷有限责任公司
出版发行：电子工业出版社
　　　　　北京市海淀区万寿路173信箱　邮编 100036
开　　本：787×1 092　1/16　印张：14.5　字数：371.2千字
版　　次：2021年1月第1版
印　　次：2021年1月第1次印刷
定　　价：43.80元

凡所购买电子工业出版社图书有缺损问题，请向购买书店调换。若书店售缺，请与本社发行部联系，联系及邮购电话：（010）88254888，88258888。

质量投诉请发邮件至zlts@phei.com.cn，盗版侵权举报请发邮件至dbqq@phei.com.cn。

本书咨询联系方式：（010）88254573，zgz@phei.com.cn。

前　言

本书是根据教育部制定的高职高专教育的专业基础课教学基本要求和专业培养规格，总结编者多年的教学实践经验编写的。本书坚持“内容导向正确，体现学科特点”的原则，突出职业教育“理论必要、够用，重视应用能力培养，服务学生技术技能积累，服务学生成长成才和就业创业”的特色，以统计工作过程为主线设计教材内容。

本书根据统计工作过程设计了八个教学项目，分别为认识统计、统计调查、统计整理、统计描述、时间数列分析、统计指数分析、抽样推断分析、相关与回归分析。每个项目包括学习目标、知识导图、案例引入、项目实施、项目小结、技能检测、综合实训等模块。对于主要的统计方法，以简单的统计软件 Excel 做了操作演示。

本书具有以下特点：

（1）编排合理、梯度清晰。以统计工作过程为核心编排项目，每个项目均用案例引入、案例驱动的理念设计教学内容。

（2）以“适应新时代技术技能人才培养新要求、服务技术技能积累”为目标，理论与概念简洁、精练，突出理论性与实用性、操作性相结合的特点。

（3）强化应用性和技能训练。各单元均设计有案例、技能检测和综合实训，培养学生理论联系实际，运用知识解决问题的能力，因此，更适合高职院校专业基础课程讲授与学习的要求。

（4）突出案例教学。本书跟进经济统计动态，将较新案例融入各单元的学习之中。

（5）注重 Excel 软件操作。对于主要的统计方法，通过 Excel 进行操作演示，使学生在掌握统计数据收集、整理、分析的过程中进一步提高计算机应用能力。

（6）内容生动活泼，形式新颖，可读性强。文中提供了大量阅读材料供学生阅读。从而扩展了学生的知识面。

本书既可作为高等职业院校财经商贸类相关专业的专业基础课教材，也可作为在职人员培训及自学的参考书，对于广大社会读者也是一本非常有益的读物。建议授课学时为 40～68 学时，不同专业在使用时可根据自身特点和需要加以取舍。

本书编写团队由具有多年教学经验的一线教师组成，由徐娟和胡军强担任主编，姚伟、任志担任副主编。具体分工如下：徐娟编写项目一、项目三、项目四；胡军强编写项目二、项目五、项目六；任志编写项目七；姚伟编写项目八。

本书提供电子教案和习题答案，需要者可登录华信教育资源网（www.hxedu.com.cn）免费下载。为了拓展知识面，本书提供部分案例和阅读材料，读者可以通过扫描书中二维码的方式进行阅读。

本书参考和引用了部分国内外学者的著作和研究成果，包括网上资料，在此表示诚挚的谢意！

在编写过程中，编写团队虽然多次讨论、交流意见，但由于编者水平及时间有限，书中难免存在疏漏和不足之处，敬请专家、广大读者批评指正，以便及时修订改进。

编者

目　　录

项目一　认 识 统 计

学习目标

知识目标：

1. 理解统计的含义、研究对象及工作过程；
2. 掌握统计学的研究方法；
3. 掌握统计学中几个常用的基本概念及其基本理论。

能力目标：

1. 能运用统计学的知识解释日常生活中的现象；
2. 能区分和研究现象的总体与总体单位、标志和指标、变异与变量；
3. 能认知基本的统计分析方法，具备应用统计基本理论分析实际问题的能力。

重点难点：

1. 统计的含义；
2. 统计的工作过程；
3. 统计学中几个常用的基本概念。

知识导图

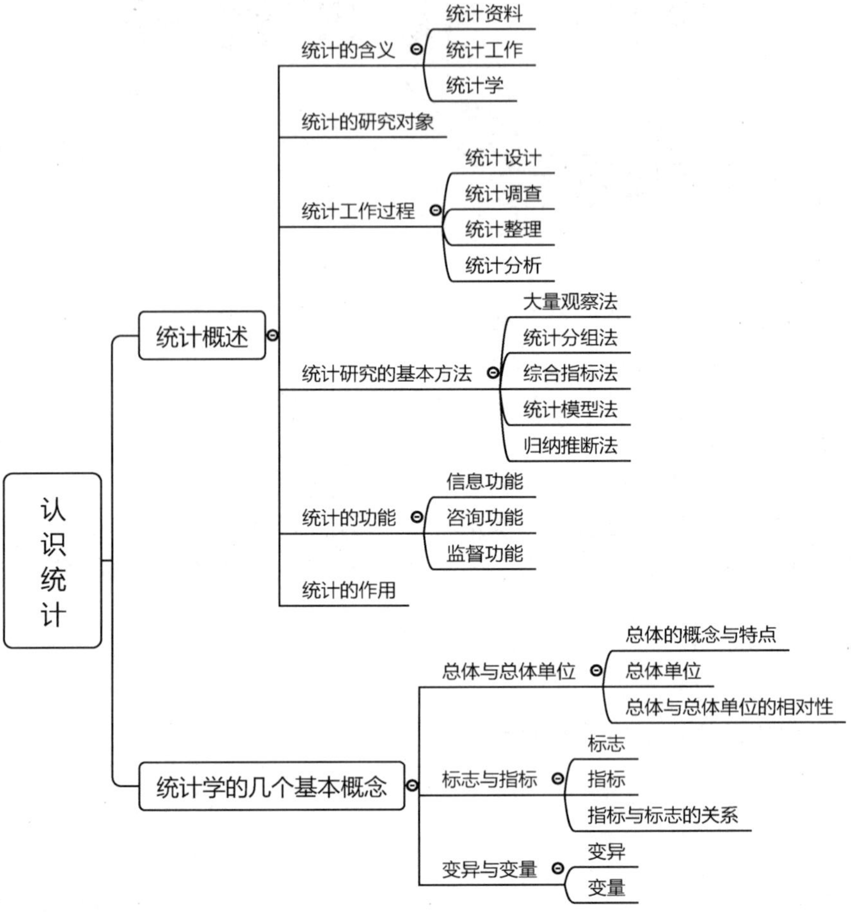

案例引入

2019 年中国经济的特点

国家统计局 1 月 17 日上午公布 2019 年国民经济运行情况数据，初步核算，全年国内生产总值 990 865 亿元，年末中国大陆总人口 140 005 万人，人均国内生产总值 10 276 美元，经济运行总体平稳，发展主要预期目标较好实现。2019 中国经济有哪些特点？

经济中高速增长

全年国内生产总值 990 865 亿元，比上年增长 6.1%，明显高于全球增速；增速在 1 万亿美元以上的经济体中位居第一；人均 GDP 达到 10 276 美元，突破 1 万美元大关。

就业持续扩大

全年城镇新增就业 1352 万人，连续 7 年保持在 1300 万人以上，完成全年目标的

122.9%；2019 年各月全国城镇调查失业率保持在 5.0%～5.3%之间，实现了低于 5.5%左右的预期目标。

价格总体稳定

全年居民消费价格比上年上涨 2.9%，符合 3%左右的预期目标。其中，食品价格上涨 9.2%，非食品价格上涨 1.4%，扣除食品和能源价格的核心 CPI 上涨 1.6%。

外贸外资逆势增长

全年货物进出口总额 315 446 亿元，比上年增长 3.4%；出口增长 5.0%，进口增长 1.6%，货物贸易顺差比上年扩大 25.4%。在全球跨境投资大幅下降的情况下，从 1～11 月份的数据看，实际使用外资同比增长 6%，全年有望超过 1300 亿美元。

居民收入增长与经济增长基本同步

全年全国居民人均可支配收入 30 733 元，实际增长 5.8%，城镇居民人均可支配收入实际增长 5.0%，农村居民人均可支配收入实际增长 6.2%，继续快于城镇居民。

增长的质量效益提高

2019 年全国工业产能利用率为 76.6%，比上年有所提高；城乡居民人均可支配收入比值是 2.64，比上年缩小 0.05；中西部地区工业、投资等主要指标增长快于东部地区。

资料来源：中国政府网 http://www.gov.cn/xinwen/2020-01/17/content_5470248.htm

【案例分析】

根据上述资料回答并解决如下问题：

1. 2019 年国民经济运行情况如何？你是如何判断的？
2. 你知道资料中的数据和统计有什么关系吗？
3. 资料中的统计指标有哪些？

要回答并解决上述问题，让我们一起先来认识什么是统计。

项目实施

任务一　统计概述

一、统计的含义

统计作为一种社会实践活动，已有悠久的历史。可以说，自从有了国家就有了统计实践活动。“统计”一词的含义可以从统计资料、统计工作和统计学三个角度来理解。

（一）统计资料

统计资料，即统计工作所获得的各种数字资料及与之相联系的其他资料的总称。它的表现形式为各种统计表、统计图、统计报告、统计公报、统计年鉴及其他有关统计数字信息的载体；其内容是反映社会经济现象的规模、水平、速度、结构和比例关系等信息的数字和文字资料。统计资料是统计活动的结果。

（二）统计工作

统计工作又称统计实践活动，是人们为了说明所研究对象的某种数量特征和数量规律性，而对该现象的数量方面进行收集、整理与分析的工作过程。

（三）统计学

统计学即统计理论，是一门研究如何对客观事物的数量方面进行调查、整理和分析的原理、原则与方式、方法的科学，是统计工作实践经验的总结和理论的概括。

统计资料、统计工作和统计学之间相互依存、相互联系。统计工作与统计资料是过程与结果的关系，统计资料是统计工作的结果。统计学属于理论范畴，统计学源于实践活动，是对实践活动的理论概括和总结，又用于指导实践活动。

练一练

利用网络工具查阅、了解统计的发展史，了解统计实践活动的产生与发展，以及统计学的学科分类。

二、统计的研究对象

统计的研究对象是社会、自然现象总体的数量方面的表现（数量特征、数量规律性），统计的研究对象具有以下特点：

（1）数量性。数量性是统计研究对象的基本特点，在质与量的辩证统一中，统计着重研究社会经济现象总体的数量方面的表现，并通过量来反映现象的质。

（2）总体性。统计研究是以社会经济现象的总体为研究对象的，而不是以现象中的个体为研究对象的。它通过对现象总体中各单位的属性特征进行分析研究，得出反映现象总体的数量特征。例如，要了解大学生的专业满意度，需要对大学生个体进行调查，通过对大量大学生个体进行调查，再对调查的信息进行整理、分析，最终可了解大学生这个总体的专业满意度情况。

（3）具体性。统计研究是在一定时空条件下开展的，因此，统计的研究对象具有具体性。

（4）客观性。统计研究的对象是社会经济现象和自然现象总体，是统计研究所要认识的客体，它不以人的主观意志为转移。因此，统计研究对象具有客观性。

三、统计工作过程

统计工作作为一种认识社会经济现象总体和自然现象总体的实践过程，一般包括统计设计、统计调查、统计整理和统计分析四个环节。

（一）统计设计

统计设计是统计工作的第一个环节，是根据统计研究的目的和对象的特点，在有关学科理论的指导下，对统计工作各个方面进行通盘考虑和安排的工作过程，其基本任务是制定各种统计工作方案。统计设计既是统计工作过程中不可缺少的重要环节之一，也是统计工作的指导依据。

统计设计的结果表现为各种统计资料，如统计指标体系、统计分类目录、统计报表制度、统计调查方案、统计汇总或整理方案等诸多方面的内容。

（二）统计调查

统计调查是根据统计设计的要求，运用科学的调查方法，有计划、有组织地收集研究对象数据资料的工作过程。统计调查所收集的数据资料是否客观、全面、系统和及时，直接影响后续统计整理的好坏，关系到统计分析结论的正确与否，决定整个统计工作的质量。因此，统计调查是统计整理和统计分析的基础。

（三）统计整理

统计整理是根据统计研究的目的，将统计调查获得的数据资料运用科学的统计整理方法进行处理，获得统计分析所需要的反映总体特征的统计资料的过程。统计整理既是统计调查的继续，也是统计分析的前提。

（四）统计分析

统计分析是根据统计研究的目的，对统计整理所获得的统计资料，运用统计分析方法进行科学的分析，完成统计研究目的的工作过程。

四、统计研究的基本方法

虽然统计研究的方法有许多种，但是有一些基本方法贯穿于统计活动的始终，这些基本方法有五种。

（一）大量观察法

大量观察法是统计活动过程中收集数据资料的基本方法，是指对所研究现象总体中的全部或足够多的个体进行观察和研究，以认识总体数量特征的方法。大量观察法的数理依据是大数定律。大数定律是指虽然每个个体受偶然因素的影响作用不同，而在数量表现上存在差异，但对总体而言，这种差异可以相互抵消而呈现稳定的规律性。因此，只有对足够多的个体进行观察，把观察得来的个体数量加以整理、分析，才能得到反映具有规律性的总体数量特征。如普查、抽样调查、重点调查、统计报表等采用的方法都属于大量观察法。

（二）统计分组法

统计分组法是研究总体内部差异、内部构成及现象之间依存关系的重要方法，由于所研究现象本身的复杂性、差异性及多层次性，需要我们对所研究现象进行分组或分类研究，以探求不同组或类之间的差异性。如按产业分组、按经济类型分组、按行业分组等统计分组法，又如统计经营规模与利润率的关系、温度与产量的关系等采用的方法。

（三）综合指标法

综合指标法是指运用各类统计指标来描述和反映现象总体的数量特征和数量关系的方法，常见的有总量指标、相对指标、平均指标和标志变异指标等。统计研究现象数量方面的特征是通过统计综合指标来反映的。综合指标法在统计学中，尤其是在社会经济统计学中占有十分重要的地位，是描述统计学的核心内容。

（四）统计模型法

在用统计指标来反映所研究现象的数量特征和数量关系的同时，我们还经常需要了解相关现象之间某一（些）现象数量变动与另一（些）现象数量变动之间的关系影响程度，这时往往需要采用统计模型法。统计模型法是根据具体的研究对象和一定的假定条件，用合适的数学方程来模拟客观现象之间相互关系的方法。利用这种方法可以对客观现象及过程中存在的数量关系进行比较完整和近似的描述，以利用模型对现象的变化进行数量上的评估和预测。

（五）归纳推断法

归纳推断法包括归纳和推断两个方面。在统计认识活动中，我们所掌握的往往只是部分单位的数据或有限单位的数据，而认识总体数量特征才是统计研究的目的。由于总体的大量性，要认识总体的数量特征，经常从中抽取部分单位，根据部分单位的数据推断总体的数量特征。例如，要对某产品进行质量检查，经常抽取部分产品进行检测，以估计全部产品的质量情况。又如，要估计 S 市物流企业的投入产出情况，需要对若干物流企业的投入产出进行经常性的登记以推断总体。

归纳推断法已在统计研究的许多领域得到应用。它既可以用于对总体数量特征的估计，也可以用于对总体数量特征的某些假设的检验。

五、统计的功能

统计是一种认识活动，具有信息、咨询和监督等功能。

（一）信息功能

统计的信息功能是指统计部门根据科学的统计指标体系和统计调查方法，灵活、系统地采集、处理、传递、存储和提供大量信息的功能。

（二）咨询功能

统计的咨询功能是指统计部门运用科学的分析方法和先进的技术手段，进行综合分析和专题研究，为科学决策和管理提供各种可供选择的咨询建议和对策方案的功能。

（三）监督功能

统计的监督功能是指统计部门对政策、计划的执行情况进行检查、预警和监管的功能。通过统计资料来说明计划是否完成，经济政策是否得到贯彻执行，国民经济内部各种比例关系是否协调等。

以上三种功能是相互联系、相辅相成的。信息功能是统计最基本的功能，是保证咨询功能和监督功能得以有效发挥的基本前提；咨询功能是信息功能的深入和延续，它使采集的信息得以在科学决策、经营管理实践中发挥作用；监督功能则是信息功能和咨询功能的进一步拓展，监督功能的强化必然对信息功能和咨询功能提出更高的要求，从而促进信息功能和咨询功能的优化。

六、统计的作用

统计的作用如下：

（1）统计是认识社会的一种有力武器；

（2）统计是编制规划、制订计划、实行宏观调控的基础；

（3）统计是制定政策的依据，是监督计划、政策执行和实行管理的手段；

（4）统计是认知世界、开展国际交流和科学研究的工具。

【课堂讨论】

你是"统计文盲"吗？

在古代，不识字的人是"文盲"。那么，在当今大数据时代，不会找数据、不会读数据，以及用错误的方法分析数据的人，就是现代的"文盲"，称为"统计文盲"。

任务二　统计学的几个基本概念

统计学的基本概念包括总体与总体单位、标志与指标、变异与变量等。

一、总体与总体单位

（一）总体的概念与特点

1. 总体的概念

总体，又叫统计总体，是所要研究事物的全体，是由许多个别事物构成的、至少在某一方面具有相同性质的一个整体，是统计研究的对象。例如，要研究全国所有的物流企业的效益情况，则统计总体是全国所有的物流企业。

根据总体构成的单位数不同，总体可以分为有限总体和无限总体。

（1）有限总体：总体中的单位数是有限的。如上所述，全国所有的物流企业构成的总体，其总体中的单位数是有限的，所以是有限总体；又如，由全国高校的学生构成的总体，因全国高校学生数是有限的，所以也是有限总体。

（2）无限总体：总体中的单位数是无限的。例如，海里的水产资源，空气中的粉尘颗粒等。

2. 总体的特点

构成一个统计总体必须同时具备三方面的特点，即大量性、同质性和差异性。

（1）大量性：构成总体的总体单位数目要足够多。大量性是形成统计总体的充分条件。

（2）同质性：构成总体的总体单位数必须具有某些共同的品质标志属性或数量标志数值。同质性是构成统计总体的前提。

（3）差异性：总体单位在某些方面性质是相同的，但在其他方面必定有差异，即总体单位必须具有一个或若干个可变的品质标志属性或数量标志数值。差异性是统计研究的前提。

（二）总体单位

总体的每个单位称为总体单位。例如，要研究全国所有的物流企业的效益情况，则统计总体是全国所有的物流企业，每一个物流企业就是总体单位；又如，要研究全国高校学生的学习兴趣，全国高校所有的学生是统计总体，每一所高校的学生就是总体单位。

统计总体的范围可大可小，总体单位既可以是人和物，也可以是事件。

（三）总体与总体单位的相对性

总体与总体单位不是固定不变的，而是可以相互转变的。随着研究目的和范围的改变，原来的总体（总体单位）可以转变为总体单位（总体），即同一事物既可以是总体，也可以是总体单位，取决于研究的目的和范围。例如，要研究全国所有的物流企业的效益情况，那么每一个物流企业就是总体单位，但如果要研究某一个物流企业的职工学历情况，则这个物流企业就是统计总体。

练一练

（1）当要研究全国各高校的人才培养质量情况时，总体和总体单位各是什么？

（2）当要研究 H 高校的学生专业满意度情况时，总体和总体单位各是什么？

二、标志与指标

（一）标志

标志是说明总体单位特征的名称。例如，如果要研究全国所有物流企业的效益情况，统计总体单位是每一个物流企业，而每一个物流企业的职工人数、职工收入、利润、企业类型、企业所在地等就是标志。

1. 标志的种类

标志按其特征、性质的不同，可以分为品质标志和数量标志。

（1）品质标志：说明总体单位质的特征的名称，用文字来表示。例如，企业的性质、类型、业务范围、所在地、职工的文化程度等是相应总体单位的品质标志。

（2）数量标志：说明总体单位量的特征的名称，用数字来表示。例如，企业的利润、职工人数、职工的收入等是相应总体单位的数量标志。

2. 标志表现

标志表现是指标志在各总体单位中的具体表现。标志表现分为品质标志表现和数量标志表现。

（1）品质标志表现：品质标志在总体单位中的表现。例如，职工的文化程度是品质标志，其特征只能用文字来表现，表现为小学、初中、高中、中专、大专、本科、研究生等，“小学”“高中”等就是品质标志表现。

（2）数量标志表现：数量标志在总体单位中的表现。例如，职工收入是数量标志，具体表现为4000元/月、5000元/月等，这些数值是数量标志表现。数量标志表现是用数值来表现的，故又称标志值。

（二）指标

指标是说明统计总体数量特征的名称和数量的表现。例如，2018年中国GDP为90.03万亿元；2018年中国社会物流总额为283.1万亿元。

1. 指标的种类

指标按照其说明总体数量特征的不同，分为数量指标和质量指标。

（1）数量指标：反映总体总规模、总体水平的绝对数量多少的指标。例如，全国所有物流企业构成的总体，2018年全年社会物流总费用为13.3万亿元；2018年全年快递业务量实现507亿件。数量指标的特点是指标数值随总体范围的增减而增减。

（2）质量指标：反映总体相对水平或平均水平的指标，一般表现为相对数和平均数。例如，全国所有的物流企业构成的总体，全国物流企业职工的男女性别比例、平均收入等都是质量指标。质量指标的特点是指标数值的大小不会随着总体范围的增减而增减。

练一练

当要研究全国高校学生的月消费情况时，品质标志和数量标志有哪些？数量指标和质量指标又有哪些？

2. 指标的构成

指标一般由时间限制、空间限制、计算方法、计量单位、指标名称、具体数值六个要素构成。

3. 指标体系

指标体系是指具有内在联系的一系列指标所组成的整体。一般有两种表现形式：一是用数学公式联系起来的指标体系，如销售额=销售量×销售价格；二是以间接的架构联系起来的指标体系，如衡量企业经济效益的评价指标体系。

（三）指标与标志的关系

1. 指标与标志的区别

指标是说明总体的数量特征的名称和数值，标志是说明总体单位特征的名称。指标是用数值来表示的；标志既可以用数值表示，也可以不用数值表示。

2. 指标与标志的联系

指标的数值是由总体单位的数量标志表现综合汇总而来的。由于统计研究目的或范围的变化，指标与标志是可以相互转化的。统计学中总体、总体单位、指标、标志之间的关系如图 1-1 所示。

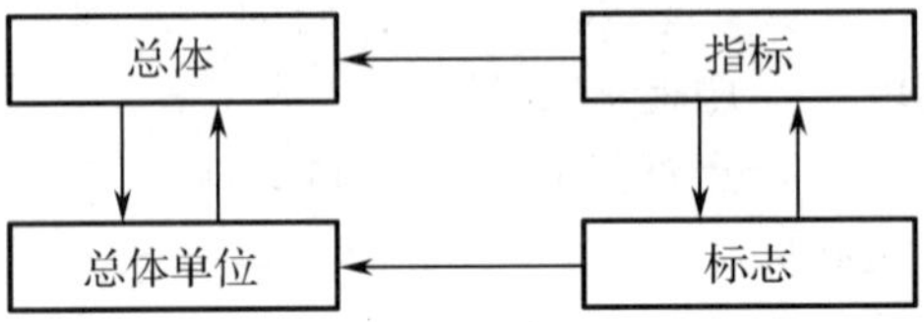

图 1-1　统计学中总体、总体单位、指标、标志之间的关系

练一练

下列选项是指标的有（　　），是标志的有（　　）。

A. 学生某门课程的考试成绩；B. 学生期末平均成绩；C. 职业；D. 学历；E. 民族；F. 支付方式；G. 年度生活消费额。

三、变异与变量

（一）变异

变异是指统计总体中的各个个体在标志上存在各自不同的质和量的差异，即差异性。不论品质标志还是数量标志，如果在一个总体中，一个标志在各单位的具体表现都相同，就称为不变标志；如果在一个总体中，一个标志在各单位的具体表现不尽相同，就称为可变标志。

（二）变量

变量是指可变的数量标志和指标。变量的分类如下：

（1）按变量值是否连续分为离散变量和连续变量。

- 离散变量：变量值的取值可以是不连续的变量，可以按一定顺序一一列举（通常取整数），如高校个数、计算机台数、女生人数等。
- 连续变量：变量值的取值可以是连续的变量，在一个区间内可以有无限多个的变量，如身高、体重、收入、营业额、利润等。

（2）变量按照所受影响因素是否确定分为确定性变量和随机变量。

- 确定性变量：影响因素确定的变量，如出租车计费、圆形面积等。
- 随机变量：影响因素不确定的变量，如物流企业的经济效益、快递量等。

统计研究多研究的是随机变量。

项目小结

1．统计的含义。统计作为一种社会实践活动，一般可以从三个角度来理解，即统计资料、统计工作和统计学。

2．统计的工作过程一般包括统计设计、统计调查、统计整理和统计分析四个环节。

统计设计是统计工作的第一个工作阶段，是根据统计研究的目的和研究对象的特点，在有关学科理论的指导下，对统计工作各个方面的通盘考虑和安排的工作过程；统计调查是根据统计设计的要求，运用科学的调查方法，有计划、有组织地收集研究对象数据资料的工作过程；统计整理是将统计调查获得的数据资料运用科学的统计整理方法进行处理，获得统计分析所需要的反映总体特征的统计资料的过程；统计分析是对统计整理所获得的统计资料，运用统计分析方法进行科学的分析，完成统计研究目的的工作过程。

3．统计研究的基本方法。统计研究的基本方法有大量观察法、统计分组法、综合指标法、统计模型法和归纳推断法。

4．总体与总体单位。总体，又叫统计总体，是所要研究事物的全体，是由许多个别事物构成的至少在某一方面具有相同性质的一个整体，是统计研究的对象；总体的每个单位称为总体单位。

5．总体必须同时具备三方面的特点，即大量性、同质性和差异性。

6．标志与指标。标志是说明总体单位特征的名称，标志按其特征的性质不同，可以分为品质标志和数量标志；标志表现分为品质标志表现和数量标志表现。指标是说明统计总体数量特征的名称和数量表现，指标按照其说明总体数量特征的不同，分为数量指标和质量指标。

7．变异与变量。变异是指统计总体中的各个个体在标志上存在各自不同的质和量的差异，即差异性。变量是指可变的数量标志和指标。按变量值是否连续分为离散变量和连续变量。

技能检测

一、判断对错

1．社会经济统计的研究对象是社会经济现象总体的各个方面。（　　）

2．统计调查过程中采用的大量观察法，是指必须对研究对象的所有单位进行调查的方法。（　　）

3．社会经济统计学的研究对象是社会经济现象的数量方面，但它在具体研究时也离不开对现象质的认识。（　　）

4．总体的同质性是指总体中的各个单位在所有标志上都相同。（　　）

5．品质标志表明单位属性方面的特征，其标志表现只能用文字表现，所以品质标志不能直接转化为统计指标。

6．品质标志说明总体单位的属性特征，质量指标反映现象的相对水平或工作质量，二者都不能用数值表示。（　　）

二、单项选择题

1．可以从哪些角度来理解统计的含义（　　）。

A．统计方法、统计分析、统计预测　　B．统计学、统计工作、统计资料

C．统计调查、统计整理、统计分析　　D．统计分组、统计指标、统计计算

2．要了解一个地区的工业劳动生产率情况，就要对这个地区的全部工业企业或足够多的工业企业的有关情况进行调查，这一方法称为（　　）。

A．归纳推断法　　B．大量观察法

C．综合指标法　　D．平均分析法

3．要对某地区物流企业的职工收入情况进行研究，则统计总体是（　　）。

A．每个物流企业

B．该地区全部物流企业

C．该地区全部物流企业的全部职工收入

D．该地区全部物流企业的全部职工

4．对我校全体学生的月生活消费水平情况进行研究，则总体单位是（　　）。

A．每个学生　　B．我校全部学生

C．每个学生的月生活消费水平　　D．我校全部学生的月生活消费水平

5．检查某种机械零件的直径，结果尺寸大都不相同，这种情况在统计学中称为（　　）。

A．变量　　B．变异　　C．标志　　D．标志表现

6．假设有 4 名工人的月工资额分别为 3800 元、3500 元、3600 元和 40 900 元。这四个数字是（　　）。

A．数量指标　　B．变量　　C．变量值　　D．品质标志

7．工业企业的设备台数、年利润是（　　）。

A．连续型变量　　B．离散型变量

C．前者是连续型变量，后者是离散型变量

D．前者是离散型变量，后者是连续型变量

三、多项选择题

1．要了解某地区的就业情况，则下面表述正确的是（　　　）。

A．全部成年人是研究的总体　　B．成年人口总数是统计指标

C．成年人口就业率是统计标志　　D．“某人职业是教师”是标志表现

E．反映每个人特征的职业是数量指标

2.下列各项中，属于统计指标的有（　　　）。

A．2019 年全国人均国内生产总值　　B．某台机床使用年限

C．某市年供水量　　D．某地区原煤生产量

E．某学员成绩

3．在工业普查中（　　　　）。

A．工业企业总数是统计总体　　B．每一个工业企业是总体单位

C．固定资产总额是统计指标　　D．机器台数是连续变量

E．职工人数是离散变量

综合实训

一、实训目的

1．掌握统计的含义、统计的研究目的和研究对象等相关知识。

2．掌握统计总体、总体单位、指标和标志等统计学的基本概念。

3．培养学生根据实际问题进行统计相关概念分析的能力。

4．培养学生初步认知并开展统计工作的能力。

二、实训内容

1．关于网购满意度的调查。

M 市场咨询公司受国内某电商公司的委托，对网购者的网购满意度进行调查。M 市场咨询公司随机抽取 2000 人作为样本，对他们的网上月消费水平、网购满意度进行调查。调查结果显示：50%的网购者网上月消费金额在 600 元以上，65%的网购者网购体验是满意的。请问：

（1）该调查研究的总体是什么？总体单位是什么？

（2）“网上月消费水平”“网购满意度”分别是什么标志？

（3）上述资料中是否有指标？分别是什么？

2．将全班学生进行分组，每组 5～6 人，以小组为单位，对你所在学校大学生课堂使用手机的情况进行一次调查。

要求：

（1）明确小组成员分工；

（2）小组讨论确定本次调查的研究目的和调查对象的特点；

（3）小组讨论确定本次调查的统计总体、总体单位、各种标志和相关指标；

（4）小组讨论确定本次调查的核心指标；

（5）小组讨论确定本次调查采取的数据收集方法及数据整理方法；

（6）形成对统计工作的初步认识。

项目二　统 计 调 查

学习目标

知识目标：

1. 了解统计调查的组织形式；
2. 了解统计方案的重要性及主要内容；
3. 熟悉问卷调查的意义及问卷设计的基本要求；
4. 掌握调查资料的收集方法。

能力目标：

1. 能根据实际统计工作岗位的需要，登记统计台账及编制简单的统计报表；
2. 能根据统计调查的目的和要求，设计完整的统计调查方案；
3. 能根据统计调查的目的和要求，设计统计调查问卷；
4. 能针对实际问题运用调查技术获取相关数据资料。

重点难点：

1. 调查方案的制定；
2. 调查问卷的设计。

知识导图

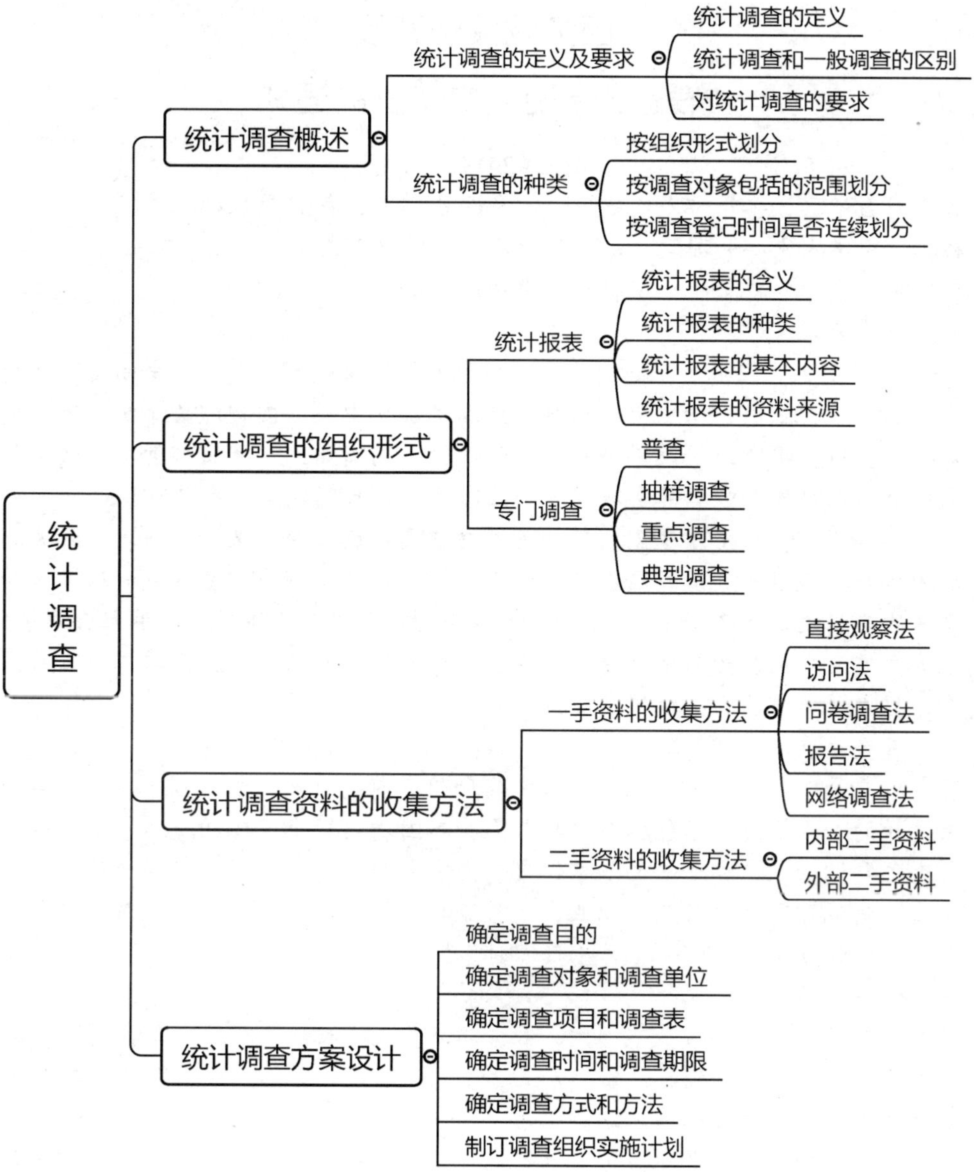
统计调查
统计调查概述
统计调查的定义及要求
统计调查的定义
统计调查和一般调查的区别
对统计调查的要求
统计调查的种类
按组织形式划分
按调查对象包括的范围划分
按调查登记时间是否连续划分
统计调查的组织形式
统计报表
统计报表的含义
统计报表的种类
统计报表的基本内容
统计报表的资料来源
专门调查
普查
抽样调查
重点调查
典型调查
统计调查资料的收集方法
一手资料的收集方法
直接观察法
访问法
问卷调查法
报告法
网络调查法
二手资料的收集方法
内部二手资料
外部二手资料
统计调查方案设计
确定调查目的
确定调查对象和调查单位
确定调查项目和调查表
确定调查时间和调查期限
确定调查方式和方法
制订调查组织实施计划

案例引入

国务院关于开展
第七次全国人口普查的通知

国发〔2019〕24号

各省、自治区、直辖市人民政府，国务院各部委、各直属机构：

根据《中华人民共和国统计法》和《全国人口普查条例》规定，国务院决定于2020年开展第七次全国人口普查。现将有关事项通知如下：

一、总体要求

（一）指导思想。以习近平新时代中国特色社会主义思想为指导，全面贯彻党的十九大和十九届二中、三中、四中全会精神，认真落实党中央、国务院关于统计改革发展的决策部署，坚持实事求是、改革创新，科学设计、精心组织，周密部署、依法实施，确保第七次全国人口普查数据真实准确，全面客观反映我国人口发展状况。

（二）普查目的。第七次全国人口普查是在中国特色社会主义进入新时代开展的重大国情国力调查，将全面查清我国人口数量、结构、分布、城乡住房等方面情况，为完善人口发展战略和政策体系，促进人口长期均衡发展，科学制定国民经济和社会发展规划，推动经济高质量发展，开启全面建设社会主义现代化国家新征程，向第二个百年奋斗目标进军，提供科学准确的统计信息支持。

二、普查对象、内容和时间

普查对象是普查标准时点在中华人民共和国境内的自然人以及在中华人民共和国境外但未定居的中国公民，不包括在中华人民共和国境内短期停留的境外人员。

普查主要调查人口和住户的基本情况，内容包括：姓名、居民身份号码、性别、年龄、民族、受教育程度、行业、职业、迁移流动、婚姻生育、死亡、住房情况等。

普查标准时点是2020年11月1日零时。

三、组织实施

第七次全国人口普查涉及范围广、参与部门多、技术要求高、工作难度大，各地区、各部门要按照“全国统一领导、部门分工协作、地方分级负责、各方共同参与”的原则，认真做好普查的宣传动员和组织实施工作。

为加强组织领导，国务院决定成立第七次全国人口普查领导小组，负责普查组织实施中重大问题的研究和决策。普查领导小组办公室设在国家统计局，具体负责普查的组织实施。各成员单位要按照职能分工，各负其责、通力协作、密切配合，共同做好普查工作。对普查工作中遇到的困难和问题，要及时采取措施予以解决。

地方各级人民政府要设立相应的普查领导小组及其办公室，认真做好本地区普查工作。要充分发挥街道办事处和乡镇政府、居民委员会和村民委员会的作用，广泛引导、动员和组织社会力量积极参与并认真配合做好普查工作。

地方普查机构可根据工作需要，招聘或者从有关单位借调符合条件的普查指导员和普查员。为稳定普查工作队伍，确保普查工作顺利进行，应及时支付招聘人员的劳动报酬，保证借调人员在原单位的工资、福利及其他待遇不变，并保留其原有工作岗位。

四、经费保障

第七次全国人口普查所需经费，由中央和地方各级人民政府共同负担，并列入相应年度的财政预算，按时拨付、确保到位。

五、工作要求

（一）坚持依法普查。各地区、各部门要按照《中华人民共和国统计法》《中华人民共和国统计法实施条例》《全国人口普查条例》等法律法规要求，认真做好普查各项工作。普查取得的数据，严格限定用于普查目的，不得作为任何部门和单位对各级行政管理工作实施考核、奖惩的依据。普查中获得的能够识别或者推断单个普查对象身份的资料，不得作为对普查对象实施处罚等具体行政行为的依据。

（二）确保数据质量。建立健全普查数据质量追溯和问责机制，各级人民政府统计机构要加大对普查工作中违纪违法行为的查处和通报曝光力度，坚决杜绝人为干扰普查工作的现象，确保普查工作顺利进行和普查数据真实准确。对普查中发现应当给予党纪政务处分或组织处理的统计违纪违法责任人，由统计机构按规定提出处分处理建议并及时移送任免机关、纪检监察机关或组织（人事）部门。

（三）提升信息化水平。采取电子化方式开展普查登记，探索使用智能手机采集数据。广泛应用部门行政记录，推进大数据在普查中的应用，提高普查数据采集处理效能。全流程加强对公民个人信息的保护，各级普查机构及其工作人员必须严格履行保密义务，严禁向任何机构、单位、个人泄露或出售公民个人信息。

（四）加强宣传工作。各级普查机构要会同宣传部门认真做好普查宣传的策划和组织工作。采用多种手段，广泛深入宣传第七次全国人口普查的重要意义和要求，引导广大普查对象依法配合普查，如实申报普查项目，为普查工作顺利实施创造良好舆论环境。

国务院

2019 年 10 月 31 日

（资料来源：中华人民共和国政府网 http://www.gov.cn/zhengce/content/2019-11/08/content_5450146.htm

【案例分析】

根据上述资料回答解决如下问题：

1. 什么是人口普查？它有何作用？
2. 第七次全国人口普查的内容和时间是怎样确定的？
3. 谈谈一个完整的统计调查方案应该怎样制定？

要回答并解决上述问题，让我们一起先来学习什么是统计调查。

项目实施

任务一　统计调查概述

一、统计调查的定义及要求

（一）统计调查的定义

统计调查是按照统计任务的要求，运用科学的调查方法，有组织地向社会实际收集各项原始资料的过程。

统计调查担负着提供基础资料的任务，既是统计工作的初始阶段，又是决定整个统计工作质量的重要环节，还是统计整理和分析的前提。因此，统计调查工作的好坏、取得资料是否完整与正确，将直接影响以后各个阶段工作的好坏，影响整个统计工作任务的完成。

（二）统计调查和一般调查的区别

统计调查和一般调查的区别如下：

（1）调查范围更大；

（2）收集资料以数字资料为主；

（3）调查资料可用于推算估计。

（三）对统计调查的要求

对统计调查的要求如下：

（1）准确性——收集的资料要符合客观实际情况；

（2）及时性——及时上报各项统计资料以满足各种需要；

（3）完整性——在规定时间内对调查资料毫无遗漏地进行收集；

（4）经济性——以少量的投入获得所要求的统计资料，即统计调查也要讲究经济效益。

以上要求中，准确性是基础，要在准确性中求及时性、完整性和经济性。

二、统计调查的种类

（一）按组织形式划分

按组织形式，统计调查可以划分为统计报表和专门调查。

（1）统计报表：是指依据国家统计法规的规定，按照一定的表格形式、指标内容、报送程序和报送时间，自上而下统一部署，自下而上逐级提供统计资料的一种统计调查方法。

（2）专门调查：是指为了研究某些特殊问题而专门组织的调查。例如，为了解一定时点状态上的资料而组织的人口普查多属一次性专门调查（如普查、抽样调查）。专门调查既可以是全面调查，也可以是非全面调查（如重点调查、典型调查）。

（二）按调查对象包括的范围划分

按调查对象包括的范围，统计调查可以划分为全面调查和非全面调查。

（1）全面调查：是指对调查对象中的全部单位都进行登记或观察的一种调查方法，如普查和全面统计报表。

（2）非全面调查：是指只对调查单位中的一部分进行登记或观察的一种调查方法，如重点调查、典型调查和抽样调查。

（三）按调查登记时间是否连续划分

按调查登记时间是否连续，统计调查可以划分为经常性调查和一次性调查。

（1）经常性调查：是指随着调查对象在时间上的变化而进行连续不断的登记或观察，以了解事物在一定时期内发生、发展的全过程的调查方法。这种调查在工业等物质生产活动中得到广泛应用，如工业产品产量调查，主要原材料、动力、燃料消耗等调查。

（2）一次性调查：是指对被调查对象在某一时刻的状况进行一次性登记，以反映事物在一定时点上的发展水平（状态）的调查方法。它是不连续的调查，如人口可隔一段时间进行一次普查。

任务二 统计调查的组织形式

统计调查的组织形式有统计报表和专门调查。专门调查又分为普查、抽样调查、重点调查和典型调查四种。

一、统计报表

（一）统计报表的含义

统计报表是依据国家法律法规，按国家统一规定的表式、指标项目、报送程序和时间，自下而上逐级定期提供基本统计资料的调查方法。它是一种具有法律性质的报表制度。

统计报表的优点：全面性和连续性；统一性和及时性；准确性；满足各级需要。

统计报表的局限性：费事费力；干扰因素多；缺乏灵活性。

（二）统计报表的种类

从不同的角度可以对统计报表进行不同的分类。

1. 从内容和实施范围的角度划分

从内容和实施范围的角度，统计报表可以分为国家统计报表、部门统计报表和地方统计报表。

国家统计报表：是指为了收集国民经济和社会发展情况的基本资料，由国家统计系统负责制定和发布、在全国范围内实施的统计报表。

部门统计报表：是指为了收集各业务部门管理需要的资料，由有关业务部门负责制定和发布、在本部门内执行的统计报表。

地方统计报表：是指为了收集各地方政府管理需要的资料，由县级及县级以上地方人民政府及其部门负责制定和发布、在本地方内执行的统计报表。

国家统计报表又称基本统计报表；部门统计报表和地方统计报表又称专业统计报表。

2. 从填报单位的角度划分

从填报单位的角度，统计报表可以分为基层报表和综合报表。

基层报表：是指由基层企事业单位根据原始资料填报的报表。

综合报表：是指由上级主管部门根据基层统计报表逐级汇总的报表。

3. 从填报范围的角度划分

从填报范围的角度，统计报表可以分为全面统计报表和非全面统计报表。

全面统计报表：是指调查对象的全部单位填报获得全面资料的报表。

非全面统计报表：是指调查对象的部分单位填报获得非全面资料的报表。

4. 从报送周期长短的角度划分

从报送周期长短的角度，统计报表可以分为日报和旬报（短）、月报和季报（中）、半年报和年报（长）。

日报和旬报：时效性很强，主要用来反映进度情况。

月报和季报：用来反映各部门生产经营的动态，检查计划执行情况。

半年报和年报：周期最长，内容比较详尽，是检查半年（全年）计划执行情况和制订半年（全年）计划的依据，也是全面研究社会经济状况的依据。

5. 从报送方式的角度划分

从报送方式的角度，统计报表可以分为电信报表和邮寄报表。

电信报表：是指以电话、电报、传真、网络数据形式报送的报表。

邮寄报表：是指以书面形式报送的报表。

（三）统计报表的基本内容

一般而言，统计报表包括报表目录、报表表式和填表说明几个部分。

（1）报表目录：是指按一定顺序对所有报表的表名、报告期、统计范围、报送单位等情况的记录。报表目录便于指导阅读和检索。

（2）报表表式：是报表的具体格式，包括表号、表名、填报单位、报送日期、填报人签名、填报单位、主词、宾词、负责人、制表部门等。

（3）填表说明：是对报表的填制所做出的规定，包括统计范围、指标的解释等。

（四）统计报表的资料来源

统计报表的资料来源于基层企事业单位的原始记录和统计台账：

（1）基层单位的原始记录是基层企事业单位所做的记载，如发货单、领货单等。

（2）统计台账是将原始杂乱无章的数据条理化、有序化并集中成册，是原始记录到统计报表的中间环节，如生产台账、销售台账、工时台账等。

二、专门调查

专门调查是为了某种特殊目的而专门组织的调查，包括普查、抽样调查、重点调查和典型调查。

（一）普查

普查是为某一特定目的而专门组织的一次性全面调查。如每十年进行的一次在逢“0”的年份实施的人口普查。有些社会现象不可能也不需要进行经常性的调查，但需要比较全面的资料，这时就可以采用普查来解决。

普查的特点：

（1）是一次性或周期性的调查，需要大量的人力、财力、物力。

（2）需要规定统一的标准调查时点。

（3）获得的资料更准确、更全面、更系统。

由于普查具有不宜经常进行的特点，因此，普查宜在需要掌握基本国情、国力，做重大决策时采用。

（二）抽样调查

抽样调查是一种非全面调查，是从总体中随机抽取一部分单位进行调查，并根据部分的结果推断总体数量特征的一种调查方法。例如，抽取某地区一定数量的市民以了解该地区的收入水平。

1. 抽样调查的特点

抽样调查的特点如下：

（1）与全面调查相比更节省人、财、物力，能得到比较正确的全面统计资料。

（2）抽样的随机性。随机不等于随便，它是抽样的一种客观原则，即保证总体中每个单元中选或不中选的概率相同。

2. 抽样调查的作用

抽样调查除具有上述十分明显的特点以外，还在实际应用过程中发挥着突出的作用。

（1）抽样调查能够解决全面调查所无法解决的某些现象问题。在实际工作中，对某些现象常常可能一方面需要了解其全面情况，另一方面又由于现象自身的特性决定了无法通过全面调查获取资料，此时，只能采用抽样调查的方法。

（2）抽样调查适合理论上可以做全面调查，而实际上又难以组织全面调查的情况，如森林的木材蓄积量、大量连续作业的某些产品质量的非破坏性检验、水稻的颗粒重量检验等。

（3）抽样调查对于时效性要求较高、同时又可以不做全面调查的调查有着特殊的作用。

（4）抽样调查的结果可被用来检验和修正全面调查结果。

（5）抽样调查可对工业生产过程的稳定性进行监测，从而实现质量控制。

（6）利用抽样调查方法还可以对总体的某些假设进行检验，以判断这些假设的真伪，为管理决策提供依据。

（三）重点调查

1. 重点调查的定义

重点调查是一种非全面调查，是从总体中选择少数重点单位进行调查，以了解总体基本情况的调查方式。

所谓重点单位，是指在总体中具有举足轻重的那些单位。这些单位虽然数量少，但其标志值在总体标志总量中占有绝对的比重，能够反映总体的基本情况。重点单位的选择不带有主观因素，只要是标志值占总体标志总量的比重大，就视为重点单位。

例如，要了解全国的钢铁产量，只要对为数不多的大型钢铁企业鞍钢、宝钢、武钢、攀钢进行调查，就可以对全国钢铁产量进行大致了解。同样，要了解全国城市零售商品价格的变化趋势，只要对全国大中型城市的零售商品价格的变化进行调查即可。

2. 重点调查的特点

重点调查的特点如下：

（1）总体中存在重点单位，且重点单位的标志值总量占的比重大；

（2）既可节省时间、精力，又能掌握总体基本情况；

（3）得到的资料不全面，不能用于推断总体的指标值。

基于重点调查的特点，凡在统计调查中，当调查目的只要求大致了解总体基本情况、发展趋势，不要求全面数据，且总体中又存在重点单位时，就可以采取重点调查的方式。重点调查也可以用于不定期的一次性调查和经常的连续性调查。

（四）典型调查

1. 典型调查的定义

典型调查是在对调查对象有一定了解的基础上，有意识地选择个别或少数有代表性的一个或几个典型单位进行全面深入的调查，以了解总体本质规律性的一种调查方式。

2. 典型调查的特点

典型调查的特点如下：

（1）典型调查是有意识地选取典型单位。典型调查的调查单位在总体中具有代表性，典型调查单位的确定与调查者的主观意愿与判断有关，但也不是随意选取的。

（2）典型调查的目的在于掌握现象总体发展变化的规律和总结经验，称为“解剖麻雀式”的调查。着眼于“深入”，是一种深入细致的调查，可用来研究某些专门问题。例如，从全面调查中发现了问题，但对问题还不清晰，就可以选取典型单位进行深入调查。

（3）典型调查具有机动灵活性。调查内容不局限于数量方面，主要在于了解与数值有关的机动、具体的情况。

（4）典型调查可以用来研究新生事物、反映现象的一般规律、总结经验教训等。

练一练

1. 四种专门调查各有何特点？
2. 四种专门调查各有何作用？

任务三　统计调查资料的收集方法

统计调查是向客观实际收集资料的过程。那么，如何向客观实际收集资料？向客观实际收集资料的方法又有哪些呢？这里就一手资料的收集方法和二手资料的收集方法分别予以介绍。

一、一手资料的收集方法

一手资料也叫原始资料，是指经过收集整理和直接经验所得的数据和信息资料，是原创的实物资料。一手资料的收集方法很多，常用的有直接观察法、访问法、问卷调查法、报告法和网络调查法。

（一）直接观察法

直接观察法是指由调查人员直接到现场对被调查对象直接进行观察计量，以取得资料的一种调查方法。在观察过程中，调查人员所处的地位是被动的，也就是说调查人员对所观察的事件或行为不加以控制或干涉。直接观察法的特点如下：

（1）它是一种在自然状态下的现场调查；

（2）主要靠人的感觉器官及延伸物来获取被调查者的信息；

（3）它是有目的、有计划的自觉认识活动。

通过直接观察法获得的第一手资料准确性较高，但消耗的人力、物力和时间较多。

（二）访问法

访问法也称访谈法，是指调查者向访问者提出问题，由被调查者口头回答或填写调查表等形式来收集信息资料的一种调查方法。

在进行访问时常使用的方法可分为面谈访问、电话访问、邮寄访问和留置访问等。

（1）面谈访问：是指调查员根据调查目的，按事先规定的方法选取适当的被调查者，再依照问卷或调查提纲进行面对面的直接访问。按照选取访问对象的方法及访问地点的不同，面谈访问可分为入户（或单位）访问、街头拦截访问、神秘顾客访问等。

（2）电话访问：是调查者通过电话询问被调查者收集市场信息资料的一种方法。电话访问的前提是被调查者有电话，有一定的局限性。

（3）邮寄访问：是指将问卷邮寄给选定的调查对象，并请求被调查者按照规定的要求和时间填写问卷，然后寄回调查机构的访问形式。

（4）留置访问：是将问卷当面交给被调查者，说明填写的要求，并留下问卷，让被调查者自行填写的访问形式。

（三）问卷调查法

问卷调查法是根据统计调查研究的要求，将调查项目编制成调查问卷，由被调查者按照要求回答，以取得统计资料的一种方法。为了达到调研目的和收集必要的数据，调查问卷通常会设计一系列问题。

1. 调查问卷的基本结构

一般来说，一份完整的调查问卷通常包括以下几个部分：标题、卷首语、指导语（填写说明）、问题和答案、结束语、其他资料等。

（1）标题。问卷的标题应该明确概括调查的目的，且语言要简练易懂。

（2）卷首语。卷首语顾名思义在问卷的前面，主要作用是简单向被调查者介绍说明调查者的身份、此次调查的主要目的、意义、填写要求等，用于拉近与被调查者的关系，赢得被调查者的信任与合作。卷首语一般需要说明下列内容：

- 调查的主办单位或个人身份；
- 调查的内容和范围；
- 调查的目的；
- 调查对象的选取方法。

（3）指导语（填写说明）。指导语是用来解释和指导被调查者填写问卷的一组说明。指导语对于问卷的作用就相当于一部新机器的使用说明书。

问卷中每一个有可能使回答者不清楚、不明白、难理解的地方，都需要给予指导说明。因此，指导语要简单易懂。

（4）问题和答案。问题和答案是调查问卷的主体，可以说，被调查者的各种情况正是通过问题和答案来收集的。

（5）结束语。结束语主要是指对被调查者表示感谢的语句。结束语要简短明了，有的问卷也可以省略。

（6）其他资料。问卷的其他资料包括问卷编号、问卷发放及回收日期、调查员及审核员姓名、被调查者住址、调查时间、调查地点、问卷编码等。

问卷编码是为了便于统计、处理而在每一个问题及答案上编写的号码。在问卷设计时就编好的称为预编码；在问卷回收后再进行编码的称为后编码。

2. 调查问卷的问题和答案的设计

调查问卷的问题和答案是问卷的中心部分，也是获得所需信息的关键。调查问卷的问题主要分为开放型问题和封闭型问题。开放型问题是一种自由作答的问题，对答案没有限制；封闭型问题可以根据备选答案的提供方式分为单选题、多选题、判断题、排序或赋值题、分叉题等。

（1）问题设计时的注意事项。

- 问题应尽量简短明了，人人明白即可，忌用专业术语。
- 避免双重含义问题，如“你父母是工人吗？”。
- 避免带有倾向性的问题，如“你不抽烟，是吗？”。
- 尽量不用否定形式提问，如“你是否赞成物价不进行改革？”。
- 不直接问敏感性的问题。
- 问题设计的关键之一是能够获得诚实的回答，不问回答者不知道的问题。如“你对我国的社会保障制度是否感到满意？”。

（2）答案设计的原则。

- 穷尽性原则：穷尽性是指所列出的答案要包括所有可能的情况，不能有遗漏。
- 互拆性原则（不重叠）：互斥性是指答案与答案之间不能相互重叠、相互包含或交叉。

（四）报告法

报告法是指由报告单位利用原始记录和核算资料作为基础，依据统计报表格式的要求逐级向有关部门提供资料的一种调查方法。

（五）网络调查法

网络调查法是指利用互联网、计算机通信和数字交互式媒体了解和掌握市场信息资料的方法。它是传统调查方法在网络上的应用和发展，也叫网上调查法。

网络调查法具有自愿性、定向性、及时性、互动性、经济性与匿名性的特点，但也存在网络安全性、调查掉线率高等难以控制的问题。

二、二手资料的收集方法

二手资料是指由于其他目的已经被收集好的资料。与原始资料相比，二手资料收集起来更快、更容易，所需的费用和时间也相对节省很多。

二手资料的来源非常广泛，从信息持有者的角度一般可以分为内部二手资料和外部二手资料。

（一）内部二手资料

内部二手资料是从被调查单位内部直接获取与调查有关的信息数据资料，如资产负债表、现金流量表、各种统计台账、统计报表等。另外，对于现代企业来说，面对计算机网络技术的发展，一些企业已经或正在着手建立现有和潜在的消费者数据库，以及内部生产、销售管理的信息数据库。利用已有的企业信息数据库，调查人员可以调查现有的市场营销活动和预测未来的销售状况等。

（二）外部二手资料

外部二手资料是存在于企业外部的各种各样的信息资料。例如，政府和统计部门公布的有关资料；各种经济信息中心、专业信息咨询机构、行业协会公布或保存的市场信息和有关情报；国内外有关书籍、报刊、电台、电视台所提供的信息资料；各种国际组织、商会所提供的国际市场信息；各种类型的图书馆和资料室提供的信息；有关生产和经营机构提供的商品目录、广告说明书、专利资料及商品价目表等；专业性、学术性经验交流会议上所发放的文件和材料。一般而言，获得外部二手资料的主要渠道有《中国统计年鉴》刊物、专业统计网站和搜索引擎。

1. 《中国统计年鉴》刊物

《中国统计年鉴》是一部反映我国经济和社会发展情况的资料性年刊，收录当年全国各省、自治区、直辖市每年经济和社会各方面大量的统计数据，以及历史重要年份的全国主统计数据，由国家统计局每年出版发行，是我国最全面、最具权威性的综合统计年鉴。

2. 专业统计网站

现在的专业统计网站有许多，在选择时最好浏览政府机构或一些知名公司的专门网站，这些网站提供的数据相对准确、及时、权威。如全国或地方的统计局网站，可以提供全国或地区的相关月度数据、季度数据、年度数据和部门数据等。

3. 搜索引擎

利用公共搜索引擎进行搜索获得的外部二手资料，相对来说没有官方网站的数据权威，调查者在收集时需要进行审核。

任务四　统计调查方案设计

在实施统计调查之前，应当明确“由何人主持调查及向谁调查？何时开始调查？在何地进行调查？调查的内容是什么？如何进行调查？”。因此，调查者首先要根据需要与可能，制定科学的调查方案。它既是调查工作的依据，也是保证调查顺利进行的前提。调查方案主要包括确定调查目的、确定调查对象和调查单位、确定调查项目和调查表、确定调查时间和调查期限、制订调查的组织实施计划。

（一）确定调查目的

确定调查目的就是明确为什么要进行调查，调查要解决什么样的问题。调查目的决定调查对象、调查内容和调查方法。

例如，2010 年全国人口普查的目的是："为了科学地制定国民经济和社会发展战略与规划，制定人口政策，统筹安排人民的物质和文化生活，实现人口与资源、环境的协调发展。"

（二）确定调查对象和调查单位

确定调查对象和调查单位是为了解决向谁调查、由谁来具体提供资料的问题。

（1）调查对象：指需要调查的那些社会经济现象的总体，即总体单位。它说明向谁调查的问题。

例如，2010 年人口普查规定："人口普查对象是具有中华人民共和国国籍并在中华人民共和国境内常住的人。"

（2）调查单位：指调查对象中所要调查的具体单位，即总体单位。需要进行登记的标志（项目）的承担者，说明谁来提供资料的问题。例如，人口普查中总体中的每个人。

确定调查单位的同时需要明确填报单位（报告单位）。填报单位是指负责向上级汇报调查内容、提交统计资料的单位。填报单位一般在行政上、经济上具有一定独立性的单位，而调查单位既可以是人、单位，也可以是物。

调查单位与填报单位有时一致，有时不一致。例如，工业企业普查，每个工业企业既是调查单位，又是填报单位；调查企业设备情况时，调查单位是企业的各种设备，而填报单位则是企业。

（三）确定调查项目和调查表

在进行统计调查方案设计时，需要确定调查项目和调查表。

调查项目是指要调查的内容，也就是被调查单位的特征，即标志。

调查表是指将调查项目按照一定的顺序排列起来形成的一定的表式，这是统计工作收集资料的基本工具。调查目的、调查对象都可以从调查表中反映出来。

那么，怎样拟定调查表呢？

（1）确定所要登记的标志，即调查项目，注意以下几点：

- 各调查项目必须是可行的，能够取得确切的资料；
- 要有科学的理论依据和统一的解释；
- 各调查项目之间尽可能做到相互联系、彼此衔接，以便于动态比较。

（2）确定表式的种类。

- 单一表：每个调查单位填写一份，可以容纳较多的标志，便于整理和分类。
- 一览表：把许多调查单位填写在一张表上，便于合计和核对差错。

单一表、一览表的常用方法如下：一看项目的多少，调查项目多时一般用单一表，反之则用一览表；二看填报单位与调查单位是否一致，一致时常用单一表，不一致时用一览表。

（3）拟定调查表时须说明注意事项、项目解释、指标含义、计算方法、分类目录、统计编码等。

（四）确定调查时间和调查期限

（1）调查时间：调查资料所属的时间（时期或时点）。

如果调查的是时期现象，就要明确规定资料所反映的调查对象从何年月日始至何年月日止（起讫时间）。

如果调查的是时点现象，就要规定统一的标准时间。例如，2010 年第六次人口普查的标准时间是 11 月 1 日 0 时。

（2）调查期限：进行调查工作所需的时间，包括收集资料和报送资料等整个工作所需要的时间。

例如，2010 年第六次人口普查登记工作的期限从 2010 年 11 月 1 日开始，11 月 10 日前结束。

（五）确定调查方式和方法

调查方式是指调查的组织形式，通常有普查、抽样调查、重点调查、典型调查等。调查方式的选择应根据调查的目的和任务、调查对象的特点、调查费用的多少、调查的精度要求等做出选择。

调查方法是指调查资料收集的具体方法。调查方法的确定应考虑资料收集的难易程度、调查对象的特点、数据取得的源头、数据的质量要求等。

如果调查涉及面广、内容较多，则应考虑选择多种调查方法获取数据和资料。既要获取二手资料，又要获取一手资料。

（六）制订调查组织实施计划

调查的组织实施计划，是指为了确保调查工作的实施而制订的具体计划，主要包括调查的组织领导、调查机构的设置、调查工作的宣传、调查人员的选择与培训、调查表（问卷）及调查工具的准备、经费预算、各项调研工作的分工等。

【课堂讨论】

开展统计调查为什么要制定周密细致的统计调查方案？

项目小结

1．统计调查是按照统计任务的要求，运用科学的调查方法，有组织地向社会实际收集各项原始资料的过程。按组织形式不同分为统计报表和专门调查；按调查对象包括的范围分为全面调查和非全面调查；按调查登记时间是否连续分为经常性调查和一次性调查。

2．调查的组织形式有统计报表和专门调查，专门调查又分为普查、抽样调查、典型调查、重点调查四种。

3．调查资料的收集方法有一手资料的收集方法和二手资料的收集方法。

4．一个完整的统计调查方案包括确定调查的目的、确定调查对象和调查单位、确定调查项目和调查表、确定调查时间和调查期限、确定调查的方式和方法，以及制订调查的组织实施计划。

技能检测

一、判断题

1．典型调查是在调查对象中选择典型单位进行的一种全面调查。（　　）

2．报告单位是指负责报告调查内容的单位。报告单位与调查单位有时一致，有时不一致，这要根据调查任务来确定。（　　）

3．抽样调查是从总体中随机抽取一部分单位进行调查并根据部分结果推断总体数量特征的一种调查方法。（　　）

4．观察法可获得大量真实的第一手资料，但要花费大量的人、物、财力和时间。（　　）

5．调查时间是指调查资料所属的时间。（　　）

6．一览表是指一份表格上只体现一个调查单位的情况表。（　　）

7．统计调查按组织方式不同分为全面调查和非全面调查。（　　）

二、单项选择题

1．某灯泡厂为了掌握该厂的产品质量，拟进行一次全厂的质量大检查，这种检查应选择（　　）。

A．统计报表　　B．重点调查　　C．全面调查　　D．抽样调查

2．人口普查规定统一的标准时间是为了（　　）。

A．避免登记的重复与遗漏　　B．确定调查的范围

C．确定调查的单位　　D．登记的方便

3．某地进行国有商业企业经营情况调查，则调查对象是（　　）。

A．该地所有商业企业　　B．该地所有国有商业企业

C．该地每一国有商业企业　　D．该地每一商业企业

4．以下哪种调查的报告单位与调查单位是一致的（　　）。

A．工业普查　　B．工业设备调查

C．职工调查　　D．未安装设备调查

5．调查项目通常以表的形式表示，称作调查表，一般可分为（　　）。

A．单一表和复合表　　B．单一表和一览表

C．简单表和复合表　　D．简单表和一览表

6．某市进行工业企业生产设备普查，要求在7月1日至7月10日全部调查完毕，

则这一时间规定是（　　）。

A．调查时间　　B．调查期限　　C．标准时间　　D．登记期限

7．调查某市工业企业职工的工种、工龄、文化程度等情况（　　）。

A．填报单位是每个职工

B．调查单位是每个企业

C．调查单位和填报单位都是企业

D．调查单位是每个职工，填报单位是每个企业

三、多项选择题

1．普查是一种（　　）。

A．非全面调查　　B．专门调查　　C．全面调查

D．一次性调查　　E．经常性调查

2．非全面调查包括（　　）。

A．普查　　B．统计报表　　C．重点调查

D．典型调查　　E．抽样调查

3．某市对全部工业企业生产设备的使用情况进行普查，则每一台设备是（　　）。

A．调查单位　　B．调查对象　　C．总体单位

D．填报单位　　E．报告单位

4．下列各调查中，调查单位和填报单位一致的是（　　）。

A．企业设备调查　　B．人口普查

C．工业企业普查　　D．商业企业调查

5．专门组织的调查包括（　　）。

A．典型调查　　B．统计报表　　C．重点调查

D．普查　　E．抽样调查

综合实训

一、实训目的

1．掌握统计调查的组织形式、资料的收集方法。

2．掌握统计调查问卷的设计方法。

3．培养学生组织实施统计调查的能力和市场调查人员应具备的素质。

二、实训内容

大学毕业生就业是大学生人生的一次重要选择。初次就业对一个人的一生有着重大的影响。因此，树立正确的择业观是非常必要的，它要求大学毕业生明确自己的定位，把个人价值的实现同社会需要相结合。

为了解大学生就业意向状况，更好地了解就业情况，请以本学院本专业学生为主要

调查对象，其他专业学生为参考调查对象完成此次任务。

三、实训要求

1. 查阅统计调查的相关知识。
2. 了解统计调查的组织形式，根据调查目的选择合适的数据收集方法。
3. 能够根据调查目的设计一份统计调查问卷。
4. 能够顺利开展此次调查。

项目三　统 计 整 理

学习目标

知识目标：

1. 理解统计整理的概念与意义；
2. 了解统计资料的审核方法；
3. 理解统计分组的意义和种类；
4. 掌握分布数列的编制方法；
5. 理解变量分布数列中的基本概念；
6. 理解统计表、统计图的含义。

能力目标：

1. 能对统计调查的数据进行统计分组和整理；
2. 能编制统计分布数列；
3. 能运用 Excel 编制分布数列；
4. 能根据实际运用 Excel 绘制统计表和统计图。

重点难点：

1. 调查数据的分组整理；
2. 分布数列的编制方法；
3. Excel 在统计整理中的运用。

知识导图

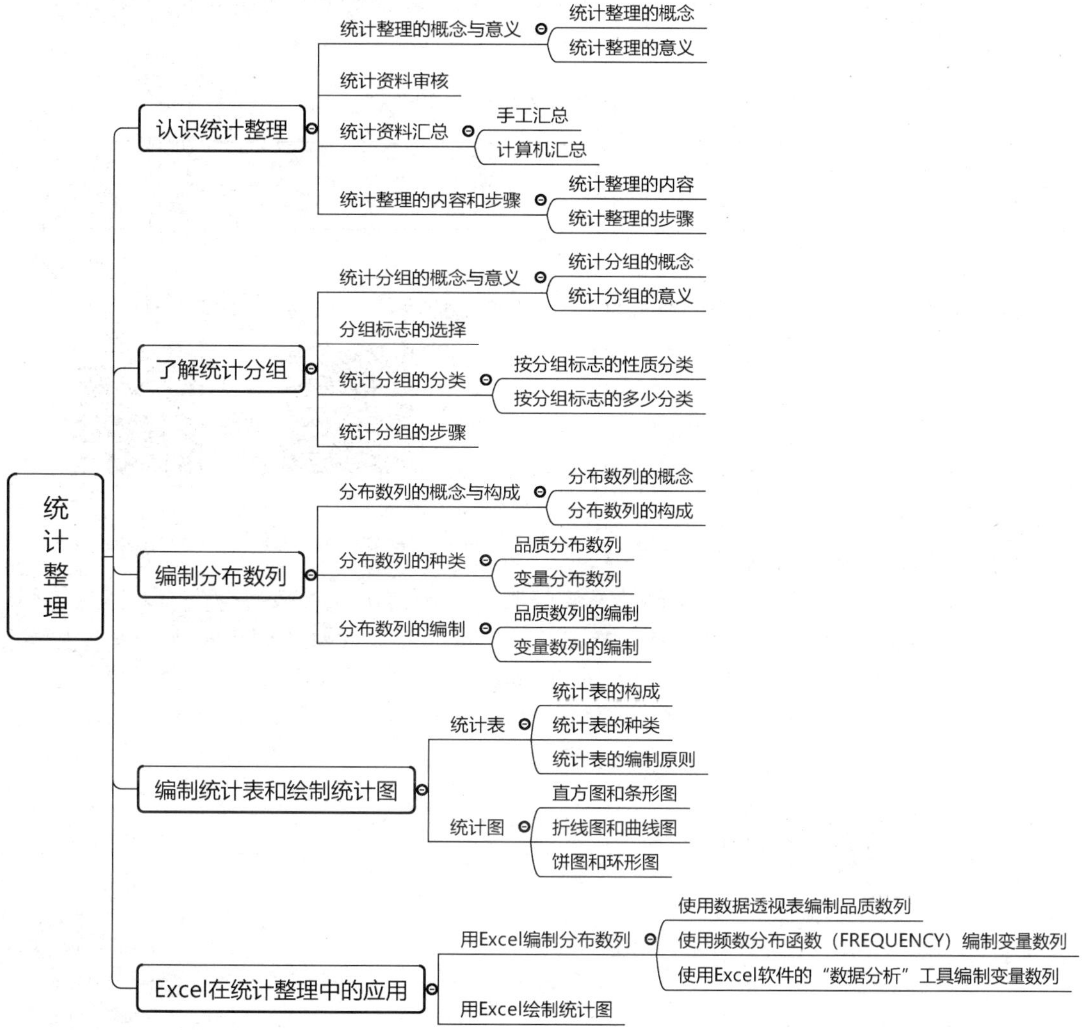

案例引入

2020 年 1 月，新型冠状病毒感染的肺炎疫情牵动着 14 亿中国人民的心，如何确保人民群众生命安全和身体健康，打赢疫情防控阻击战是全国人民群众最关心的问题。

国家卫生健康委员会积极开展疫情防控工作，并对全国疫情防控工作进行全面部署。2020 年 1 月 19 日在全国建立了“日报告、零报告”制度，《新型冠状病毒感染的肺炎防控方案》指出：发现新型冠状病毒感染的肺炎疑似病例、确诊病例时，具备网络直报条件的医疗机构应当立即进行网络直报。不具备网络直报条件的，应当立即向当地县（区）

级疾控机构报告，并于2小时内寄送出传染病报告卡，县（区）级疾控机构在接到报告后立即进行网络直报。

截至2020年2月3日24时（北京时间），国家卫生健康委员会收到全国31个省（自治区、直辖市）和新疆生产建设兵团报告的新型冠状病毒感染的肺炎疫情数据（例）如表3-1所示。

表3-1　新型冠状病毒感染的肺炎疫情数据（例）

累计确诊	现有重症	现有疑似	累计死亡	累计治愈
20 438	2788	23 214	425	632

（资料来源：国家卫生健康委员会官方网站）

你可以打开下面的链接或扫描二维码，回眸疫情防控工作动态。

http://www.nhc.gov.cn/xcs/xxgzbd/gzbd_index.shtml

【案例分析】

根据上述资料回答并解决如下问题：

1. 你知道新型冠状病毒感染的肺炎疫情数据是如何统计得来的吗？

2. 新型冠状病毒感染的肺炎疫情数据从县（区）级疾控机构到省市地区级卫生健康委员会，再到国家卫生健康委员会，从统计的视角看，这其中经历了什么？

为回答并解决上述问题，让我们一起来认识统计整理。

项目实施

任务一　认识统计整理

一、统计整理的概念与意义

（一）统计整理的概念

统计整理即统计资料整理，是根据统计研究任务的目的要求，对调查所收集的大量、零星分散的原始资料进行审核、分组、汇总，使其条理化、系统化、规范化，变成能反映总体特征的综合资料的工作过程，或者是对二手资料进行再加工的工作过程。

（二）统计整理的意义

统计调查取得的是总体各单位的原始资料，是分散的、不系统的感性材料，只能表明各个被调查单位的具体情况，反映事物的表面现象或一个侧面，不能说明事物的总体情况与全貌。因此，只有对这些资料进行加工、整理，才能认识事物的总体及内部联系。例如，在对物流企业设施设备利用情况的调查中，所调查的是每个物流企业的资料，只能反映每个物流企业的设施设备利用情况。因此，只有对所有调查的资料进行分组、汇总等处理后，才能得到反映所有物流企业设施设备利用的综合情况，从而形成对所有物流企业的全面、系统的认识。

统计整理的意义如下：

（1）统计整理是从对个体现象认识到对总体现象数量特征认识的过程；

（2）统计整理是调查的继续，是统计分析的前提，起到承上启下的作用；

（3）统计整理是对现象由感性认识到理性认识的过程。

因此，统计整理的资料是否正确，直接决定整个统计研究任务的完成情况。不恰当的加工整理和不完善的整理方法，往往使调查得来的丰富、完备的资料失去价值。

二、统计资料审核

在统计调查过程中，往往会因为种种原因出现一些差错。要保证统计调查资料的质量，必须对所有的原始资料进行严格的审核。审核的内容主要包括资料的完整性、准确性和及时性三个方面。

（1）审核资料的完整性：主要是指审核应该调查的单位是否有遗漏、指标数值的填写是否齐全、应该收到的调查表是否按规定已经收齐等。

（2）审核资料的准确性：主要是指审核数据的计算范围、计算方法、计算单位等是否符合规定。

（3）审核资料的及时性：主要是指审核资料是否按规定的时间报送，并调查未及时报送的原因。

【注意】

使用计算机汇总整理数据时，由于有些编码是手工编制的，因此，对这些编码的审核也很重要。对查出来的问题，根据统计整理方案工作计划中规定的办法进行处理和更正。

三、统计资料汇总

统计资料汇总是调查资料整理阶段最主要的工作，是将调查问卷中的数据逐个分配到已分出来的各个组中。汇总具体体现为计数、求和等计算。汇总有手工汇总与计算机汇总两种方法。

（一）手工汇总

手工汇总是指运用笔、纸、算盘或小型计算器作为计算工具，对调查资料进行汇总的方法。目前常用的手工汇总方法有画记法、过录法、折叠法和传票法。

1. 画记法

画记法也称点线法，是手工汇总的一种简便易行的方法，是在分组表上，通过画点或线等符号来计算各组单位数的一种手工处理数据的方法。常用的符号是“正”字。这种方法只能汇总计算出每个组内的总体单位数，不能汇总、计算出每个组内总体单位的标志值之和，即只能计数，不能计值。

2. 过录法

过录法又称“登记法”“整理表法”，即把调查资料全部过录到预先设计的汇总表中，然后对过录后的数值加总得出合计数，再将合计数过录到正式分组汇总表的汇总方法。过录法适用于汇总标志值。

3. 折叠法

折叠法是将各调查表或报表中需要汇总的项目和数值全部折在纸的边缘，一张接一张折压并依次叠放在一起，露出边缘数值，按相同的指标栏次或行次对齐加总的汇总方法。折叠法适用于汇总标志值，在指标多、表格大的情况下优于传票法。其优点是简便，无须过录，省时省力；其缺点是容易损坏原始表格，不能及时发现并改正错误，一旦出错，必须再从头做起。

4. 传票法

传票法也称分票法，是基层单位常用的一种汇总方法。主要适用于汇总标志值，也可汇总单位数，清点每类调查表或报表的份数或页数。其优点是简便灵活；其缺点是当表格大、指标多时，易出差错，若发生差错，需按分类查对。

（二）计算机汇总

随着科学技术的发展，利用计算机进行汇总，可以提高数据汇总和加工的速度与质量。利用计算机进行数据汇总的步骤有编码、录入和汇总计算三步。

1. 编码

编码是将问卷中的信息数字化，转换成统计软件和统计程序能够识别的数字，这项工作是一种信息代换的过程。几种常用的编码方法如下：

（1）顺序编码法。例如，用 1～4 分别代表调查个人工资水平从低到高的 4 个档次。

（2）分组编码法。分组编码示例如表 3-2 所示。

表 3-2　分组编码示例

性　别	职　业	月 收 入	对××物流公司满意程度
1=男性	1=工人	01=2000 元以下	1=非常满意
2=女性	2=教师	02=2000～3000 元	2=比较满意
	3=机关干部	03=3000～4000 元	3=一般
	4=医生	04=4000 元以上	4=不满意
	5=学生		5=非常不满意

（3）信息组码编码法。

（4）表意式文字编码法。

2. 录入

将编好码的数据录入计算机的相关软件中，便于用计算机进行统计和分析。

3. 汇总计算

运用计算机软件的功能进行汇总计算，主要有计数、求和、计算频数、计算频率、累计频数、累计频率等。

四、统计整理的内容和步骤

（一）统计整理的内容

统计整理的内容通常包括以下几个方面：

（1）根据研究任务的目的要求，选择相应整理的指标，并根据分析的需要确定具体的分组。

（2）在分组的基础上对统计资料进行汇总、计算。

（3）通过统计表描述汇总的结果。在统计整理中，必须抓住最基本的、最能说明问题本质特征的统计分组和统计指标对统计资料进行加工整理，这也是进行统计整理必须遵守的原则。

（二）统计整理的步骤

结合统计整理的内容，统计整理大致可以分为以下几个步骤：

（1）设计统计整理方案。统计整理方案与调查方案应紧密衔接，整理方案中的指标与调查项目要一致或联系紧密。

（2）对调查收集的数据资料进行审核、订正。审核数据资料包括汇总前审核和汇总后审核：汇总前主要审核数据是否准确、及时、完整；汇总后审核主要是为了保证汇总工作的质量。

（3）对审核后的资料进行科学的分组、汇总，计算各组的单位数和合计数，计算各组的标志总量与综合指标。统计分组是统计整理的前提和基础，统计汇总是统计整理的中心内容。

（4）编制统计表和统计图。统计表和统计图是统计整理的结果显示。

（5）统计资料的保管与积累。

任务二 了解统计分组

一、统计分组的概念与意义

（一）统计分组的概念

统计分组是指根据统计研究任务的目的要求，将总体单位按照某个标志或某几个标志划分为若干个性质不同而又有联系的几部分，称为统计分组。

统计分组包括两层含义：第一层含义是“分”，就是把性质上有差异的单位分开；第二层含义是“合”，就是把性质上差异不明显的单位归并在一起。

例如，在研究我国网民的分布情况时，可以从网民的年龄分布、性别构成、区域分布等方面进行研究，基于每个网民的年龄、性别、所在区域不同，需要对所有网民按照年龄、性别、区域进行分组，以揭示总体各组成部分的差异。

（二）统计分组的意义

统计分组的目的是要将同质总体中有差异的单位区分开来，同时又将性质相同的某些单位组合在一起，统计分组的意义主要表现在以下三个方面：

（1）划分现象的类型。

（2）反映总体的构成及特征。

例如，我国三大产业分类的从业人员构成情况（单位：%）如表 3-3 所示，它反映了各年度第一、第二、第三产业的构成情况。

表 3-3　我国三大产业分类的从业人员构成情况（单位：%）

产业类型	从业人员构成的情况		
	2016 年	2017 年	2018 年
第一产业	27.7	27.0	26.1
第二产业	28.8	28.1	27.6
第三产业	43.5	44.9	46.3

（3）研究现象之间的依存关系。

例如，某企业商品销售额与存货资金占用关系如表 3-4 所示，它反映了某企业存货资金占用与商品销售额之间的关系。

表 3-4　某企业商品销售额与存货资金占用关系

商品销售额（万元）	存货资金占用（万元）
500	300
600	320
800	390
1000	480
1200	590

练一练

1. 货物运输中，为什么要进行运输分类？
2. 在日常生活中，你是如何对日常生活用品进行分类整理的？

二、分组标志的选择

选择分组标志是统计分组的核心问题，分组标志是对统计总体进行分组的标准或依据。选择正确的分组标志，是统计分组能充分发挥作用的前提。总体单位一旦经过分组，就突出了各单位在分组标志下的差异，同时掩盖了总体单位在其他标志下的不同。所以，同一总体由于选择的分组标志不同，对其认识可能会得出不同甚至相反的结论。为了保证统计分组的科学合理，选择分组标志必须遵循穷尽、互斥原则，同时，在选取分组标志时还要考虑：

（1）根据研究的目的、任务选择分组标志；

（2）选择能够反映事物本质的标志进行分组；

（3）要考虑现象所处的历史条件和经济条件。

练一练

假设要研究你所在学校的学生月生活费支出情况，可以按下列哪些标志进行分组？哪些标志不能作为分组的标志，为什么？

（1）按家庭收入水平分组。

（2）按城乡分组。

（3）按性别分组。

（4）按身高分组。

三、统计分组的分类

（一）按分组标志的性质分类

按分组标志的性质，统计分组可以分为品质标志分组和数量标志分组。

（1）品质标志分组：按反映事物属性的品质将总体分为若干小组。例如，将物流企业职工按性别、工种、文化程度等标志进行的分组。

（2）数量标志分组：按数量标志将总体分为若干小组。例如，将物流企业按利税总额、物流总费用的分组等。

（二）按分组标志的多少分类

按分组标志的多少，统计分组可分为简单分组、并列分组和复合分组。

（1）简单分组：将总体按一个标志进行分组。采用简单分组能从某一方面说明总体特征。

（2）并列分组：对同一总体按两个或两个以上的标志进行若干次简单分组。采用并列分组能从不同的角度说明总体的特征。例如，对物流企业职工按性别和工作性质进行并列分组，可形成并列分组体系，如表 3-5 所示。

（3）重复分组：对同一总体按两个或两个以上的标志层叠起来进行分组。采用复合分组能更深刻地反映总体的内部结构，更能细致地分析问题。例如，将物流企业职工先按照性别分组，在性别分组的基础上再按照工作性质分组，形成重复分组体系，如表 3-6 所示。

表 3-5　并列分组

性别、工作性质
男
女
管理人员
生产人员

表 3-6　重复分组

性别、工作性质	
男	管理人员
	生产人员
女	管理人员
	生产人员

四、统计分组的步骤

统计分组的步骤如下：

（1）确定统计分组的内容和分组体系。首先，要根据研究的目的和任务要求确定统计分组的内容，即要设计一些什么样的标志进行分组，如要研究职工的学历构成，就要选取学历标志进行分组；其次，要根据客观现象的复杂性，设计多种统计分组，形成一个分组体系。

（2）选择分组标志、确定组间界限。按品质标志分组时，确定组间界限有两种情况：第一种情况，组间界限是自然形成的或比较明显的，例如，人口按性别、文化程度、民族分组等；第二种情况，组间界限难以确定，例如，人口按职业分组、企业按行业分组、产品按用途分组等，为了保证这类分组的准确性，可根据国家有关部门制定的各种分类标准与分类目录进行分组。

按数量标志进行分组时，在多数情况下，究竟应分几组、组间界限如何确定等并无统一的规定，而是需要根据研究目的及数据的具体情况，依个人经验而定。

任务三　编制分布数列

一、分布数列的概念与构成

（一）分布数列的概念

分布数列是在分组的基础上，将总体的所有单位按组归类形成总体单位在各组间的分布，又称分配数列、次数分配数列。

例如，将某学校某专业的学生按照性别进行的分组，男性和女性人数分别为 470 人、530 人，如表 3-7 所示。

表 3-7 某学校某专业的学生按性别进行的分组

性 别	人数（人）	比重（%）
男性	470	47.0
女性	530	53.0
合计	1000	100.0

（二）分布数列的构成

分布数列的构成如下：

（1）各组名称或各组变量值（总体按某标志分组）；

（2）各组单位数（次数或频数）。

如表 3-8 所示为某班学生按统计基础课程成绩进行的分组，其构成要素为学生成绩和学生人数。

表 3-8 某班学生按统计基础课程成绩进行的分组

学生成绩（分）	学生人数（人）	频率（%）
60 以下	3	8.33
60～70	5	13.89
70～80	10	27.78
80～90	11	30.56
90～100	7	19.44
合计	36	100.0

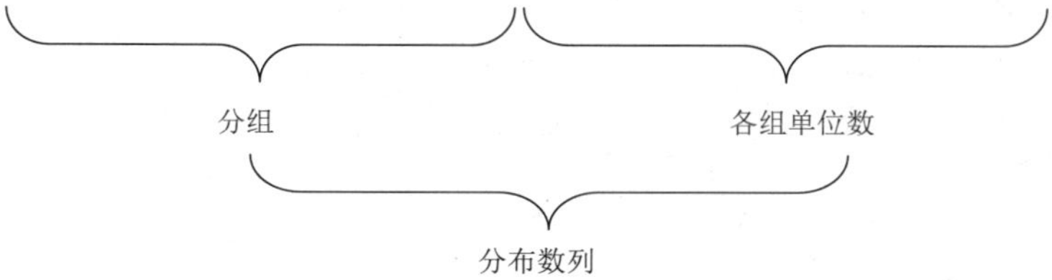

二、分布数列的种类

根据分组时采用的分组标志不同，分布数列可进行如图 3-1 所示的分类。

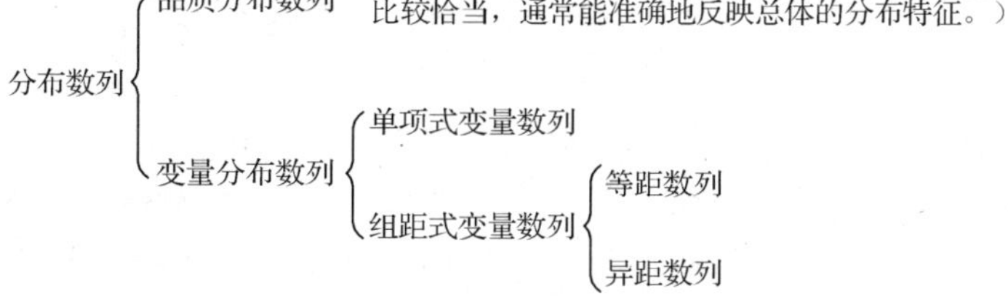

图 3-1 分布数列的种类

（一）品质分布数列

品质分布数列简称品质数列，是按品质标志分组所形成的分布数列。品质分布数列一般比较稳定，通常能够准确地反映总体的分布特征。例如，如表 3-9 所示的按登记注册类型划分的企业法人单位数（2017 年），其分布数列即为品质数列。

表 3-9　按登记注册类型划分的企业法人单位数（2017 年）

登记注册类型	法人单位数（个）	比重（%）
内资企业	17 830 471	98.5
港澳台商投资企业	130 214	0.7
外商投资企业	136 997	0.8
合计	18 097 682	100

（二）变量分布数列

变量分布数列简称变量数列，是指按数量标志分组所形成的分布数列。变量数列按各组表现形式不同，又可分为单项式变量数列和组距式变量数列。

1. 单项式变量数列

单项式变量数列是以一个变量值为一组所编制的数列。一般适用于离散型变量分组且变量值的变动幅度小、个数少的情况。按日产量分组的工人人数分布表如表 3-10 所示，其分布数列即为单项式变量数列。

表 3-10　按日产量分组的工人人数分布表

日产量（件）	工人人数（人）	比重（%）
25	10	6
26	20	10
27	30	17
28	50	28
29	40	22
30	30	17
合计	180	100

【思考】

假设需要对某高校学生按年龄编制分布数列，则应编制哪种数列呢？

2. 组距式变量数列

组距式变量数列是以变量值的一段数值区间为一组所编制的数列。一般适用于所有的连续性变量分组和变量值的变动幅度大、个数较多的离散型变量分组。组距式变量数列又分为等距数列和异距数列两种。其中，等距数列是指各组组距相等的组距数列，如表 3-11 所示的某班学生某门课程成绩分布表即为等距数列；异距数列是指各组组距不相等的组距数列，如表 3-12 所示的按计划完成程度分组的分布表即为异距数列。

表 3-11　某班学生某门课程成绩分布表

成绩（分）	人数（人）	比重（%）
50～60	2	5.0
60～70	4	11.0
70～80	11	27.5
80～90	18	45.0
90～100	5	12.5
合计	40	100.0

表 3-12　按计划完成程度分组的分布表

计划完成程度（%）	企　业　数	比重（%）
100 以下	6	21.3
100～110	16	57.4
110 以上	6	21.43
合计	28	100.00

【提示】

等距数列：变量值变动区间的长度相等。

异距数列：变量值变动区间的长度不完全相等。

组距式变量数列相关概念：

- 组限：每一组两端的数值。
- 上限：各组最大的变量值。
- 下限：各组最小的变量值。
- 组距：各组的上限与上限之差。
- 组中：每组上限与下限之间的中点数值。即

组中=（上限+下限）÷2

- 全距：最大变量值与最小变量值之差
- 开口式组距数列组中值计算方法为

缺下限组的组中=（该组上限−相邻组组距）÷2

缺上限组的组中=（该组下限+相邻组组距）÷2

练一练

根据表 3-13 所示的某地区 100 个实体零售店月销售额与流通费用情况表，计算各组组限值、组距值和组中值。

表 3-13　某地区 100 个实体零售店月销售额与流通费用情况表

销售额（万元）	商店数（个）	每百元商品销售额中支付的流通费（元）
50 以下	10	14.2
50～100	20	11.4
100～200	30	10.1
200～300	25	9.2
300 以上	15	8.5

三、分布数列的编制

（一）品质数列的编制

品质数列的编制步骤如下：

（1）按品质标志对总体做属性分组；

（2）划分各组界限；

（3）汇总各组单位数，并编制分布数列表，即得到品质数列。

（二）变量数列的编制

1. 单项式变量数列的编制

编制单项式变量数列步骤如下：

（1）将各变量值按大小的顺序排列；

（2）计算各变量值的频数和频率；

（3）将结果以表格的形式表现出来。

2. 组距式变量数列的编制

组距式变量数列的编制步骤如下：

（1）将原始资料按大小的顺序排列，确定总体中的最小值、最大值及全距。

（2）确定编制数列的类型。若是变动幅度较大的连续变量或离散变量，应编制组距式变量数列。

（3）确定组数和组距。当变量值分布较均匀时，可采用相等组距；若变量值分布相对集中，应采用不等组距。组数不能太多也不能太少。编制组距数列时，必须对总体进行分组。针对一个总体，应将其分为多少组，这要根据研究的目的来确定。同时，要本着以能简单明了地反映问题为原则。如果组数过多，必然会造成总体单位分布分散，还有可能把属于同类的单位归到不同的组中，从而不能真实地反映事物的本质特点和规律性；如果组数过少，又会造成把不同性质的单位归到同一个组内，从而失去区别事物的界限，达不到正确反映客观事实的目的。另外，组数的多少和组距值的大小是相互制约的，组数越多，组距越小；组数越少，组距越大。因此，必须恰当地确定组数和组距。

美国学者斯特奇斯（HASturges）提出，在总体各单位标志值分布趋于正态的情况下，

可根据总体单位数（N）来确定应分组数（n），公式为

$$n = 1 + \frac{\lg N}{\lg 2}$$

在等距数列情况下，当总体单位数不多、变量变动范围不大时，可以参考此公式确定组数。但当总体单位数过少时，按此公式计算的组数可能偏多；而当总体单位数很多时，计算的组数又可能偏少。因此，该公式在分组时供参考，但绝不能生搬硬套。

经验表明，组数一般应为5～7组为宜，组距最好是5的倍数。

确定组数后，还应确定组距。由于组距的大小与组数的多少成反比，所以在采用等距分组的情况下，变量数列编制的组距计算公式为

组距（d）=全距（R）÷组数（n）

（4）确定组限。组距数列中，每个组都有两个端点值，这两个端点值称为组限。数值小的端点值称为组的下限，数值大的端点值称为组的上限。

确定组限应遵循的几个原则：最小组下限应小于或等于最小变量值；最大组上限应大于等于最大变量值；含极端值的可以用开口组；组限的界定应有利于表现总体单位分布规律；对于等距数列，如果组距是5的倍数，则组限也最好是5的倍数。

（5）计算各组次数（频数）和比重（频率），编制分布数列表。

（6）计算累计频数和累计频率。

【案例3-1】 假设要将某班40名学生某门课程某次考试成绩编制等距数列，应该如何编制呢？考试成绩如下：

54	60	62	97	85	52	83	79	95	80
89	85	77	68	86	93	70	81	78	89
71	89	80	85	75	78	90	66	78	73
82	82	99	77	88	84	75	88	76	80

【分析】 编制步骤如下。

① 将数据按小到大的顺序进行排列，并判断变量的性质。排列后的成绩如下：

52	54	60	62	66	68	70	71	73	75
76	77	77	78	78	78	79	80	80	80
81	82	82	83	84	85	85	85	86	88
88	89	89	89	89	90	93	95	97	99

变量的性质为连续变量，宜编制组距式变量数列。全距（R）计算方法为

全距（R）=最大变量值−最小变量值

将99、52代上式，计算的全距为47。

② 确定组数和组距。

对于本例而言，借鉴等距数列的计算公式，即

$$n = 1 + \frac{\lg 40}{\lg 2} \approx 6$$

基于全距47及组距最好为5的倍数考虑，将组数定为5较为合适。

确定好组数后，我们要考虑是等距分组还是异距分组，由于本例中最小值是52，最

大值是 99，所以考虑等距分组。

③ 确定组限。

根据确定组限应遵循的原则，最小组下限小于或等于最小变量值，本例最小值为 52，所以自 50 分开始，最大组上限应大于等于实际资料最大值，最大值取 100 分。则本例各组名称为 50～60、60～70、70～80、80～90、90～100；当然为也可以考虑异距分组，各组名称为 60 以下、60～70、70～80、80～90、90～100；

④ 计算各组次数（频数）和比重（频率）。

在分组的基础上，从最小组起依次排列，分别汇总计算各组总体单位数（频数）和频率，形成分组统计表。

汇总计算要遵循“不重不漏”“上限不在内”的原则。该班 40 名学生成绩分组表如表 3-14 所示。

表 3-14　该班 40 名学生成绩分组表

成绩（分）	画　记　法	人数（人）	频率（%）
50～60	丅	2	5.00
60～69	正	4	10.00
70～79	正正一	11	27.50
80～90	正正正下	18	45.00
90～100	正	5	12.50
合计	—	40	100.00

⑤ 计算累计频数和累计频率。

为了更详细地认识变量的分布特征，还可以计算累计频数和累计频率，编制累计频数和累计频率数列。该班 40 名学生成绩累计分组表如表 3-15 所示。

表 3-15　该班 40 名学生成绩累计分组表

成绩（分）（不含上限）	人数（人）（频数）	比重（%）（频率）	向上累计频数	向上累计频率（%）	向下累计频数	向下累计频率（%）
50～60	2	5.00	2	5.00	40	100.00
60～70	4	11.00	6	15.00	38	95.00
70～80	11	27.50	17	42.50	34	85.00
80～90	18	45.00	35	87.50	23	57.50
90～100	5	12.50	40	100.00	5	12.50
合计	40	100.00	—	—	—	—

- 累计频数。累计频数就是将各类别的频数逐级累加起来，其累计方法有两种：一是向上累计，即从变量值小的组向变量值大的组逐级累加频数；二是向下累计，即从变量值大的组向变量值小的组逐级累加频数。

- 累计频率。累计频率就是将各类别的频率逐级累加起来，其方法有两种：一是向上累计，即从变量值小的组向变量值大的组逐级累加频率；二是向下累计，即从变量值大的组向变量值小的组逐级累加频率。

变量数列，特别是组距式变量数列的编制，其灵活性较大，即使对于同一研究目的和同一原始资料，由于认识水平和工作习惯不同，也会得出不同的结果，但编制的数列应能客观地反映总体的特征。组距式变量数列的编制步骤如图 3-2 所示。

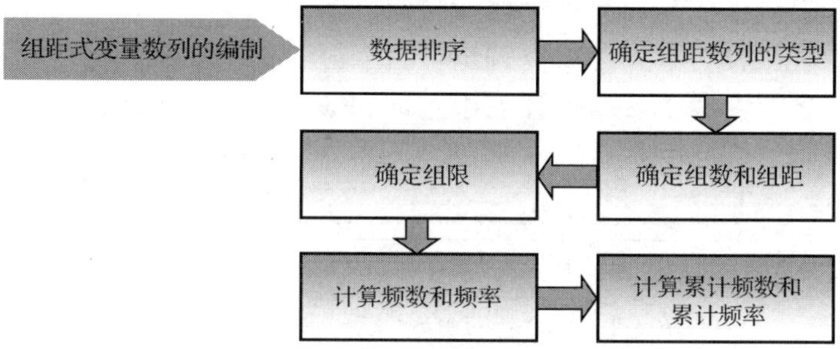

图 3-2　组距式变量数列的编制步骤

任务四　编制统计表和绘制统计图

统计资料加工整理的最终结果，通常需要借助于一定的形式表现出来，以供调研者和用户阅读、分析及使用。统计资料的表现形式有统计表、统计图和统计分析报告。其中，统计表和统计图是显示统计数据常用的两种形式。

一、统计表

统计表是以纵横交叉的线条所绘制的表格来显示数据资料的一种形式，是统计用数字说话的一种常用形式。

统计表是分析研究的工具。用统计表显示数据资料具有如下优点：

（1）能有条理、系统地显示数据，使人们阅读时一目了然，印象深刻；

（2）能合理、科学地组织数据，便于人们阅读时对照比较；

（3）具有容量大、方便计算等优势；

（一）统计表的构成

（1）从统计表的形式上看：统计表由总标题、横行标题、纵栏标题、表格线条及数字资料等部分组成，如图 3-3 所示。

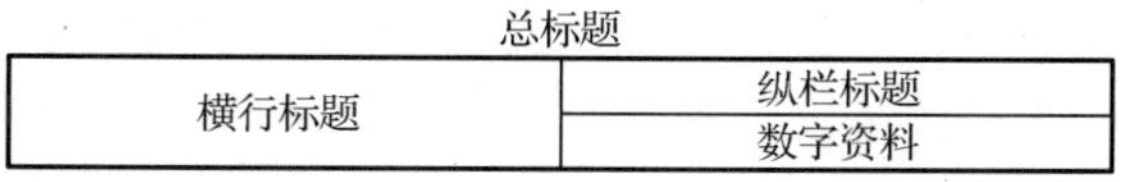

图 3-3　统计表的组成部分（从形式上看）

① 总标题是统计表的名称，它概括说明全表的内容，一般写在表的上端正中央。

② 横行标题是表示横行内容的名称，它代表统计表所要说明的对象，一般写在表的左方。

③ 纵栏标题是纵栏的名称，在统计表中表现指标的名称，一般写在表的上方。

④ 表格线条，即构成表格的各种纵横交错的线条。

⑤ 数字资料，也称指标数值，位于在横行与纵栏线条的交叉单元格中。统计表中数字资料的内容都由横行标题和纵列标题所限定。

另外，必要时在表的下方也可以列出资料来源、指标注释和附注说明等。

（2）从统计表的内容上看：统计表由主词和宾词两部分组成，如图 3-4 所示。

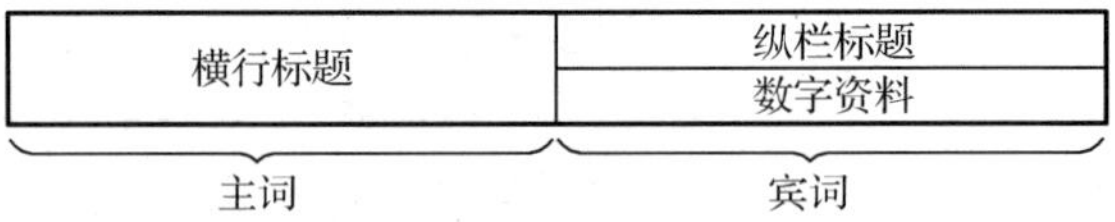

图 3-4　统计表的组成部分（从内容上看）

① 主词是统计表所要说明的总体及总体的各个组成部分，它可以是各个总体单位的名称、总体的各个组的名称或总体的各个时期。

② 宾词是说明主词的各种统计指标，包括指标名称、指标数值和指标单位。

通常情况下，主词列于统计表的横行，宾词列于统计表的纵栏。

（二）统计表的种类

按照主词是否被分组，统计表分为简单表、分组表和复合表。

1. 简单表

主词未被进行任何分组的统计表称为简单表。简单表通常是对调查得来的原始资料进行初步整理所采用的形式。如表 3-16 所示的 2018 年中国国内生产总值统计表（初步核算数）属于简单表。

表 3-16　2018 年中国国内生产总值统计表（初步核算数）

产　业	国内生产总值（亿元）	占 GDP 的比重（%）
第一产业增加值	64 734	7.2
第二产业增加值	366 001	40.7
第三产业增加值	469 575	52.2
合计	900 309	100

（注：资料来源于 2019 年《中国统计年鉴》）

2. 分组表

主词按照某一标志被分组的统计表称为分组表。如表 3-17 所示的按累计确诊人数分组的全国疫情统计表即为分组表。

表 3-17　按累计确诊人数分组的全国疫情统计表

累计确诊人数（人）	省（自治区、直辖市）个数（个）	占比（%）
10 000 以上	1	3.23
1000～9999	4	12.90
100～999	22	70.97
10～99	3	9.68
1～9	1	3.23
合计	31	100

（数据来源：凤凰新闻　https://news.ifeng.com/c/special/7tPlDSzDgVk，截至 2020.4.28 09:00。）

3. 复合表

主词按照两个或两个以上标志进行分组的统计表称为复合表。复合表能更深刻、详细地反映客观现象。如表 3-18 所示的按经济类型和固定资产原值分组的企业产值情况即为复合表。

表 3-18　按经济类型和固定资产原值分组的企业产值情况

经济类型和固定资产原值（万元）		企业数（个）	人均固定资产（百元）	人均总产值（百元）
国有	200～350	1	68	105.4
	350～500	3	79.1	175.8
	小计	4	77.1	162.7
集体	200 以下	1	64	76.8
	200～350	3	73.8	122.9
	小计	4	72	114.5
	合计	8	71.5	128.0

（三）统计表的编制原则

统计表的编制原则如下：

（1）统计表的总标题要能准确地反映表中的内容及资料所属的时间和空间；

（2）合理安排表的结构（行、列标题位置，表的长度比例）；

（3）表的上、下端用粗线或双线封口，左右两端一般不封口；

（4）列标题之间用细线隔开，行标题则不要求；

（5）统计表中的数字要有计量单位，如果表中各指标单位不同，可分别写在纵栏标题下；

（6）如单位相同，应将计量单位写在统计表的右上角；

（7）统计表中的数字应书写工整，数位要对准。表内遇到相同数字时，要照写，不能用“同上”替代；没有数字的空格要用“—”表示；资料未取得，数字暂缺用“…”表示；

（9）统计表中数据一般右对齐；

（10）统计表的注释、资料来源等，一般简单扼要地写在表的最下方。

二、统计图

统计图是在统计表的基础上，表现统计资料的辅助形式。它也是统计分析的一种重要工具，是一种以几何图形（点、线条、面积等）、形象符号来描述和显示统计数据资料的形式。

如果说统计表是把许多杂乱无章的数据有条理地组织在一张简明的表格内，那么统计图是把数据通过生动的图形形象地显示出来，故统计图具有直观、醒目、生动、易于理解等特点。

常用的统计图主要有直方图和条形图、折线图和曲线图、饼图和环形图。

（一）直方图和条形图

（1）直方图：是指用矩形的宽度和高度乘积来表示频数（次数）分布状况的图形，各矩形的面积与各组频数（次数）的多少成正比。在平面直角坐标系中，横轴表示数据分组，纵轴表示频数（次数）或频率，这样各组与相应的频数就形成了一个矩形，即直方图。

直方图一般用于等距型变量的次数分布。某班学生大学英语成绩分布直方图如图 3-5 所示。

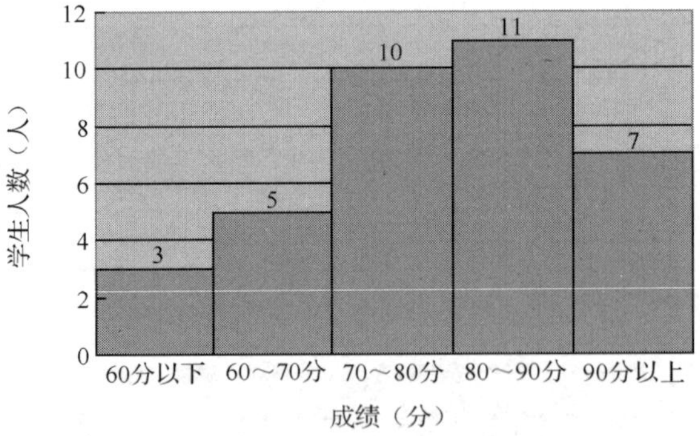

图 3-5　某班学生大学英语成绩分布直方图

（2）条形图：是指用宽度相同的条形的高度或长度表示数据次数的图形。条形图既可以横置，也可以纵置，纵置时也称为柱形图。也就是说，当各类别放在纵轴时，称为条形图；当各类别放在横轴时，称为柱形图，各条形的长短与各组频数（次数）的多少成正比。条形图适用于定序和定类变量的数据统计分析。中国体育代表团在悉尼奥运会（2000 年）上获金牌项目的条形图如图 3-6 所示。

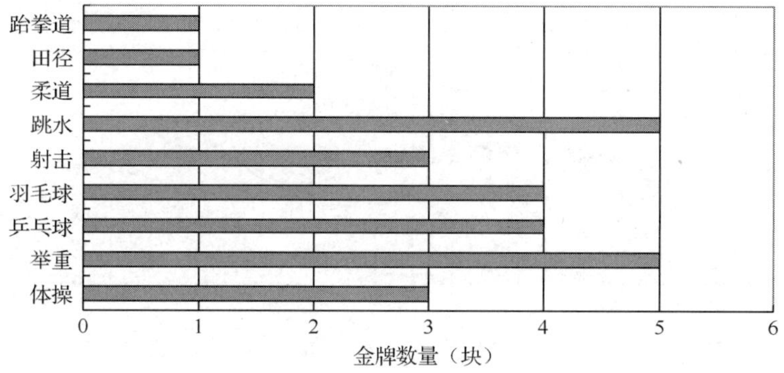

图 3-6　中国体育代表团在悉尼奥运会（2000 年）上获金牌项目的条形图

直方图和条形图都是用来表现分配在各组中的单位数的图形，它们的区别如下：

- 直方图用面积表示数量的多少。直方图各矩形通常是连续排列的，而条形图则是分开排列的。直方图一般用于等距型变量的次数分布。
- 条形图用条形的长度（横置）或高度表示各类别数量的多少，其宽度（类别）固定。条形图适用于定序和定类变量的数据统计分析。

（二）折线图和曲线图

（1）折线图：也称频数多边图，是在直方图的基础上，把相邻直方图的顶边中点用直线连接起来，再把原来的直方图抹掉，就形成了频数分布折线图。某班学生大学英语成绩折线图如图 3-7 所示。

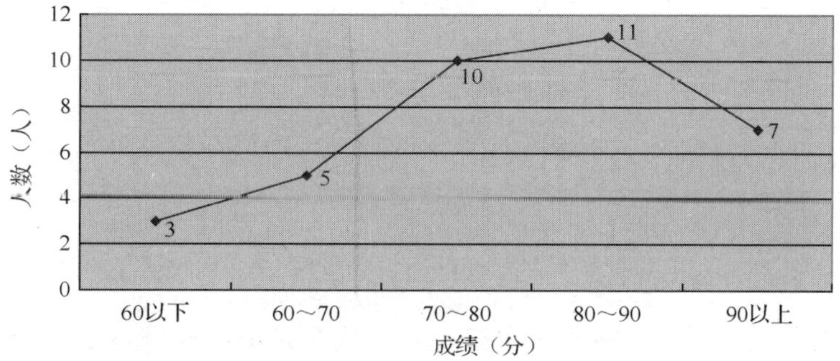

图 3-7　某班学生大学英语成绩折线图

（2）曲线图：是指用曲线的升降起伏来表示被研究现象的变动情况及其趋势的图形。曲线图根据所示数据的性质和作用不同，可分为频数分布曲线图、动态曲线图和依存关系曲线图。

频数分布曲线图是当变量数列的组数无限多时，折线图就近似地表现为平滑的曲线，此时折线图就变成了曲线图。

例如，当按年龄分组的组距减小（组数增多）时，折线图就近似地表现为平滑的曲线图。某村人口按年龄分组的曲线图如图 3-8 所示。

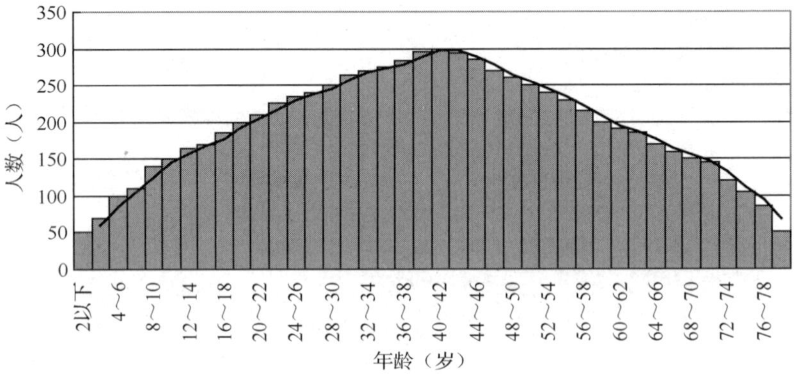

图 3-8　某村人口按年龄分组的曲线图

（三）饼图和环形图

（1）饼图：又称圆形图，是以圆的面积或园内各扇形面积的大小来表示数值大小或总体内部结构的一种图形。根据饼图的作用不同，又可分为比较图、结构图和结构比较图。

饼图多用于显示定类变量的分布情况。第七届世界军人运动会上中国获金、银、铜牌情况的饼图如图 3-9 所示。

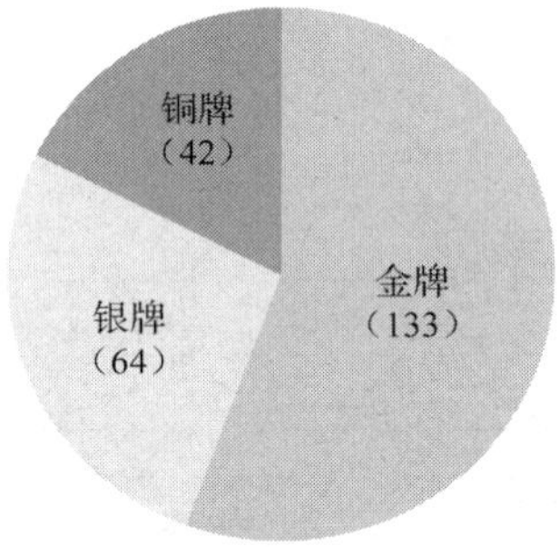

图 3-9　第七届世界军人运动会上中国获金、银、铜牌情况的饼图

又如，中国仓储协会对 150 家物流企业的从业人员情况进行了调查，调查结果如表 3-19 所示。150 家物流企业从业人员数量分布饼图如图 3-10 所示。

表 3-19　中国仓储协会对 150 家物流企业从业人员数量分布情况表

从业人员数量（人）	企业个数（个）	频率（%）
100 人以下	47	31
101～300 人	48	32
301～500 人	39	26
500 人以上	16	11
合计	150	100

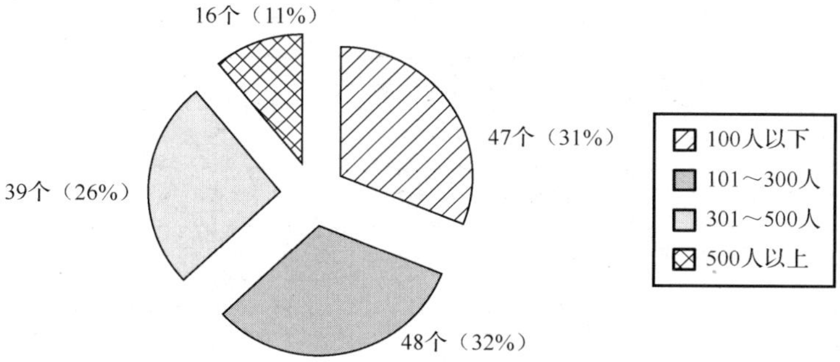

图 3-10　150 家物流企业从业人员数量分布饼图

从调查结果可知：企业从业人员数量在 500 人以上的企业仅占 11%，大部分企业规模在 500 人以下，仍以中小物流企业为主，说明企业规模仍然偏小。

（2）环形图：顾名思义，环形图是空心的饼图，是用环中的一段表示总体各部分数据大小的图形。环形图可同时绘制多个数据系列。但每一个数据系列为一个环，可以同时显示多个总体各部分的情况。

任务五　Excel 在统计整理中的应用

一、用 Excel 编制分布数列

例如，某班 54 名学生统计学的成绩如表 3-20 所示。为了进一步了解该班学生的成绩分布状况，有必要对表中的数据按性别和成绩进行分组。

表 3-20　某班 54 名学生统计学的成绩

学　号	性　别	成　绩	学　号	性　别	成　绩	学　号	性　别	成　绩
A001	女	79	A019	男	77	A037	女	54
A002	男	93	A020	男	81	A038	男	81
A003	女	91	A021	男	88	A039	女	45
A004	女	85	A022	男	83	A040	男	75
A005	男	91	A023	女	59	A041	女	78
A006	男	50	A024	女	85	A042	女	77
A007	男	85	A025	男	71	A043	女	78
A008	男	78	A026	女	78	A044	女	84
A009	女	87	A027	女	86	A045	男	72
A010	女	87	A028	男	68	A046	女	60
A011	男	74	A029	男	50	A047	男	90

续表

学　号	性　别	成　绩	学　号	性　别	成　绩	学　号	性　别	成　绩
A012	女	62	A030	男	85	A048	女	86
A013	男	87	A031	女	83	A049	女	84
A014	男	74	A032	女	86	A050	男	72
A015	女	74	A033	女	95	A051	男	72
A016	男	88	A034	女	81	A052	男	76
A017	女	71	A035	男	65	A053	女	78
A018	女	84	A036	女	85	A054	女	71

在资料分组过程中，按性别分组属于品质标志分组，编制的数列为品质数列；按成绩分组是属于数量标志分组，编制的数列为变量数列。

先将该班信息录入 Excel 电子表格中，注意每个变量占一列，在数据录入过程中要注意数据录入的准确性，输入结果（部分）如图 3-11 所示。

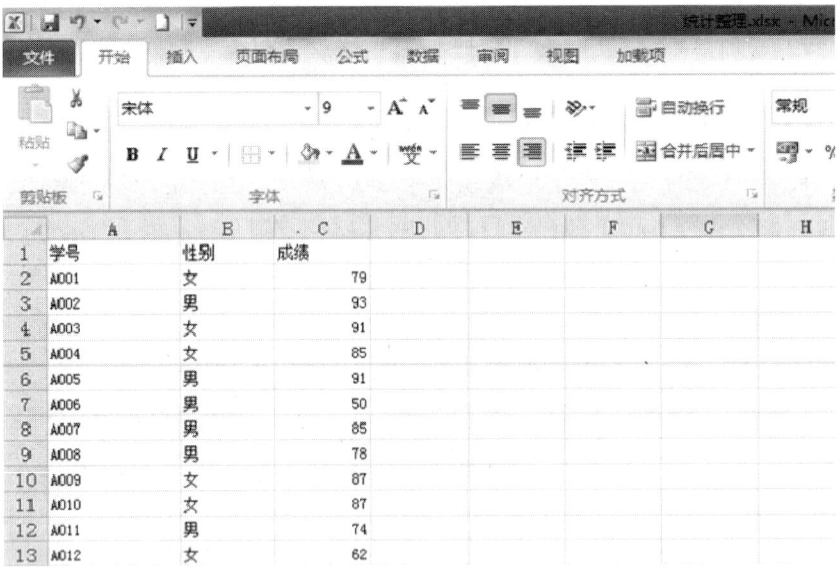

图 3-11　某班学生统计学的成绩在 Excel 电子表格中的输入结果（部分）

（一）使用数据透视表编制品质数列

1. *数据透视表介绍*

数据透视表是一种交互式的表，可以进行某些计算，如求和与计数等。它能够对数据进行筛选、排序和分类汇总等操作，并能生成汇总表格，是 Excel 强大数据处理能力的一种具体体现。

2. 数据透视表编制品质数列的步骤

利用“数据透视表”计算频数。

（1）单击快速访问工具栏的“数据透视表”按钮，在弹出的“创建数据透视表”对话框中，先选择要分析的数据区域（如设置“表/区域”为 A1:C55），再选择放置数据透视表的位置（如放置在现有工作表中的 E2 单元格），如图 3-12 所示，单击“确定”按钮，Excel 电子表格会自动创建一个空白数据透视表。

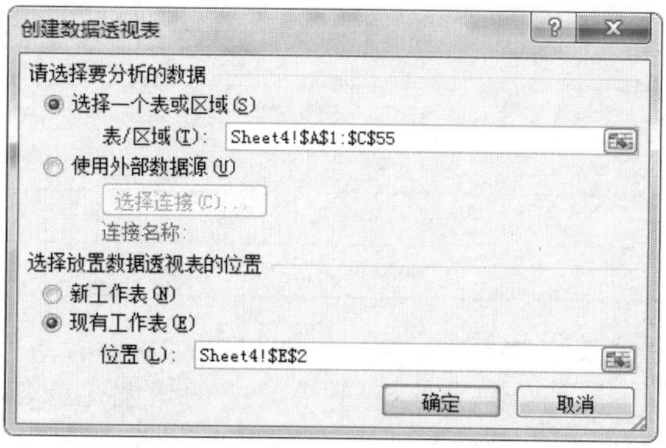

图 3-12 “创建数据透视表”对话框

【提示】

若快速访问工具栏里面没有“数据透视表”按钮，则单击自定义快速访问工具栏的按钮，在弹出的下拉列表中选择 “其他命令”选项，打开“Excel 选项”窗口，将左侧列表中的 插入数据透视表 添加到右侧的自定义快速访问工具栏中。操作成功后，快速访问工具栏就会出现数据透视表的快捷按钮。再次插入数据透视表时，直接在快速访问工具栏单击该按钮即可。

（2）在“数据透视表字段列表”窗格中，将“选择要添加到报表的字段：”列表框中的“性别”字段拖至“行标签”列表中，将“学号”字段拖至“数值”列表框中，如图 3-13 所示。

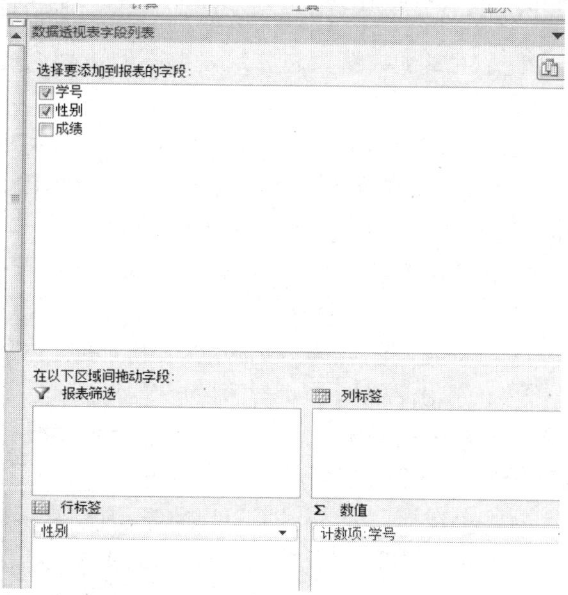

图 3-13 “数据透视表字段列表”窗格

设置完成后，左侧报表区域会生成按性别分组的数据透视表，如表 3-21 所示。

表 3-21 按性别分组的数据透视表

行 标 签	计数项：学号
男	25
女	29
总计	54

【提示】

若拖至“数值”列表框中的变量是数值型资料，则需要进行“值字段设置”，将“求和”改为“计数”。

（3）编制频数分布表。在数据透视表中，将“行标签”改为“性别”、“计数项：学号”改为“人数（人）”，添加“频率”数据列，并计算频率值。编制完成的按性别分组的频数分布表如表 3-22 所示。

表 3-22 按性别分组的频数分布表

性 别	人数（人）	频 率
女	29	53.70%
男	25	46.30%
总计	54	100.00%

（二）使用频数分布函数（FREQUENCY）编制变量数列

本任务案例中按成绩分组属于数量标志分组，编制的数列为变量数列。

1. 频数分布函数介绍

频数分布函数（FREQUENCY）的语法形式为 FREQUENCY（Data_array，Bins_array）。其中，Data_array 为需要计算频数的数据，为一数组或对一数组区域的引用。Bins_array 是设定的对 Data_ array 进行频数计算的分段点数据，为一数组或对一数组区域的引用。

2. 使用频数分布函数（FREQUENCY）编制变量数列的步骤

（1）输入如表 3-20 所示的需要计算频数的数据。

（2）对数据进行排序。将表中的成绩数据按“升序”进行排序，排序结果（部分）如图 3-14 所示。通过排序，找出数据中的最大值为 95、最小值为 45，计算全距为 50。

（3）确定组数。结合表格中的数据分布情况，考虑分组情况如下：60 分以下、60～70 分、70～80 分、80～90 分、90 分以上。

（4）根据组限确定分段点数据。因为 FREQUENCY 函数要求按上限分析，且其统计结果是包括上限不包括下限的，故分段点数据为每组上限-1。本例 5 个组限为 59、69、79、89、99。

（5）确定频数放置区域。将分段点数据 59、69、79、89、99 依次输入单元格中，本例选择输入到 E10:E14。

	A	B	C	D
1	学号	性别	成绩	
2	A039	女	45	
3	A006	男	50	
4	A029	男	50	
5	A037	女	54	
6	A023	女	59	
7	A046	女	60	
8	A012	女	62	
9	A035	男	65	
10	A028	男	68	
11	A017	女	71	
12	A025	男	71	
13	A054	女	71	
14	A045	男	72	
15	A050	男	72	
16	A051	男	72	
17	A011	男	74	
18	A014	男	74	
19	A015	女	74	
20	A040	男	75	

图 3-14　按成绩升序进行排序的结果（部分）

（6）计算频数。首先，选定频数结果存放的区域，本例选取单元格区域 E10:E14；然后，从“公式”选项卡中单击“插入函数”按钮，弹出“插入函数”对话框，在 “或选择类别”下拉菜单中选择“统计”选项，在“选择函数”列表中选择“FREQUENCY”函数，单击“确定”按钮，弹出 FREQUENCY“函数参数”设置对话框，如图 3-15 所示。在 “FREQUENCY ”选区中“Data_array”文本框中输入需要计算频数的数据区域“C2:C55”；在“Bins_array”文本框中输入分段点数据区域“E10:E14”。

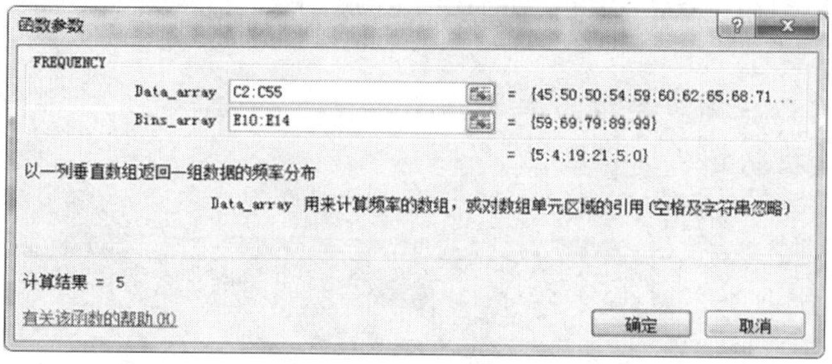

图 3-15　FREQUENC“函数参数”设置对话框

最后，按 Ctrl+Shift+Enter 组合键，即可得到各分段点数据对应各组的频数，如图 3-16 所示。

59	5
69	4
79	19
89	21
99	5

图 3-16　各分段点数据对应各组的频数

（7）计算频率、累计频数和累计频率。频率是各组单位数与总体单位数之比，故频率的计算主要使用 Excel 工具本身的计算功能和填充柄工具即可。计算累计频数和累计频率同样可以利用 Excel 本身的计算功能和填充柄。

（8）编制频数分布表。输入相应的文字“按成绩分组” “学生数（人）”“频率”等，分别计算频率、向上累计频数、向上累计频率、向下累计频数和向下累计频率。编制完成的频数分布表如表 3-23 所示。

表 3-23　编制完成的频数分布表

成　绩	学生数（人）	频率	向上累计频数	向上累计频率	向下累计频数	向下累计频率
60 分以下	5	9.26%	5	9.26%	54	100.00%
60～70 分	4	7.41%	9	16.67%	49	90.74%
70～80 分	19	35.19%	28	51.85%	45	83.33%
80～90 分	21	38.89%	49	90.74%	26	48.15%
90 分以上	5	9.26%	54	100.00%	5	9.26%
合计	54	100%	—	—	—	—

从表 3-23 所示的数据可以看出，该班学生统计学成绩大多集中在 70～90 分之间，说明整体成绩还不错。其中 70～80 分有 19 人，占 35.19%；80～90 分有 21 人，占 38.89%；有 5 名学生不及格（60 分以下），不及格率为 9.26%；有 5 名学生 90 分以上，占 9.26%。

【提示】

FREQUENCY 函数计算频数适用于数据型资料。若整理的资料为品质型资料，可将品质型资料转化为数据型资料，再利用 FREQUENCY 函数计算频数，编制频数分布表。

（三）使用 Excel 软件的“数据分析”工具编制变量数列

使用 Excel 软件的“数据分析”工具，对本例中的数据按成绩分组并编制变量数列，其步骤如下。

（1）输入需要计算频数的数据。

（2）打开“数据分析”对话框。

打开 Excel 软件，单击“数据”选项卡，单击“数据分析”按钮，在打开的“数据分析”对话框中的“分析工具”列表中选择“直方图”，单击“确定”按钮，打开“直方图”对话框。

【提示】

如果“数据”选项卡下没有“数据分析”按钮，则需要从加载项中调出。具体操作方法：单击快速访问工具栏的▾按钮，在弹出的下拉列表中选择 “其他命令”选项，弹出“Excel 选项”对话框，在对话框左边列表中选择“加载项”选项，在“管理”选区选择“Excel 加载项”选项。单击“转到”按钮，在弹出的“加载宏”对话框中选择“分析工具库”选项，最后单击“确定”按钮。此时，“数据”选项卡中就会出现“数据分析”按钮。

（3）计算频数。

在打开的“直方图”对话框中， 在“输入”选区的“输入区域”文本框中，输入需计算频数的数据范围“C2:C55”，在“接收区域”文本框中输入分段点数据区域“E10:E14”，即分组标志所在的区域。 在“输出选项”的“输出区域”文本中选定结果起始地址

"H2"，即将输出结果直接放置在当前表格的 H2 单元格位置。设置好的"直方图"对话框如图 3-17 所示。

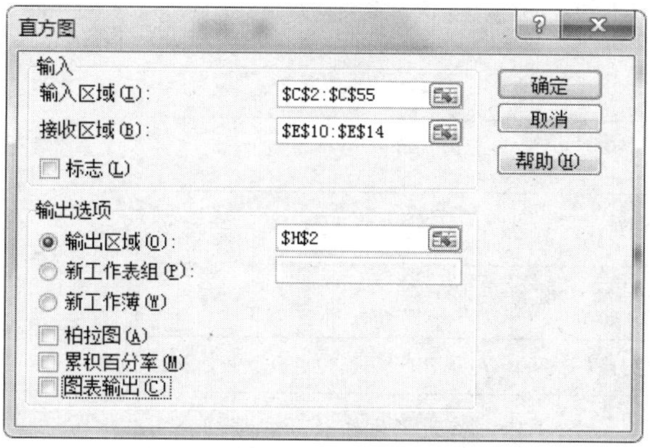

图 3-17 "直方图"对话框

【提示】

在"输出选项"选区中，选中"柏拉图"复选框，可在输出表中按频数降序来显示数据；选中"累积百分率"复选框，则会在直方图上叠加累积频率曲线；选中"图表输出"复选框，则会显示频数分布直方图。

最后，单击"确定"按钮，即可生成相应频数分布结果，如图 3-18 所示。

接收	频率
59	5
69	4
79	19
89	21
99	5
其他	0

图 3-18　频数分布结果

从直方图计算结果可以看出：该班学生统计学成绩在 80～90 分区间的人数最多，为 21 人；70～80 分区间段的人数次多，为 19 人。

（4）编制频数分布表。

输入相应的文字和各组组限，计算合计频数、频率，编制完整的频数分布表如表 3-23 所示。

【注意】

使用"数据分析"工具计算频数适用于数据型资料；若整理的资料为品质型资料，可将品质型资料转化为数据型资料，再利用"数据分析"工具计算频数，编制频数分布表。

二、用 Excel 绘制统计图

Excel 提供的统计图有多种，包括柱形图、条形图、折线图、饼图、散点图、面积图、环形图、雷达图和圆柱图等，各种图形的绘制方法大同小异。

下面以表 3-23 所示的数据为例绘制柱形图，操作步骤如下：

（1）将表中数据输入 Excel。

（2）绘制统计图。

选定数据区域，在"插入"选项卡中的"图表"组中选择"柱形图"选项，根据需要选择其类型。例如，选择“簇状柱形图”，绘制的柱形图如图 3-19 所示。

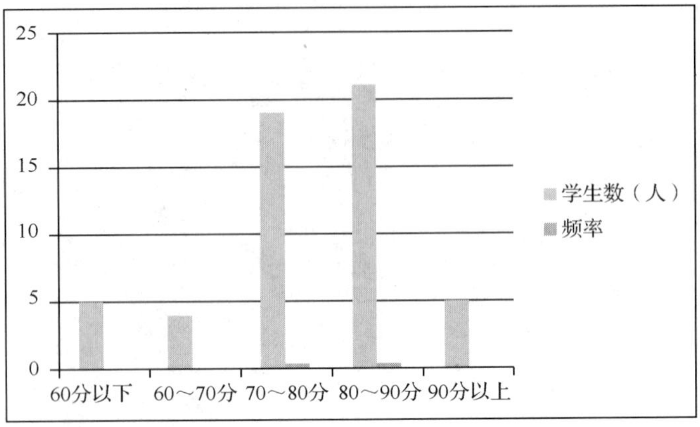

图 3-19　某班学生统计学成绩的分布柱形图

（3）统计图的布局设置。

可以根据需要对初步绘制的统计图进行修改。如添加数据标签，增加图标标题，设置次要坐标轴等。

添加数据标签：选中图形区域，单击鼠标右键，在弹出的菜单中选择“添加数据”选项。

增加图标标题：选中图形区域，选择“图表工具”菜单中的“布局”选项，单击“图标标题”按钮，根据需要选择标题放置的位置。如本例选择标题放置位置为“图表上方”，在“图表标题”文本框中键入标题。

设置次要坐标轴：本例中频率是用百分数表示的，所以频率数据系列与学生数系列相比显示的不太明显，可以通过设置次要坐标轴来解决此问题。首先，选中频率序列图形，单击鼠标右键，在弹出的“更改图表类型”窗口中，选择“折线图”选项，将频率数据系列绘制成折线图；然后，选中折线图中的数据，单击鼠标右键，选择“设置数据系列格式”选项，弹出“设置数据系列格式”窗口，在“系列选项”选区中选择“次坐标轴”选项。设置次坐标轴的统计图如图 3-20 所示。

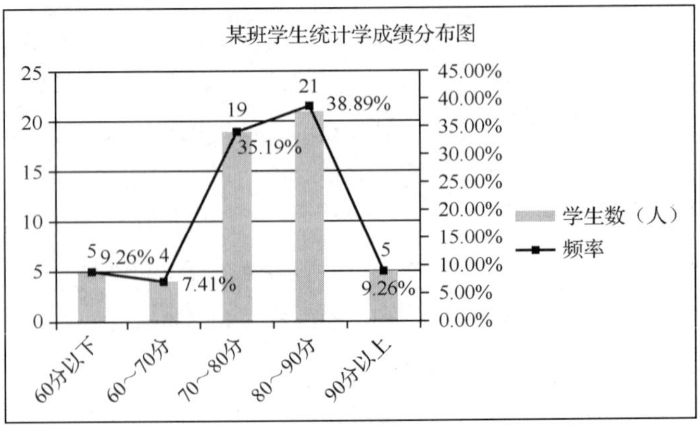

图 3-20　设置次坐标轴的统计图

类似地，可以对图表进行修改，直至满意为止。

其他如条形图、折线图、饼图、散点图、面积图、环形图、雷达图和圆柱图等绘制步骤与柱形图的绘制方式类似，只要在图表类型中选择合适的图形即可。

项目小结

1．统计整理。统计整理是根据统计研究任务的目的要求，对调查所收集的大量、零星分散的原始资料进行审核，分组、汇总，使其条理化、系统化、规范化，变成能反映总体特征的综合资料的工作过程，或者对二手资料进行再加工的工作过程。

统计整理既是从对个体现象的认识到对总体现象数量特征认识的过程，也是调查的继续，还是统计分析的前提，起到承上启下的作用。它是对现象由感性认识到理性认识的过程。

2．统计资料审核。统计资料审核的内容主要包括审核资料的完整性、准确性和及时性三个方面。

3．统计分组。统计分组是指根据统计研究任务的目的要求，将总体单位按照某一标志或某几个标志划分为若干性质不同而又有联系的几部分。

统计分组包括两层含义：第一层含义是“分”，就是把性质上有差异的单位分开；第二层含义是“合”，就是把性质上差异不明显的单位归并在一起。

4．分布数列。分布数列是在分组的基础上，将总体的所有单位按组归类形成总体单位在各组间的分布。

分布数列的构成：（1）各组名称或各组变量值（总体按某标志分组）；（2）各组单位数（次数或频数）。

根据分组时采用的分组标志不同，分布数列可分为：品质分布数列和变量分布数列。

5．组距式分布数列的编制步骤。（1）将原始资料按大小排序，确定总体中的最小值、最大值及全距；（2）确定编制数列的类型；（3）确定组数和组距；（4）确定组限；（5）计算各组次数和比重，编制分布数列表；（6）计算累计频数和累计频率。

6．统计表和统计图。统计表和统计图是显示统计数据最常用的两种形式。

统计表是以纵横交叉的线条所绘制的表格来显示数据资料的一种形式，是统计用数字说话的一种常用形式。统计表的优点：（1）能有条理地、系统地显示数据，使人们阅读时一目了然，印象深刻；（2）能合理地、科学地组织数据，便于人们阅读时对照比较；（3）具有容量大、方便计算等优势。

统计图是在统计表的基础上，表现统计资料的辅助形式。它也是统计分析的一种重要工具，是一种以几何图形（点、线条、面积等）、形象符号来描述和显示统计数据资料的形式。

常用的统计图主要有直方图、条形图、折线图、曲线图、饼图和环形图。

技能检测

一、判断对错

1. 对统计资料进行分组的目的是为了区分各组单位之间质的不同。（　　）

2. 组中值是根据各组上限和下限计算的平均值，所以它代表了各组的平均分配次数。（　　）

3. 分配数列的实质是把总体单位总量按照总体所分的组进行分配。（　　）

4. 某企业职工按文化程度分组形成的分配数列是一个单项式分配数列。（　　）

5. 对资料进行组距式分组，是假定变量值在各组内部的分布是均匀的，所以这种分组会使资料的真实性受到损害。（　　）

6. 任何一个分布都必须满足各组的频率大于 0、各组的频数总和等于 1 或 100%。（　　）

7. 统计分组后掩盖了各组内部各单位的差异，突出了各组之间单位的差异。（　　）

二、单项选择题

1. 统计整理的关键是（　　）。

A．对调查资料进行审核　　B．对调查资料进行分组汇总

C．对调查资料进行计算　　D．编制统计表

2. 下列分组中属于按品质标志分组的是（　　）。

A．学生按考试分数分组　　B．产品按品种分组

C．企业按计划完成程度分组　　D．家庭按年收入分组

3. 有一个学生考试成绩为 80 分，在统计分组中，这个变量值应归到（　　）组。

A．60～70 分　　B．70～80 分

C．80～90 分　　D．90～100 分

4. 某主管局将下属企业先按轻、重工业分组，再按规模分组，这种分组属于（　　）分组。

A．简单分组　　B．复合分组

C．分析分组　　D．结构分组

5. 某连续变量数列，其末组为开口组，下限为 200，又知其邻组的组中值为 170，则末组组中值为（　　）。

A．260　　B．215　　C．230　　D．185

6. 为了反映 1978—2019 年我国 GDP 总量的变化趋势，最适宜绘制的统计图是（　　）。

A．条形图　　B．直方图　　C．曲线图　　D．折线图

三、多项选择题

1．按生产计划完成程度的分组如表 3-24 所示，其分布数列属于（　　　　）。

表 3-24　按生产计划完成程度的分组

生产计划完成程度（%）	企　业　数
80～90	15
90～100	30
100～110	5
合计	50

A．品质分配数列　　B．变量分配数列
C．组距式变量分配数列　　D．等距变量分配数列
E．次数分配数列

2．在次数分配数列中，（　　　　）。
A．总次数一定，频数和频率成反比
B．各组的频数之和等于 100
C．各组频率大于零，频率之和等于 1
D．频率越小，则该组的标志值所起的作用越小
E．频率表明各组标志值对总体的相对作用程度

3．某单位 100 名职工按工资额分为 300 元以下、300～400 元、400～600 元、600～800 元、800 元以上五个组。这一分组（　　　　）。
A．是等距分组　　B．标志是连续型变量
C．末组组中值为 800　　D．相邻的组限是重叠的
E．某职工工资为 600 元，应计在“600～800”元组内

4．下列分组是属性分组的是（　　　　）。
A．企业人口按性别分组　　B．企业按产值多少分组
C．家庭按收入水平分组　　D．企业人口按文化程度分组
E．宾馆按星级分组

综合实训

一、实训目的

1．掌握统计整理、统计分组、分布数列的相关知识。
2．培养学生对实际问题的调查数据进行统计分组和整理的能力。
3．培养学生对调查数据编制分布数列的能力。
4．培养学生对实际问题编制统计表和绘制统计图的能力。

二、实训内容

1．为了了解我校大学生的月生活消费支出情况，现随机抽取 50 名在校大学生进行调查，50 名在校大学生的月生活消费支出情况如表 3-25 所示。

表 3-25　50 名在校大学生的月生活消费支出情况

性别	月生活消费（元）	性别	月生活消费（元）	性别	月生活消费（元）	性别	月生活消费（元）	性别	月生活消费（元）
1	2100	1	1600	1	1300	1	1800	0	1900
0	1900	1	1200	1	2200	1	1900	0	1600
0	2600	0	2000	0	1000	0	1000	1	3000
0	1300	0	1200	0	2500	0	1500	1	2200
1	2700	0	1800	1	2000	0	1600	0	2400
1	1400	1	1900	1	1700	1	1700	1	2200
0	2100	1	2400	0	1600	1	1800	0	2300
1	1700	0	2000	0	1700	0	1700	1	1100
0	1500	1	2300	0	1700	0	1900	1	2100
1	1800	0	1800	1	1900	0	1800	1	1450

注：性别列中，“1”代表男生，“0”代表女生。

要求：（1）查阅调查资料整理的相关知识，对随机抽取的 50 名在校大学生的月生活消费支出情况分别按性别和按月生活消费进行分组；（2）利用 Excel 软件编制统计表；（3）利用 Excel 软件将整理的结果以合适的统计图显示出来。

2．S 省 30 家物流企业的月运输里程表如表 3-26 所示。请根据表中数据将表补充完整。

表 3-26　S 省 30 家物流企业的月运输里程表

货物周转量（万吨）	企业个数（个）	比重（%）	向上累计		向下累计	
			企业个数（个）	比重（%）	企业个数（个）	比重（%）
500 以下	2					
500～700	4					
700～900	8					
900～1100	6					
1100～1300	5					
1300～1500	4					
1500 以上	1					
合计	30					

3．某连锁企业下属 50 家连锁店的某季度销售金额如表 3-27 所示。

表 3-27　某连锁企业下属 50 家连锁店的某季度销售金额

（单位：万元）

150	70	128	140	190	40	75	130	85	50
83	45	210	157	150	120	136	160	220	60
160	250	60	120	17	40	290	68	105	230
180	200	64	260	173	147	182	100	124	175
132	155	114	95	160	140	126	142	145	200

要求：（1）本例中数据资料适宜编制什么样的分布数列？

（2）按步骤编制组距式变量数列。

（3）根据编制的数列绘制直方图。

项目四　统 计 描 述

学习目标

知识目标：

1. 理解总量指标、相对指标的概念和种类；
2. 掌握相对指标的表现形式、计算方法；
3. 理解平均指标、标志变异指标的概念和种类；
4. 掌握平均指标的含义和计算方法；
5. 了解标志变异指标的计算方法。

能力目标：

1. 能深刻认识总量指标、相对指标、平均指标、标志变异指标在统计分析中的作用；
2. 能运用总量指标描述社会经济现象的规模、水平和数量关系；
3. 能运用常见的几种相对指标对社会经济现象进行简单分析；
4. 能运用平均指标分析社会经济现象；
5. 能综合运用平均指标和标志变异指标分析社会实际问题；
6. 能运用 Excel 工具软件对社会经济现象进行描述性统计分析。

重点难点：

1. 相对指标的分类及计算方法；
2. 平均指标的计算方法及应用；
3. 标志变异指标的计算及应用。

知识导图

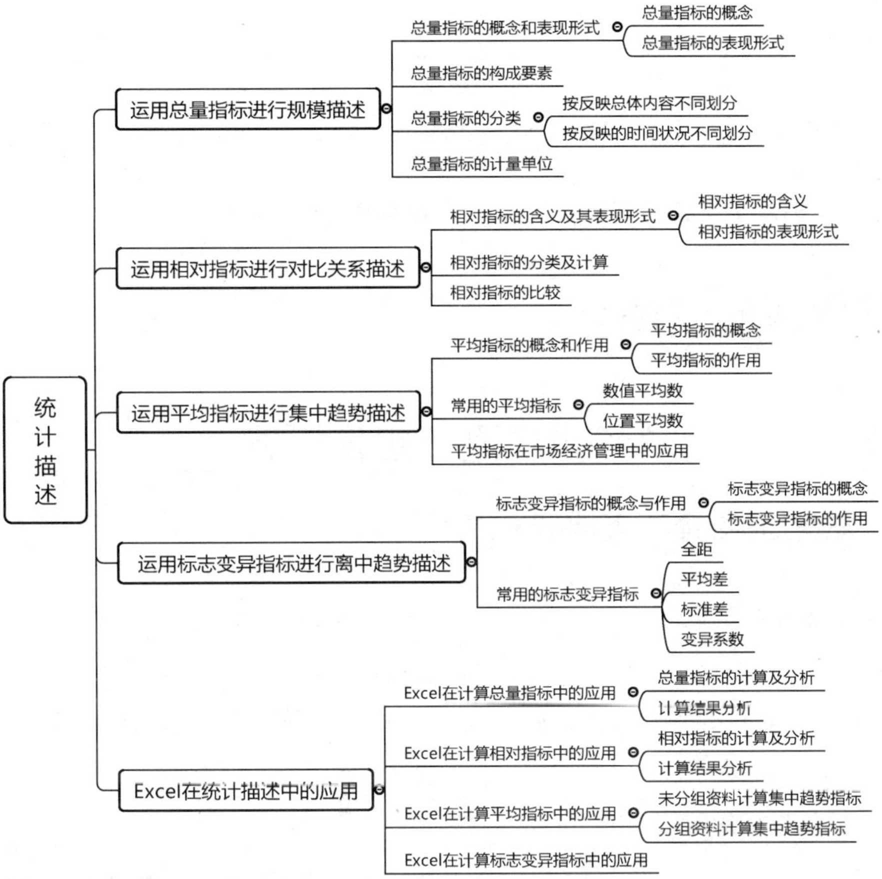

案例引入

某大型物流企业有甲、乙、丙三家子公司，为了考评这三家子公司 2019 年实际物流业务收入的计划完成情况及对总公司的贡献率，需要对这三家子公司的物流业务收入进行统计描述，从而为制订 2020 年物流业务收入计划，以及制定未来更好的服务策略提供依据。现有三家子公司实际物流业务收入及计划物流业务收入情况，如表 4-1 所示。

表 4-1　三家子公司实际物流业务收入及计划物流业务收入情况

子公司	2018 年实际物流业务收入（万元）	2019 年	
		计划物流业务收入（万元）	实际物流业务收入（万元）
甲	6000	8000	9600
乙	4000	5000	5500
丙	8000	12 500	10 000

【案例分析】

根据上述资料回答并解决下列问题:

1. 三家子公司 2019 年物流业务收入的计划完成情况如何，哪家子公司的计划完成情况较好?

2. 三家子公司 2019 年物流业务收入对总公司的贡献情况如何，哪家子公司的贡献率高?

3. 能否根据 2018 年和 2019 年的物流业务收入变化情况，制订 2020 年的物流业务收入计划?

为了回答并解决上述问题，让我们一起来学习统计描述吧。

项目实施

任务一　运用总量指标进行规模描述

一、总量指标的概念和表现形式

（一）总量指标的概念

总量指标是用来反映社会经济现象在一定时间、地点、条件下所达到的总体规模、总体水平或工作总量的统计指标。总量指标是对总体规模、总体水平和数量关系描述的常用指标。

（二）总量指标的表现形式

总量指标的表现形式为绝对数，故又称绝对数指标或统计绝对数，有时也表现为现象总体在不同时间、条件下数量发生变化的绝对差数。例如，2019 年上半年，全国社会物流总额 139.5 万亿元，同比增长 8 万亿元。其中，工业品物流总额 126.5 万亿元；进口货物物流总额 6.9 万亿元；农产品物流总额 1.2 万亿元；单位与居民物品物流总额 3.8 万亿元。2019 年上半年，社会物流总费用 6.6 万亿元，同比增长 0.49 万亿元。

二、总量指标的构成要素

总量指标包括六个具体的构成因素：时间限制、空间限制、指标名称、指标数值、计算方法、计量单位。

练一练

判断下列指标是否是总量指标？如果是，请指出指标的构成要素分别是什么？

（1）2019 年中国前三季度的 GDP 总值达到 697 798 亿元；
（2）2019 年我国总人口比 2018 年净增 467 万人；
（3）2018 年我国人均 GDP 为 64 520.7 元；

三、总量指标的分类

从不同的角度，总量指标可以划分为不同的种类。我们可以按反映总体内容和按反映的时间状况将总量指标进行分类，如图 4-1 所示。

（一）按反映总体内容不同划分

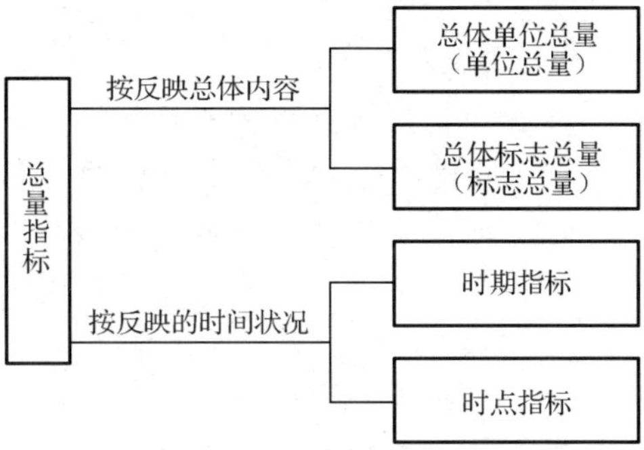

图 4-1　总量指标的分类

1. 总体单位总量

总体单位总量是用来反映统计总体内包含总体单位个数多少的总量指标。它用来表明统计总体的容量大小。例如，某市共有物流企业 235 家，要研究该市物流企业经营状况，统计总体即为该市所有的物流企业，总体单位总量为 235 家。

2. 总体标志总量

总体标志总量是用来反映总体各单位某一数量标志值的综合，它反映的是总体的总规模、总水平或工作总量。例如，当研究某市工业发展状况时，该市工业总产值 300 亿元即为总体标志总量；当研究某市物流企业经营状况时，该市物流企业总费用 5487 万元即为总体标志总量。

【注意】

总体单位总量和总体标志总量不是一成不变的，可以相互变化。例如，研究某校学生消费状况时，学生人数是总体单位总量；研究某高校的人才培养状况时，学生人数是总体标志总量。

（二）按反映的时间状况不同划分

1. 时期指标

时期指标是反映社会经济现象在一段时期内发展过程中累计的总量指标。例如，2019 年，我国全年出生人口 1465 万人；2019 年某市货运周转量 2088 万吨千米。

时期指标的特点：

（1）具有可加性；

（2）指标值的大小与所属的时期长短有关；

（3）须连续登记。

2. 时点指标

时点指标是反映社会经济现象在某一时点（瞬间）上的规模或水平的总量指标。例如，某超市 2020 年 4 月 30 日 A 商品库存量为 8000 件；2019 年末我国的人口总量达 14 亿人。

时点指标的特点：

（1）不具有可加性；

（2）指标数值大小与登记时间间隔长短无关；

（3）间断登记。

四、总量指标的计量单位

总量指标在表现形式上有明确的计量单位。根据总量指标所反映现象的性质不同，其计量单位一般有实物单位、货币单位和劳动单位三种。

1. 实物单位

实物单位是根据事物的外部特征或物理属性而采用的单位。它又分为以下几种：

（1）自然单位。如鞋以“双”为单位、桌子以“张”为单位、拖拉机以“台”为单位等。

（2）度量衡单位。如吨、千米、米等。

（3）复合单位。如货物周转量用“吨千米”计量、电的度数用“千瓦时”计量等。

（4）双重单位。如起重机的计量单位是“台/吨”、货轮的计量单位是“艘/吨位”等。

（5）标准实物单位。如把含氮量不同的化肥都折合成含氮100%的标准化肥，把各种能源都折合成热量值为7000千卡/千克的标准煤等。

2. 货币单位

常见的货币单位有人民币元、美元、欧元等。

3. 劳动单位

劳动单位主要用于企业内部计量工业产品的数量，它是计量生产工业产品所必需的劳动时间，从而体现工人劳动生产成果。企业首先根据自身的生产状况制定生产单位产品所需的工时定额，再乘以产品的数量，即可得到以劳动单位计量的产量指标——劳动指标，也称定额工时总产量。

任务二　运用相对指标进行对比关系描述

一、相对指标的含义及其表现形式

（一）相对指标的含义

相对指标是由两个有联系的统计指标对比而得到的一种抽象的比值，又称相对数，反映现象之间的数量关系。相对指标可以反映现象之间的联系程度，如现象的发展程度、结构、强度、普通程度或比例关系等。相对指标是对社会经济现象直接及现象内部各部分之间对比关系描述的常用指标。

（二）相对指标的表现形式

1. 无名数（抽象化的数值）

无名数通常包括以下几种：

（1）系数或倍数。

（2）成数。例如，UPS是全球较大的速递机构，从地区来看，美国国内业务收入约占总收入的9成。

（3）百分数或千分数。例如，S市所有物流企业中，仓库面积在1万平方米以下的企业占50%。

（4）翻番。例如，党的十八大报告中首次提出“实现国内生产总值和城乡居民人均收入比2010年翻一番”的新指标。

2. 有名数

有名数是同时使用相对指标中的分子和分母指标数值计量单位的一种表示方法，主要用于表明现象的强度、密度、普遍联系程度等。例如，人均国内生产总值用“元/人”表示，人口密度用“人/平方千米”表示，每百人汽车拥有量用“辆/百人”表示。

二、相对指标的分类及计算

由于相对指标的计算方法不同，其分类及作用也不相同。在实际工作中，将相对指标分为结构相对指标、比例相对指标、比较相对指标、强度相对指标、动态相对指标、计划完成程度相对指标。

1. 结构相对指标

结构相对指标是总体中某构成部分的数值与总体数值对比所得到的比值（即各部分占总体的比重）。某省人口文化程度结构如表4-2所示。其中，“构成（%）”即为结构相对指标，它说明总体的内部构成情况。其计算公式为

$$结构相对指标（\%）=\frac{总体中的某一部分数值}{总体全部数值}\times 100\%$$

表4-2　某省人口文化程度结构

文化程度	构成（%）
大学毕业	18
大学毕业肄业或在校	12
高中	19
初中	90
小学	19.5
文盲或识字很少	1.5

结构相对指标既可以反映总体的内部结构，也可以反映现象的发展过程及趋势。

【注意】

（1）结构相对指标一般用百分数表示。

（2）结构相对指标的分子分母既可以是总体单位数，也可以是总体标志数。

（3）各部分所占比重之和等于100%。

（4）分子分母属同一总体且不可逆。

2. 比例相对指标

比例相对指标是同一总体内不同组成部分之间的指标数值之比，用以分析总体内各部分之间的比例关系。其计算公式为

$$比例相对指标=\frac{总体中某一部分数值}{总体中另一部分数值}$$

【注意】

比例相对指标的分子分母属同一总体且可以互换。它与结构相对指标结合应用，既可研究总体的结构是否合理，也可研究总体中各部分之间的比例关系是否协调。

3. 比较相对指标

比较相对指标是反映同类现象在不同空间条件下数量对比关系的综合指标，用以说明某类现象在同一时间不同空间发展的差异状况。其计算公式为

$$比较相对指标=\frac{同一时间甲地区（单位）某种指标值}{同一时间乙地区（单位）同种指标值}$$

例如，2019 年 A 物流企业劳动率为 1.10 万元，B 物流企业劳动率为 1.00 万元。则 A 物流企业劳动率是 B 物流企业劳动率的 1.1 倍。

【注意】

（1）比较相对指标一般用百分数、倍数、系数表示。

（2）比较相对指标的分子分母既可以是绝对数，也可以是相对数或平均数。

（3）分子分母属同一时期且可逆。

4. 强度相对指标

强度相对指标是两个性质不同但有密切联系的不同总量指标之比。用来表明某一现象在另一现象中发展的强度、密度、普遍程度，常用来比较不同国家、地区或部门的经济实力或为社会服务的水平。其计算公式为

$$强度相对指标=\frac{某一总量指标值}{另一有联系而性质不同的总量指标值}$$

【注意】

（1）强度相对指标一般用有名数表示，而且是复名数。如人口密度单位是“人/平方千米”，商业网点密度单位是“个/平方千米”。但是也有用无名数表示的，如人口死亡率以千分数表示，流动费用率以百分数表示等。

（2）有的强度相对指标带有平均数的意义。如按人口均摊的医生数或病床数等，用来说明社会经济现象的强弱程度，但与严格意义上的平均数有本质区别。

（3）强度相对指标有时分子和分母可以互换，从而形成正逆指标。正指标越大，逆指标越小，说明其强度、密度越大，普遍程度越高。例如， 2018 全年国内生产总值为 900 309 亿元，截至 2018 年末，我国大陆总人口（包括 31 个省、自治区、直辖市和中国人民解放军现役军人，不包括香港、澳门特别行政区和台湾省以及海外华侨人数）达 139 538 万人（约 13.9 亿人），则我国 2018 年人均 GDP 约为 64 520.7 元。计算结果表明，我国 2018 年每人拥有 GDP 约为 64 520.7 元。指标数值越大，表示经济实力越强，这是正指标。

如果把分子和分母互换，则 139 538 万人/900 309 亿元=1550 人/亿元。计算结果表明，2018 年我国每亿元 GDP 是由 1550 人生产活动的结果，指标数值越大，表示经济实力越弱，这是逆指标。

【思考】

人口出生率属于哪种相对指标？

5. 动态相对指标

动态相对指标是指报告期指标值与基期指标值之比，用来反映现象在时间上的发展情况，又称为动态相对指标或发展速度。其计算公式为

$$动态相对指标（\%）=\frac{报告期指标值}{基期指标值}\times 100\%$$

【注意】

1. 动态相对指标一般用百分数表示，有时也用倍数表示。
2. 基期是用作比较的基础时期，报告期是同基期对比的时期。

例如，我国 2016 年 GDP 总量为 740 060.8 亿元，2017 年 GDP 总量为 820 754.28 亿元，2018 年 GDP 总量为 900 309.48 亿元。则 2017 年的 GDP 总量是 2016 年的 110.9%，其计算方法为

$$动态相对指标（\%）=\frac{820\ 754.28}{740\ 060.8}\times 100\%$$

同样，2018 年的 GDP 总量是 2017 年的 109.7%，其计算方法为

$$动态相对指标（\%）=\frac{900\ 309.48}{820\ 754.28}\times 100\%$$

6. 计划完成程度相对指标

计划完成程度相对指标，是现象在某时期内的实际完成数与同期计划任务数对比的结果，一般用百分数表示，主要用来检查和监督计划的执行情况。

（1）计划任务数为绝对数。一般适用于考核社会经济现象的规模或水平的计划完成程度，其计算公式为

$$计划完成程度相对指标（\%）=\frac{本期实际完成指标数值}{本期计划任务数值}\times 100\%$$

【注意】

1. 计划完成程度相对指标的分子、分母具有相同性质。
2. 计划完成程度相对指标的分子、分母不能互换。

（2）计划任务数为相对数。一般适用于考核各种社会经济现象的降低率、提高率或增长率的计划完成情况，如考核成本降低率、劳动生产率的提高率、人口自然增长率等计划完成情况。其计算公式为

$$计划完成程度相对指标（\%）=\frac{100\%\pm 实际提高率}{100\%\pm 计划提高率}\times 100\%$$

例如，某物流企业劳动生产率计划 2020 年比 2019 年提高 8%，实际提高 10%，则该公司劳动生产率计划完成程度=（100%+10%）/（100%+8%）=101.85%。

计算结果表明：该公司的劳动生产率实际比计划超额1.85%完成。

（3）计划任务数为平均数。一般适用于考核以平均水平表示的技术经济指标的计划完成情况，其计算公式为

$$计划完成程度相对指标（\%）=\frac{实际平均水平}{计划平均水平}\times 100\%$$

练一练

某公司在2019年的统计分析报告中指出："我公司今年计划出口创汇200万美元，实际完成了220万美元，超额完成10%；销售利润率计划为9%，实际为12%，超额完成3%；劳动生产率计划比去年提高5%，实际比去年提高了5.5%，完成计划110%；产品单位成本计划比去年下降3%，实际比去年下降2.5%，实际比计划多下降了0.5个百分点。"

1. 请计算各种计划完成程度相对数；
2. 请判断这份统计分析报告是否准确；
3. 各种相对指标的异同比较。

三、相对指标的比较

各种相对指标的比较如表4-3所示。

表4-3 各种相对指标的比较

指标类型	表现形式	分子、分母位置是否可以互换	分子与分母的性质	计算方法
结构相对指标	一般用百分数	不可以	相同	总体中的某一部分数值/总体全部数值×100%
比例相对指标	百分数、1比几、几比1	可以	相同	总体中某一部分数值/总体中另一部分数值
比较相对指标	百分数、倍数、系数	可以	同类现象、不同空间	同一时间甲地区（单位）某种指标值/同一时间乙地区（单位）某种指标值
强度相对指标	复名数	可以（正、逆）	不同性质、有联系	某一总量指标值/另一有联系的总量指标值
动态相对指标	百分数	不可以	同类现象、不同时期	报告期指标值/基期指标值×100%
计划完成相对指标	百分数	不可以	同时期、不同现象	本期实际完成指标数值/本期计划任务数值×100%

任务三　运用平均指标进行集中趋势描述

一、平均指标的概念和作用

（一）平均指标的概念

平均指标又称统计平均数，是反映总体各单位某一数量标志值在一定时间、地点条件下达到一般的数目水平的综合指标，一般用平均数表示。它也是将总体各单位数量标志差异抽象化，以反映总体一般水平、集中趋势的统计指标。

集中趋势是指一组数据中各观测值向中心值集中的趋势，在中心值附近的观察值数目较多，远离中心值的数目较少。统计中一般用平均指标描述集中趋势。

平均指标作为总体的代表值和总体次数分布的特征值，在统计分析和统计研究中具有重要的意义和作用。

（二）平均指标的作用

平均指标的作用如下：

（1）用来比较同类现象在不同时期、不同空间发展的一般水平；

（2）作为判断事物的一种数量标准或参考标准（如以平均成绩代表优劣）；

（3）用来分析现象之间的依存关系（如平均亩产量与施肥量）；

（4）用来估算和推算其他有关数字。

二、常用的平均指标

常用的平均指标有数值平均数和位置平均数：数值平均数是从总体各单位变量值中抽象出具有一般水平的量；位置平均数是先将总体各单位的变量值按一定顺序排列，然后取某一位置的变量值来反映总体各单位的一般水平。平均指标的分类如表 4-4 所示。

表 4-4　平均指标的分类

<table>
<tr><td rowspan="6">数值平均数</td><td rowspan="2">算术平均数</td><td>简单算术平均数</td></tr>
<tr><td>加权算术平均数</td></tr>
<tr><td rowspan="2">调和平均数</td><td>简单调和平均数</td></tr>
<tr><td>加权调和平均数</td></tr>
<tr><td rowspan="2">几何平均数</td><td>简单几何平均数</td></tr>
<tr><td>加权几何平均数</td></tr>
<tr><td rowspan="2">位置平均数</td><td>众数</td><td>—</td></tr>
<tr><td>中位数</td><td>—</td></tr>
</table>

（一）数值平均数

数值平均数是根据总体各单位所有标志值计算得来的平均数。主要有算术平均数、调和平均数和几何平均数。

1. 算术平均数

算术平均数又称均值，是统计学中最基本、最常用的一种平均指标，分为简单算术平均数、加权算术平均数。它主要适用于数值型数据，不适用于品质型数据。

算术平均数是总体各单位某一数量标志值之和（总体标志总量）与总体单位数（总体单位总量）之比，反映总体各单位某种标志值的一般水平。

在实际问题中，当各项权重相等时，计算平均数采用简单算术平均数；当各项权重不相等时，计算平均数就要采用加权算术平均数。

（1）简单算术平均数。简单算术平均数的计算公式为

$$\bar{x}=\frac{x_1+x_2+\cdots+x_n}{n}=\frac{\sum x_i}{n}$$

式中，$\bar{x}$ 为简单算术平均数；x_i 为总体各单位标志值；$\sum x_i$ 为总体各单位标志值之和；n 为总体单位数（总体单位总量）。

【案例 4-1】 某物流企业技术岗的 5 名工人 7 月份的月工资分别为 3000 元、3500 元、4500 元、5000 元、4000 元，则这 5 名工人 7 月份的月平均工资为

$$\bar{x}=\frac{\sum x_i}{n}=\frac{3000+3500+4500+5000+4000}{5}=4000（元/人）$$

【思考】

如果该物流企业 50 名仓管与辅工人员 7 月份的月工资，如表 4-5 所示，那么该企业 50 名工人的月平均工资为多少呢？

表 4-5　50 名仓管与辅工人员 7 月份的月工资

单位：（元）

4500	2800	2800	6000	3500	2600	5000	4000	5500	3200
3300	3000	2500	2600	2800	3200	2600	3500	3300	6000
3400	4000	3200	4500	2500	2600	3300	2800	2500	3500
3000	3400	3200	5500	3500	2500	4000	4000	2800	2500
3400	3000	2500	3200	3400	5000	2600	2800	6000	3000

（2）加权算术平均数。当总体中各个标志值（各组数据）出现的次数（权数）不同时，计算平均数时就需采用加权算术平均数。其计算公式为

$$\bar{x}=\frac{x_1f_1+x_2f_2+\cdots+x_nf_n}{f_1+f_2+\cdots+f_n}=\frac{\sum x_if_i}{\sum f_i}$$

$$=x_1\frac{f_1}{\sum f_i}+x_2\frac{f_2}{\sum f_2}+\cdots+x_n\frac{f_n}{\sum f_n}=\sum x_i\frac{f_i}{\sum f_i}$$

式中，$\bar{x}$ 为加权算术平均数；x_i 为总体各单位标志值；f_i 为总体各单位标志值出现的次数；$\sum x_i f_i$ 为总体各单位标志值之和；$\sum f_i$ 为总体单位数（总体单位总量）；$\frac{f_i}{\sum f_i}$ 为总体单位标志值出现的比重。

【案例 4-2】 通过观察我们不难发现：上述思考题中，已知 50 名仓管与辅工人员 7 月份的工资，则可以计算得出它们的工资构成，如表 4-6 所示。

表 4-6　50 名仓管与辅工人员 7 月份的工资构成

7 月份的月工资（元）	人数（人）	比　重
2500	6	6/50
2600	5	5/50
2800	6	6/50
3000	4	4/50
3200	5	5/50
3300	3	3/50
3400	4	4/50
3500	4	4/50
4000	4	4/50
4500	2	2/50
5000	2	2/50
5500	2	2/50
6000	3	3/50

利用加权算术平均数的计算公式得

$$\bar{x}=\frac{\sum x_i f_i}{\sum f_i}=\frac{2500\times6+2600\times5+\cdots+6000\times3}{50}=3486（元/人）$$

或

$$\bar{x}=\sum x_i\frac{f_i}{\sum f_i}=2500\times\frac{6}{50}+2600\times\frac{5}{50}+\cdots+6000\times\frac{3}{50}=3486（元/人）$$

【思考】 当 $f_1=f_2=\cdots=f_n$（各标志值出现的次数相同）时，f 对加权算术平均数有什么作用？

【案例 4-3】 抽样调查 S 省 100 家零售企业第四季度主营业务收入如表 4-7 所示，则这 100 家零售企业第四季度主营业务平均收入为多少？

表 4-7　S 省 100 家零售企业第四季度主营业务收入

主营业务收入（千元）	企业数（个）
200 以下	10
200～500	15
500～800	25
800～1100	22
1100～1400	13
1400 以上	15

假设各组企业主营业务收入在本组内是均匀分布的，则我们可以用各组组中值为各组标志值，利用加权算术平均数的计算公式，计算结果为

$$\bar{x}=\frac{\sum x_i f_i}{\sum f_i}=\frac{150\times 10+350\times 15+\cdots+1550\times 15}{100}=824（千元/个）$$

【思考】 当调查整理所得的数据是组距式数列时，利用组中值代替各组标志值计算的算术平均数是否准确？组距的大小对计算得到的平均数与实际值的接近程度有何影响？

2. 调和平均数

【案例 4-4】 小张 1 月 15 日在绿源蔬菜店分三次批发购进西红柿共 302.02 千克，具体购入西红柿的情况如表 4-8 所示。试问小张 1 月 15 日购买的西红柿平均价格是多少？

表 4-8　小张 1 月 15 日分三次购入西红柿的情况

	价格（元/千克）	金额（元）	购买量（千克）
第一次	11	1000	90.91
第二次	10	1000	100
第三次	9	1000	111.11
合计	—	3000	302.02

【思考】 本题中均价能否用算术平均数的公式求平均呢？如果不能，应该如何求？

【分析】 小张第一次以 1000 元购买 90.91 千克西红柿，第二次以 1000 元购买 100 千克西红柿，第三次以 1000 元购买 111.11 千克西红柿，三次共购进 302.02 千克，所以小张 1 月 15 日购买的西红柿平均价格为

$$\bar{x}=\frac{1000+1000+1000}{1000/11+1000/10+1000/9}=\frac{3}{1/11+1/10+1/9}=9.9（元/千克）$$

观察本例中所求平均数用到的公式，不难发现如果将总体各单位标志值的倒数看作新的标志值，那么该公式即是对总体各单位标志值倒数求算术平均数的倒数，也即调和平均数。

调和平均数是总体各单位标志值倒数的算术平均数的倒数，所以又称倒数平均数。调和平均数是平均指标的一种，也有简单调和平均数和加权调和平均数两种。

（1）简单调和平均数。当总体中各个标志总量相同时，计算调和平均数（$\overline{x}_H$）就采用简单调和平均数。其计算公式为

$$\overline{x}_H=\frac{n}{\frac{1}{x_1}+\frac{1}{x_2}+\cdots+\frac{1}{x_n}}=\frac{n}{\sum\frac{1}{x_i}}$$

式中，$\overline{x}_H$ 为简单调和平均数；x_i 为总体各单位标志值；n 为总体单位数（总体单位总量）。

（2）加权调和平均数。当总体中各个标志总量不同时，计算调和平均数就需采用加权调和平均数。其计算公式为

$$\overline{x}_H=\frac{m_1+m_2+\cdots+m_n}{\frac{m_1}{x_1}+\frac{m_2}{x_2}+\cdots+\frac{m_n}{x_n}}=\frac{\sum m_i}{\sum\frac{m_i}{x_i}}$$

式中，$\overline{x}_H$ 为加权调和平均数；x_i 为总体各单位标志值；m_i 为总体各单位（组）标志值对应的总量；$\sum m_i$ 为总体标志总量。

【案例 4-5】 某工厂购进同种材料三批，每批价格及采购金额如表 4-9 所示，则购进的这三批材料的均价是多少？

表 4-9　某工厂三批购进同种材料情况表

批　　次	价格（元/千克）	采购金额（元）	采购数量（千克）
第一批	35	10 000	286
第二批	40	20 000	500
第三批	45	15 000	330
合计	—	45 000	1116

【分析】 第一批共采购 10 000/35=286 千克，第二批共采购 20 000/40=500 千克，第三批共采购 15 000/45=330 千克，则这三批材料的均价为

$$\overline{x}_H=\frac{m_1+m_2+\cdots+m_n}{\frac{m_1}{x_1}+\frac{m_2}{x_2}+\cdots+\frac{m_n}{x_n}}=\frac{\sum m_i}{\sum\frac{m_i}{x_i}}=\frac{10\,000+20\,000+15\,000}{10\,000/35+20\,000/40+15\,000/45}=40.32\text{（元/千克）}$$

【小知识】

调和平均数和算术平均数的区别如下。

相同点：两者都是平均指标的表现形式；两者都分为简单和加权两种；两者都是用总体标志总量除以总体单位总量得到的，从这一点来说它们的实际意义是相同的，计算公式也可以相互推算。

不同点：当掌握的资料是总体单位数和总体各单位标志值时，则采用算术平均数公式计算；当掌握的资料缺乏总体单位数，但有总体标志总量时，则采用调和平均数公式计算。

3. 几何平均数

几何平均数是指 n 个观察值连乘积的 n 次方根。根据资料的条件不同，几何平均数也有简单和加权之分。

几何平均数主要适用范围：对比率、指数等求平均；对发展速度求平均；对复利下的年利率求平均；对连续作业的车间产品合格率求平均。

（1）简单几何平均数。简单几何平均数的计算公式为

$$\bar{x}_{\mathrm{G}}=\sqrt[n]{x_1\times x_2\times\cdots\times x_n}=\sqrt[n]{\prod_{i=1}^{n}x_i}$$

式中，$\bar{x}_{\mathrm{G}}$ 为简单几何平均数；x_i 为总体各单位标志值；n 为总体单位数（总体单位总量）。

（2）加权几何平均数。当总体中各个标志值（各组数据）出现的次数（权数）不同时，计算几何平均数就需采用加权几何平均。其计算公式为

$$\bar{x}_{\mathrm{G}}=\sum\sqrt[f_i]{x_1^{f_1}\times x_2^{f_2}\times\cdots\times x_n^{f_n}}=\sum\sqrt[f_i]{\prod_{i=1}^{n}x_i^{f_i}}$$

式中，$\bar{x}_{\mathrm{G}}$ 为加权几何平均数；x_i 为总体各单位标志值；f_i 为总体各单位标志值出现的次数。

【案例 4-6】 某物流生产企业生产某种产品要经过三道工序：第一道工序的产品合格率是 92%，第二道工序的产品合格率是 95%，第三道工序的产品合格率是 90%，则该产品三道工序的平均合格率是多少？

【分析】 本问题是生产某产品要经过三道工序的问题，能用算术平均数（(92%+95%+90%)/3）或调和平均数求平均合格率吗？显然不能。对于此类问题我们需要用几何平均数来求平均。因此，该产品三道工序的平均合格率是

$$\bar{x}_{\mathrm{G}}=\sqrt[n]{x_1\times x_2\times\cdots\times x_n}=\sqrt[3]{92\%\times95\%\times90\%}=92.31\%$$

【案例 4-7】 假定某地储蓄年利率（按复利计算）：5%持续 1.5 年；3%持续 2.5 年；2.2%持续 1 年。那么，此 5 年内该地平均储蓄年利率的计算方法为

$$\bar{x}_{\mathrm{G}}=\sum\sqrt[f_i]{x_1^{f1}\times x_2^{f2}\times\cdots\times x_n^{fn}}=\sqrt[5]{(1+5\%)^{1.5}\times(1+3\%)^{2.5}\times(1+2.2\%)^{1}}=103.43\%$$

因此，该地平均储蓄年利率为 3.43%。

【小知识】

几何平均数与算术平均数、调和平均数相比，应用范围较窄，它有如下特点：

① 如果数列中有一个标志值等于零或负值，则无法计算几何平均数；

② 几何平均数受极端值影响较算术平均数和调和平均数小；

③ 它适用于反映特定现象的平均水平，即现象的总标志值不是各单位标志值的总和，而是各单位标志值的连乘积的情形。对于这类社会经济现象，不能采用算术平均数反映其一般水平，而需采用几何平均数。

④ 几何平均数、调和平均数和算术平均数三者间存在 $\bar{x}_{\mathrm{G}}\leqslant\bar{x}_{\mathrm{H}}\leqslant\bar{x}$ 的数量关系，只

有当所有变量值都相等时，这三种平均数才相等。

（二）位置平均数

位置平均数先将总体各单位的变量值按一定的顺序排列，然后取某一位置的变量值来反映总体各单位的一般水平。根据总体各单位所有标志值计算得来的位置平均数主要有众数、中位数。

1. 众数

1）众数的概念

众数，顾名思义是一组数据中出现次数最多的标志值，有时众数在一组数中有好几个。简单地说，也就是该总体中最普通、最常出现的标志值，用 M_O 表示。用众数也可以表明社会经济现象的一般水平，但可靠性较差。众数不受极端数据的影响，并且求法简便。

2）众数的确定

如何求一组数据的众数呢？分为以下两种情况。

（1）单项式变量数列求众数。在单项式变量数列的情况下，确定众数比较简单，只需通过观察，找出次数出现最多的那个标志值即可。

【案例 4-8】 某制鞋厂要了解消费者最需要哪种型号的男皮鞋，调查了某百货商场某季度男皮鞋的销售情况，得到的销售数据如表 4-10 所示。

表 4-10　某商场某季度男皮鞋销售数据

男皮鞋（厘米）	销售量（双）
24.0	12
24.5	84
25.0	118
25.5	541
26.0	320
26.5	104
27.0	52
合计	1200

【分析】 根据前面学习的计算平均数的方法，我们能算出该百货商场某季度男皮鞋的算术平均数为 25.65 厘米，但是这个号码对制鞋厂有实际意义吗？显然是没有的。

我们从表中可以看到，销售量最多的鞋号是 25.5 厘米，也即上述数据的众数。直接用 25.5 厘米这个众数作为消费者对男皮鞋所需尺寸的集中趋势既便捷，又符合实际。

（2）组距式数列求众数。单项式变量数列确定众数比较容易，哪个变量值出现的次数最多，这个数就是众数。但是，若所掌握的资料是组距式数列，计算众数就比较麻烦，并且只能推算众数的近似值。

计算步骤：（a）先确定众数组；（b）根据上限或下限公式计算众数的近似值。下限计算公式为

$$M_O = L + \frac{\Delta_1}{\Delta_1 + \Delta_2} \times i$$

上限计算公式为

$$M_O = U - \frac{\Delta_2}{\Delta_1 + \Delta_2} \times i$$

式中，Δ_1为众数组次数与前一组次数差；Δ_2为众数组次数与后一组次数差；i为众数组组距；L为众数组下限；U为众数组上限。

【案例 4-9】 某企业职工按月收入总额分组情况如表 4-11 所示，请计算众数。

表 4-11　某企业职工按月收入总额分组情况

月工资总额（元/人）	人数（人）	人数累计	
		向上累计（人）	向下累计（人）
3500～4000	6	6	200
4000～4500	28	34	194
4500～5000	42	76	166
5000～5500	49	125	124
5500～6000	35	160	75
6000～6500	27	187	40
6500～7000	13	200	13
合计	200	—	—

【分析】（a）确定众数组：通过观察发现第四组的次数最多，故可确定众数在第四组内。（b）利用上限或下限公式计算众数的近似值。即 L=5000，Δ_1=49−42=7，Δ_2=49−35=14，i=500。则利用下限计算公式

$$\begin{aligned} M_O &= L + \frac{\Delta_1}{\Delta_1 + \Delta_2} \times i \\ &= 5000 + \frac{7}{7+14} \times 500 \\ &= 5166.67 \end{aligned}$$

【思考】

利用上限公式计算众数，结果会如何？一组数据中一定能找出众数吗？

3）众数的特点

众数具有如下特点：

（1）众数是一组数据中出现次数最多的数据，是一组数据中的原数据，而不是相应的次数。

（2）众数比较粗糙。它适用于数据缺陷较大或需要快速而粗略地寻求一组数据的代表值。

（3）众数缺乏敏感性。这是由于众数的计算只利用了众数组的数据信息，不像数值平均数那样利用了全部数据信息。

（4）众数是以它在所有标志值中所处的位置确定的全体单位标志值为代表值，不受分布数列的极大或极小值的影响。

（5）如果与众数组相比邻的上下两组的次数相等，则众数组的组中值就是众数值；如果与众数组相邻的上一组的次数较多，而下一组的次数较少，则众数在众数组内会偏向该组下限；如果与众数组比邻的上一组的次数较少，而下一组的次数较多，则众数在众数组内会偏向该组上限。

2. 中位数

1）中位数的概念

中位数是指将总体中各个变量值按大小顺序排列起来，形成一个数列，居于数列中间位置（或最中间两个数据的平均数）的那个数据，用 M_E 表示。中位数也不受少数几个极端值的影响。

2）中位数的计算

确定中位数，也就是确定变量数列中间位置的数，必须将总体各单位的标志值按大小顺序排列，最好是编制出变量数列。这里有如下两种情况。

（1）未分组数列计算中位数。

【案例 4-10】 设有 9 个工人生产某种产品，其日产量件数依次为 14、6、7、7、7、8、9、9、10，那么该组数中位数是多少呢？

【分析】 先将数据按大小顺序排列，即 6、7、7、7、8、9、9、10、14，则其中位数位置为（9+1）/2=5，中位数为 8（件）。

【案例 4-11】 如有 10 个工人生产某种产品，其日产量件数依次为 9、9、10、6、7、7、7、11、14、18，那么该组数中位数是多少呢？

先将数据按大小顺序排列，即 6、7 、7、7、9、9、10、11、14、18。则其中位数位置为（10+1）/2=5.5，中位数为（9+9）/2=9（件）。

总结：

① 当 n 为奇数时，中位数就是居于中间位置的那个标志值。

② 当 n 为偶数时，中位数就是处于中间位置的那两个标志值的算术平均数。

（2）分组数列计算中位数。

分组数列求中位数较未分组数列求中位数麻烦，但计算步骤相同。

（1）对于单项式数列，求中位数的步骤如下：（a）先确定中位数的位置 $\frac{\sum f+1}{2}$；（b）根据累计次数确定中位数所在的组；（c）中位数所在组的标志值就是中位数。

【案例 4-12】 根据如表 4-12 所示的数据，计算 50 名工人日加工零件数的中位数。

表 4-12　50 名工人日加工零件数的情况

零件数（件）	人数（人）	向上累计次数（人）	向下累计次数（人）
110	3	3	50
114	5	8	47
117	8	16	42
120	14	30	34
125	10	40	20
129	6	46	10
132	4	50	4
合计	50	—	—

【分析】 （a）先确定中位数的位置（50+1）/2=25.5；（b）根据累计次数确定中位数所在的组。由于中位数的位置为 25.5，由向上或向下累计次数知中位数所在的组是第四组；（c）第四组的标志值 120 件即为 50 名工人日加工零件数的中位数。

（2）对于组距式数列，求中位数的步骤如下：（a）先确定中位数的位置 $\frac{\sum f+1}{2}$；（b）根据累计次数确定中位数所在的组；（c）利用上限、下限公式求中位数的近似值。

组距式数列计算中位数公式为

$$M_{\mathrm{E}}=L+\frac{\frac{\sum f}{2}-S_{m-1}}{f_m}\cdot d$$

或

$$M_{\mathrm{E}}=U-\frac{\frac{\sum f}{2}-S_{m+1}}{f_m}\cdot d$$

式中，M_{E}为中位数；L为中位数所在组的下限；U为中位数所在组的上限；$\sum f$ 为总体单位总数；f_m为中位数所在组的次数；S_{m-1}为中位数所在组前一组的向上累计次数；S_{m+1}为中位数所在组后一组的向下累计次数；d为中位数所在组的组距。

【案例 4-13】 某企业职工按月收入总额分组情况如表 4-13 所示，请计算该企业职工月收入总额的中位数。

表 4-13　某企业职工按月收入总额分组情况

月工资总额（元/人）	人数（人）	人数累计	
		向上累计（人）	向下累计（人）
3500～4000	6	6	200
4000～4500	28	34	194
4500～5000	42	76	166

续表

月工资总额（元/人）	人数（人）	人数累计	
		向上累计（人）	向下累计（人）
5000～5500	49	125	124
5500～6000	35	160	75
6000～6500	27	187	40
6500～7000	13	200	13
合计	200	—	—

【分析】（a）先确定中位数的位置（200+1）/2=100.5；（b）根据累计次数确定中位数所在的组是第四组；（c）利用下限公式求中位数的近似值。即

$$M_E = 5000 + \frac{200/2-76}{49} \times 500 = 5244.89 \text{（元）}$$

【思考】

利用上限公式计算中位数，结果会如何？一组数据中一定存在中位数吗？

3）中位数的特点

中位数具有如下特点：

（1）中位数处于一组按大小顺序排列的数据的中间位置。

（2）中位数与众数一样，是以它在所有标志值中所处的位置确定的总体单位标志值的代表值，不受分布数列的极大或极小值影响，一定程度上提高了中位数对分布数列的代表性。

（3）中位数与众数一样，缺乏敏感性。

三、平均指标在市场经济管理中的应用

由于平均指标代表事物发展变化的一般水平和总体趋势，在市场经济管理中，经常运用它可以解决两方面的问题。

1. 市场经济发展变化的平均速度

在市场经济管理中，经常遇到要了解某个小区居民的月平均生活消费情况。由于不同家庭的经济条件不同，每个月的生活消费也不同。要了解小区居民的月平均生活消费情况，一般只能通过抽查方式进行：抽查一定数量的各类家庭（即经济条件好、中和差等），得到各类家庭的每月生活消费数据；结合各类家庭的抽查量算出整个小区居民每月的平均生活消费情况。要抽查各类家庭，就涉及分组。若要求平均数，因各组抽查量不同，一般只能采用加权平均数算法来求。

【案例 4-14】 某机构随机抽查了某小区 20 户家庭的生活消费情况，抽查结果如表 4-14 所示（表中的户数为频数）。

表 4-14　某小区 20 户家庭的月生活消费情况

月消费（元）	1000	2000	2500	3000	4000
户数	4	4	7	3	2

根据加权平均数算法，可得整个小区居民的月平均生活消费情况为

$$\bar{x}=\frac{x_1f_1+x_2f_2+\cdots+x_nf_n}{f_1+f_2+\cdots+f_n}$$

$$=\frac{1000\times4+2000\times4+2500\times7+3000\times3+4000\times2}{20}=2325（元）$$

我们经常会遇见诸如此类的问题：知道了某地区、某个时间段的经济增长情况，需要计算出该地区的经济平均增长速度。针对此类问题，有不少人可能会直接通过算术平均数算法来计算该地区的平均增长速度，但是，他们没有考虑到该段时间的经济增长是在上个时间段的基础上进行的，因此，对于此问题应该用几何平均数算法来解决。

【案例 4-15】 若某地区 5 年来的国民生产总值年增长速度分别为 7%、8%、10%、12%、18%，如何计算 5 年来该地区的国民生产总值平均增长速度呢？

首先，用几何平均数算法来计算每年的平均发展速度，再将所得值减去 1，即可得平均增长速度。即

$$\bar{x}_G=\sqrt[n]{x_1\times x_2\times\cdots\times x_n}=\sqrt[5]{107\%\times108\%\times110\%\times112\%\times118\%}=110.93\%$$

那么，5 年来的平均增长速度为 10.93%。

2. 判断同类产品的质量

在现实经济环境中，有些商家往往利用消费者对经济知识的局限性做一些文字游戏，以次充好来欺骗消费者。

【案例 4-16】 甲、乙、丙三家家电厂商在广告中声称，它们某种电子产品在正常情况下的平均使用寿命均为 8 年。对于一般人来说，看到三家家电厂商的广告后，会认为它们的产品质量一样好。通过质量检测部门对这三家厂商销售的产品使用情况进行的跟踪调查，得到了如表 4-15 所示的结果。

表 4-15　甲、乙、丙三家家电厂商销售产品的使用情况（单位：年）

甲厂	4	5	5	5	5	7	9	12	13	15
乙厂	6	6	8	8	12	9	10	8	14	15
丙厂	4	7	4	6	4	9	13	16	15	16

如果你是消费者，你会选择哪家的产品？

从质量检测部门跟踪调查的数据来看，甲、乙、丙三家家电厂商的产品质量不一样，说明广告词有问题吗？对熟悉集中趋势方面知识的人来说，这个问题就很容易弄清楚了。

（1）甲家电厂商电子产品使用寿命的平均数为

$$\bar{x}_甲=\frac{\sum x_i}{n}=\frac{4+5+5+5+5+7+9+12+13+15}{10}=8（年）$$

即甲家电厂商广告中电子产品在正常情况下的使用寿命为 8 年，指的是使用寿命的算术平均数。

（2）乙家电厂商电子产品使用寿命的平均数为

$$\overline{x}_{乙}=\frac{\sum x_i}{n}=\frac{6+6+8+8+12+9+10+8+14+15}{10}=9.6（年）$$

那么，乙家电厂商广告中声称的电子产品在正常情况下的使用寿命 8 年指的是什么呢？我们先将该组数据按从小到大排序，得到 6、6、8、8、8、9、10、12、14、15 一组数据，从此组数中可看出：8 有 3 个，6 有 2 个，9、10、12、14、15 各有 1 个，故 8 出现的次数最多。因此，对于乙家电厂商广告中声称的电子产品正常情况下的使用寿命的 8 年，指的是该电子产品使用寿命的众数。

（3）丙家电厂商电子产品使用寿命的平均数为

$$\overline{x}_{丙}=\frac{\sum x_i}{n}=\frac{4+7+4+6+4+9+13+16+15+16}{10}=9.4（年）$$

那么，丙家电厂商广告中声称的电子产品在正常情况下的使用寿命 8 年指的是什么呢？我们先将该组数据按从小到大排序，分别是 4、4、4、6、7、9、13、15、16、16。则该组数据的中位数为 $\frac{7+9}{2}=8$。因此，对于丙家电厂商广告语中声称的电子产品在正常情况下的使用寿命 8 年，指的是产品使用寿命的中位数。

从上述分析可知，虽然三家家电厂商在广告中都说电子产品正常情况下的使用寿命为 8 年，但电子产品的真正平均使用寿命分别为 8 年、9.6 年和 9.4 年，由此可得出：乙厂的电了产品的质量最好，丙厂次之，甲厂最差。

总之，我们可以利用集中趋势解决市场经济环境中的平均变化率和产品质量好坏的一些问题。这些问题看起来简单，但又很容易被大家忽视。若要了解清楚明白，就需要学习并掌握统计分析方面知识，使自己在今后市场经济管理中立于不败之地。

任务四　运用标志变异指标进行离中趋势描述

【案例分析】

甲乙两物流企业近 5 个月的货运量如下。

甲物流企业（万吨）：50、94、90、66、100;

乙物流企业（万吨）：70、88、80、72、90。

甲乙两物流企业货运量的平均值均为 80，但是，哪个物流企业的货运量均衡一些，哪个物流企业的货运量离散一些，哪个物流企业的平均货运量更具有代表性呢？

要解决这些问题，就需要对其进行离中趋势分析。

一、标志变异指标的概念与作用

（一）标志变异指标的概念

标志变异指标是反映总体各单位标志值差异程度或离散程度的综合指标。它能够弥补平均指标在反映总体一般水平时掩盖总体各单位标志值数量差异的不足。统计中一般用标志变异指标描述离中趋势。

与集中趋势相反，离中趋势反映的是数列中各变量值之间的差距和离散程度。

（二）标志变异指标的作用

标志变异指标的作用如下：

（1）标志变异指标可以衡量数据分布的离散程度；

（2）标志变异指标是衡量平均数代表性好坏的尺度；

（3）标志变异指标可以反映社会经济活动变动过程的节奏性和均衡性；

（4）研究标志变异指标的大小有助于确定必要的抽样数目。

二、常用的标志变异指标

标志变异指标不仅可以综合反映变量值的离中趋势，还可以用来判断平均数的代表性。一般地，数据分布越分散，其离中趋势越大，平均指标的代表性越小；数据分布越集中，其离中趋势越小，平均指标的代表性越大。

常用的标志变异指标有全距、平均差、标准差等。

（一）全距

全距又称极差，它是总体各单位标志值中最大值与最小值之差，用 R 表示，如一组数据为x_1、x_2、…、x_n，其最大值、最小值分别为$x_{\max}$、$x_{\min}$，则全距$R = x_{\max} - x_{\min}$ 。全距这个指标直观、易于理解且计算方便。

【案例 4-17】 本任务“案例引入”中，甲、乙两物流企业近 5 个月货运量的全距计算方法如下：

甲物流企业近 5 个月货运量的全距为 R=100−50=50（万吨）；

乙物流企业近 5 个月货运量的全距为 R=90−70=20（万吨）。

【说明】

对于分组资料，由于不能确定变量值实际的最大值和最小值，因而关于分组资料求全距有不同的方法，一般用组值最大组的组中值减去组值最小组的组中值计算全距。

（二）平均差

测定离中趋势一般是测定各变量值与算术平均数的差异程度。由于算术平均数与各变量值差的代数和为零，为此，我们考虑用各变量值与算术平均数差的绝对值的算术平均数来衡量数据的差异程度，如此构造出的变异指标称为平均差。

平均差就是数列中各单位标志值与其算术平均数之间离差绝对值的算术平均数，是反映各变量值平均离散程度的一个综合指标。与全距一样，平均差越大，说明各标志值的差异越大，标志值分布越分散；平均差越小，说明各标志值的差异越小，标志值分布越集中。

平均差用符号“$A \cdot D$”表示，可以分为简单平均差和加权平均差。

1. 简单平均差

当掌握的资料未分组时，可用简单平均差来计算。其计算公式为

$$A \cdot D = \frac{\sum |x - \bar{x}|}{n}$$

【案例 4-18】 本任务“案例引入”中，请计算甲、乙两物流企业近 5 个月货运量的平均差，并根据平均差的大小比较甲、乙两物流企业平均货运量的代表性。

【分析】 （1）根据题目中所给甲、乙两物流企业近 5 个月货运量可以计算其离差及离差绝对值，如表 4-16 所示。

表 4-16　甲乙两物流企业近 5 个月货运量的离差及离差绝对值

甲企业			乙企业		
货运量	离差	离差绝对值	货运量	离差	离差绝对值
50	-30	30	70	-10	10
94	14	14	88	8	8
90	10	10	80	0	0
66	-14	14	72	-8	8
100	20	20	90	10	10
合计	—	88	—	—	36

（2）根据平均差公式可以计算两物流企业近 5 个月货运量的平均差。

甲物流企业近 5 个月货运量平均差为

$$A \cdot D_{甲} = \frac{\sum |x - \bar{x}|}{n} = \frac{88}{5} = 17.6\text{（万吨）}$$

乙物流企业近 5 个月货运量平均差为

$$A \cdot D_{乙} = \frac{\sum |x - \bar{x}|}{n} = \frac{36}{5} = 7.2\text{（万吨）}$$

可见，甲物流企业近 5 个月货运量平均差为 17.6 万吨，乙物流企业近 5 个月货运量平均差为 7.2 万吨，甲物流企业近 5 个月货运量平均差明显大于乙物流企业近 5 个月货运量平均差，说明乙物流企业近 5 个月货运量的平均值 80 万吨的代表性好于甲物流企业近 5 个月货运量平均值的代表性。

2. 加权平均差

如果我们掌握的是分组资料，则应采用加权平均法计算平均差，其计算公式为

$$A \cdot D = \frac{\sum |x - \bar{x}| f}{\sum f}$$

式中，f为各组单位数（频数）。

【案例 4-19】 某企业 A 车间 100 名工人日产量资料如表 4-17 所示，试计算该车间 100 名工人日产量的平均差。

表 4-17　100 名工人日产量资料

日产量（件）	工人数（人）
25	5
35	35
45	45
55	15
合计	100

【分析】（1）根据掌握的分组资料，可以计算出 100 名工人日产量的加权平均差，具体计算结果表 4-18 所示。

表 4-18　100 名工人日产量的加权平均差

x 日产量（件）	f 工人数（人）	$x \cdot f$	$x-\overline{x}$	$\lvert x-\overline{x}\rvert$	$\lvert x-\overline{x}\rvert f$
25	5	125	−17	17	85
35	35	1225	−7	7	245
45	45	2025	3	3	135
55	15	825	13	13	195
合计	100	4200	—	—	660

（2）算术平均数为

$$\overline{x}=\frac{x \cdot f}{\sum f}=\frac{4200}{100}=42（件）$$

（3）加权平均差为

$$A \cdot D=\frac{\sum \lvert x-\overline{x}\rvert f}{\sum f}=\frac{660}{100}=6.6（件）$$

由此可知：该车间 100 名工人日产量的加权平均差为 6.6 件。

【思考】

当掌握的分组资料是组距式数列时，用何值作为各组的变量值？如何计算平均差？

（三）标准差

平均差的计算含有绝对值，这给计算带来一定的麻烦。为了克服平均差的这种在计算上的缺点，我们考虑先将各变量值与算术平均数离差的平方求平均，然后再求平方根来构造一个标志变异指标，也就是常见、常用、重要的变异指标——标准差。

标准差是总体各单位标志值与其算术平均数离差的平方的算术平均数的平方根。又称均方差，用 σ 表示，标准差的平方（σ^2）称为方差。标准差克服了平均差带有绝对值的缺点，它是测定标志变异程度的主要指标。

根据掌握的资料不同，标准差可以分为简单标准差和加权标准差。

1. 简单标准差

当掌握的资料未分组时，可以用简单标准差来计算。其计算公式为

$$\sigma=\sqrt{\frac{\sum(x-\overline{x})^2}{n}}$$

【案例 4-20】 甲货运物流公司 20 个驾驶员百吨公里的油耗资料如表 4-19 所示（单位：升/百吨公里）。

表 4-19　甲货运公司 20 名驾驶员百吨公里的油耗资料

5.86	4.9	5.65	4.33	4.54
4.45	5.33	5.21	5.21	5.33
5.45	5.12	5.13	4.12	5.23
4.76	5.11	4.93	5.22	4.12

（1）计算甲货运公司 20 个驾驶员百吨公里油耗的标准差。

（2）若乙货运物流公司驾驶员百吨公里油耗的平均数为 5 升，标准差为 0.3 升，则哪个物流公司油耗平均数的代表性好？

【分析】 根据标准差的计算公式，我们需要先求算术平均数$\overline{x}$，再计算甲货运公司的标准差。即

$$\overline{x}=\frac{\sum x}{n}=\frac{100}{20}=5\text{（升）}$$

$$\sigma=\sqrt{\frac{\sum(x-\overline{x})}{n}}=\sqrt{\frac{(5.86-5)^2+(4.9-5)^2+\cdots+(4.12-5)^2}{20}}=\sqrt{0.2199}=0.469\text{（升）}$$

由计算结果可知：甲货运公司 20 个驾驶员百吨公里油耗的平均值为 5 升，标准差为 0.469 升；乙货运物流公司驾驶员百吨公里油耗的平均数为 5 升，标准差为 0.3 升，甲货运公司驾驶员百吨公里油耗标准差大于乙货运公司，说明乙物流公司油耗平均数的代表性好。

2. 加权标准差

与平均差一样，当掌握的是分组资料时，应采用加权法计算加权标准差，其计算公式为

$$\sigma=\sqrt{\frac{\sum(x-\overline{x})^2 f}{\sum f}}$$

【案例 4-21】 某快递公司 200 名快递员每日派送快递件数如表 4-20 所示，求该快递公司 200 名快递员每日派送快递件数的标准差。

表 4-20　200 名快递员每日派送快递件数

每日派送件数（件）	快递员数（人）
90～110	10
110～130	70

续表

每日派送件数（件）	快递员数（人）
130～150	90
150～170	30
合计	200

【分析】 由于本题的数据是组距式数列，考虑用组中值代替各组的变量值，故可以计算算术平均数和标准差，计算结果如表 4-21 所示。

表 4-21　200 名快递员每日派送快递件数标准差计算表

每日派送件数（件）	快递员数（人）	x 组中值	$x \cdot f$	$x-\bar{x}$	$(x-\bar{x})^2$	$(x-\bar{x})^2 f$
90～110	10	100	1000	−34	1156	11 560
110～130	70	120	8400	−14	196	13 720
130～150	90	140	12 600	6	36	3240
150～170	30	160	4800	26	676	20 280
合计	200	—	26 800	—	—	48 800

（1）计算算术平均数，即

$$\bar{x}=\frac{x \cdot f}{\sum f}=\frac{26\,800}{200}=134（件）$$

（2）计算标准差，即

$$\sigma=\sqrt{\frac{\sum(x-\bar{x})^2 f}{\sum f}}=\sqrt{\frac{48\,800}{200}}=15.6（件）$$

由计算结果可知，该快递公司 200 名快递员每日派送快递件数的标准差为 15.6 件。

（四）变异系数

通过观察我们不难发现：前面学习的用来反映离散程度的指标全距、平均差、标准差都具有和原始资料相同的计量单位。也就是说，当进行两个或多个资料变异程度的比较时，如果度量单位相同、平均水平相同，就可以直接利用全距、平均差、标准差来比较。那么，如果度量单位不同或平均水平不同，我们该如何比较不同对象的离散程度呢？

如果把具有与原始资料相同计量单位的全距、平均差、标准差称为离散程度的绝对指标，那么反映变异程度的绝对指标除以平均指标就可以称为反映变异程度的相对指标，这种由反映变异程度的绝对指标转化而来的相对指标我们称变异系数。对应于全距、平均差、标准差，变异系数分为全距变异系数、平均差变异系数、标准差变异系数。

统计分析中常用的变异系数是标准差变异系数，也将标准差变异系数简称为变异系数。变异系数用 $C \cdot V$ 表示，则

$$C \cdot V_R = \frac{R}{\bar{x}} \times 100\%$$

$$C \cdot V_{A \cdot D} = \frac{A \cdot D}{\bar{x}} \times 100\%$$

$$C \cdot V_\sigma = \frac{\sigma}{\bar{x}} \times 100\%$$

常用的变异系数计算公式为

$$C \cdot V_\sigma = \frac{\sigma}{\bar{x}} \times 100\%$$

变异系数越大，说明数据越分散，离散程度越大；变异系数越小，说明数据越集中，离散程度越小。

【案例 4-22】 甲、乙两公司近 6 个月的销售额情况如下（万元）：

甲公司（近 6 个月）：　62　65　70　73　80　82

乙公司（近 6 个月）：　8　13　17　19　22　24

试比较甲、乙两公司近 6 个月平均销售额的代表性（甲、乙两公司近 6 个月销售额的离散程度）。

【分析】 （1）计算甲、乙两公司销售额的算术平均数为

$$\bar{x}_{甲} = \frac{\sum x}{n} = \frac{432}{6} = 72（件）$$

$$\bar{x}_{乙} = \frac{\sum x}{n} = \frac{103}{6} = 17.17（件）$$

（2）计算甲、乙两公司近 6 个月销售额的标准差

$$\sigma_{甲} = \sqrt{\frac{\sum (x-\bar{x})^2}{n}} = 7.97（件）$$

$$\sigma_{乙} = \sqrt{\frac{\sum (x-\bar{x})^2}{n}} = 5.91（件）$$

由于甲公司近 6 个月销售额标准差大于乙公司近 6 个月销售额标准差，似乎可以得出乙公司近 6 个月平均销售额的代表性比甲公司好的结论。实际情况的确如此吗？

我们知道，当两个对象的平均值相同时，可以根据标准差的大小来判断平均值代表性的好坏，但本问题中，甲乙两快递点派件员日派送件数的平均水平不一样，就不能简单地用标准差来判断平均数的代表性。

因此，当两总体标志值平均水平不一样或计量单位不同时，如果要比较两总体标志值平均水平代表性的好坏，要判断总体各单位标志值的离散程度，就需要计算其标准差变异系数。

（3）甲、乙两公司近 6 个月销售额的标准差变异系数为

$$C \cdot V_{\sigma_{甲}} = \frac{\sigma_{甲}}{\bar{x}_{甲}} \times 100\% = \frac{7.97}{72} \times 100\% = 11.07\%$$

$$C \cdot V_{\sigma_{乙}} = \frac{\sigma_{乙}}{\bar{x}_{乙}} \times 100\% = \frac{5.91}{17.17} \times 100\% = 30.23\%$$

由计算结果可知：甲公司近 6 个月销售额的标准差系数小于乙公司近 6 个月销售额的标准差系数，说明甲公司近 6 个月销售额的离散程度小于乙公司，甲公司近 6 个月平均销售额的代表性好于乙公司。

任务五　Excel 在统计描述中的应用

一、Excel 在计算总量指标中的应用

Excel 在计算总量指标时，主要使用其中的函数和填充柄功能，下面通过实例来进行学习。

【案例 4-23】 家家乐超市是 N 市最大的商品零售超市，由于地理位置优越、购物环境良好等因素，在该市的商品零售业中占据重要位置。但是，随着国外大型连锁零售业的进入，家家乐超市的经营受到了一定的冲击。为了维持其经营，N 市贸易局特委托某专业咨询公司分析该超市的经营状况。其中，2018 年和 2019 年家家乐超市的部分运营数据如表 4-22 所示。

表 4-22　家家乐超市 2018 年和 2019 年部分运营数据

指　标	单　位	2018 年	2019 年
连锁分店数	家	30	50
营业面积	平方米	30 000	55 000
职工人数	人	1500	2500
商品品种	种	22 000	30 000
销售收入	亿元	6	7.2
净利润	万元	6400	6600

请结合表中的数据，从增长量方面分析该超市 2019 年的经营状况；并根据 Excel 计算的结果对数据进行描述。

（一）总量指标的计算及分析

首先，将数据输入 Excel 表格中，如图 4-2 所示。再将光标放在需要求和的单元格，单击工具栏中的“$\sum$ ”按钮，选定需要计算和值的单元格即可。利用“$\sum$ ”工具或 SUM 函数计算家家乐超市 2018 年和 2019 年的销售总收入为 13.2 亿元，2018 年和 2019 年的总净利润为 13 000 万元。

此外，可以计算 2019 年相对于 2018 年各项总量指标的增加额。

	A	B	C	D	E
1	**指标**	**单位**	2018年	2019年	**增加额**
2	连锁分店数	家	30	50	20
3	营业面积	平方米	30 000	55 000	25 000
4	职工人数	人	1500	2500	1000
5	商品品种	种	22 000	30 000	8000
6	销售收入	亿元	6	7.2	1.2
7	净利润	万元	6400	6600	200

图 4-2　家家乐超市 2018 和 2019 年部分运营数据

（二）计算结果分析

从增加额总量指标来看，2019 年相对于 2018 年各项总量指标的增加额均表现为正，说明家家乐超市在该年度中扩张了企业规模，实现了各项指标绝对水平的增加。

二、Excel 在计算相对指标中的应用

这里我们将结合表 4-22 家家乐超市 2018 年和 2019 年部分运营数据，学习 Excel 在计算相对指标中的应用。要求从相对量等方面分析该超市 2019 年的经营状况，并根据 Excel 计算的结果对数据进行描述。

（一）相对指标的计算及分析

利用 Excel 计算各项相对指标。如计算 2019 年相对 2018 年的动态相对指标；各年度的销售利润率结构相对指标；人均劳效、平均地效等强度相对指标。计算结果如图 4-3 所示。

	A	B	C	D	E	F	G				K	L
1	**指标**	**单位**	2018年	2019年	**增加额**	**动态相对指标（%）**	**销售利润率（%）**		**人均劳效（万元/人）**		**平均地效（万元/平方米）**	
2	连锁分店数	家	30	50	20	167	2018	2019	2018	2019	2018	2019
3	营业面积	平方米	30 000	55 000	25 000	183						
4	职工人数	人	1500	2500	1000	167						
5	商品品种	种	22 000	30 000	8000	136	10.7	9.2	40.0	28.8	2.0	1.3
6	销售收入	亿元	6	7.2	1.2	120						
7	净利润	万元	6400	6600	200	103						

F=D/C

=C7/C6/10 000　=D7/D6/10 000　=C6*10 000/C4　=D6*10 000/D4

=C6*10 000/C3　=D6*10 000/D3

图 4-3　家家乐超市 2018 年和 2019 年部分运营数据相对指标计算表

（二）计算结果分析

（1）从动态相对指标列可以看出，2019 年相对 2018 年各项动态相对指标的数值都大于 100%，说明家家乐超市在规模方面实现了扩张和效益水平方面实现了提升。但同

时我们也发现：规模方面的扩张比较快，快于效益水平的提升。发展最快的是营业面积，为 183%；而净利润水平发展较慢，仅为 103%。

（2）从销售利润率结构相对指标可以看出，2019 年的销售利润率为 9.2%，比 2018 年的销售利润率 10.7%低 1.5 个百分点，说明在本年度中，企业规模扩张的同时，并没有带动相应经济效益的增长。

（3）从人均劳效、平均地效等强度相对指标可以看出，2019 年的人均劳效为 28.8 万元/人，比 2018 年的人均劳效 40 万元/人低 11.2 万元/人，2019 年的平均地效 1.3 万元/平方米，比 2018 年的平均地效 2 万元/平方米低 0.7 万元/平方米，说明家家乐超市营业面积、职工人数的扩大并没有带动绩效指标（人均劳效、平均地效）相应程度的增加。同时也说明，家家乐超市的扩张还处于外延式扩张的状态，其营运能力并没有与规模发展同步。

三、Excel 在计算平均指标中的应用

关于 Excel 在计算平均指标中的应用，根据统计数据是否分组分为两种情况。

（一）未分组资料计算集中趋势指标

1. 利用 Excel 中的函数功能计算

Excel 提供了数学函数、统计函数、财务函数等诸多函数工具，如统计函数中的 AVERAGE（平均数）、HARMEAN（调和平均数）、MODE（众数）、MEDIAN（中位数）、VARP（方差）、STDEV（标准差）、MAX（最大值函数）、MIN（最小值函数）等。

在计算未分组数据资料中的集中趋势指标时，可以直接使用 Excel 提供的函数工具，操作步骤如下：

第一步，在 Excel 中建立数据库；

第二步，选择“公式”选项卡，单击“插入函数”按钮；

第三步，在弹出的“插入函数”对话框中，选择类别为“统计”；

第四步，在“选择类别”下拉列表中选择需要的函数，按操作提示输入数据区域即可。

下面以计算某车间 10 名职工 7 月份月工资（单位：元）的算术平均数为例来说明 Excel 在计算集中趋势相关指标中的应用。

10 名职工 7 月份月工资分别为：4500、3800、2800、6000、3500、3600、5000、4000、5500、3200。

利用 Excel 中的函数功能计算集中趋势指标的具体操作步骤如下：

第一步，在 Excel 中建立数据库，如图 4-4 所示。

第二步，单击需要放置计算结果的单元格（如要放到 B1 单元格），在“公式”选项卡中单击“插入函数”按钮，弹出“插入函数”对话框。

第三步，在“插入函数”对话框中选择类别为“统计”；在“选择函数”下拉列表中选择“AVERAGE”选项，单击“确定”按钮，弹出“函数参数”对话框，如图 4-5 所示。

在“函数参数”对话框中的“Number1”文本框中，输入“A1:A10”。

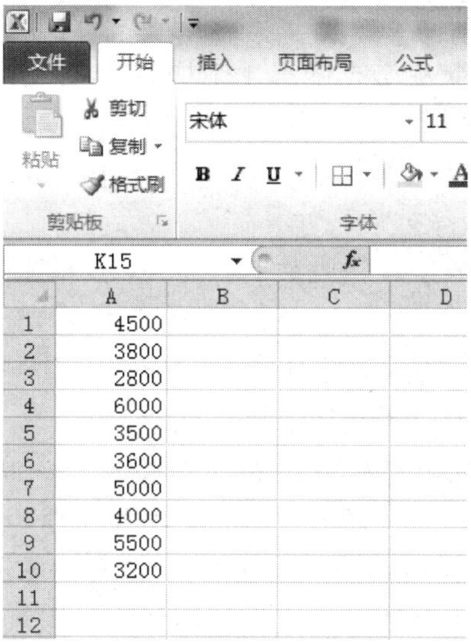

图 4-4　10 名职工 7 月份月工资

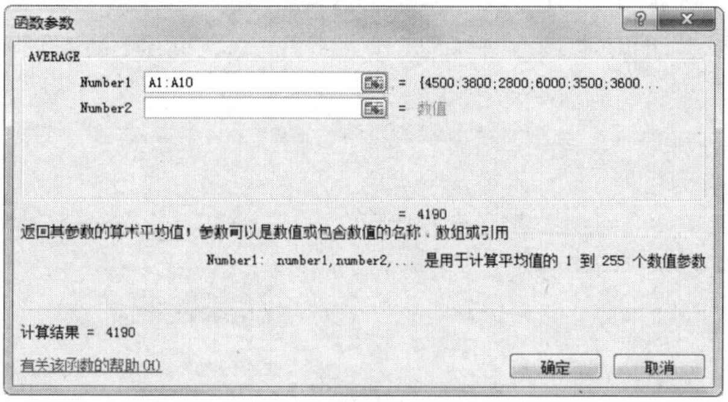

图 4-5　“函数参数”对话框

第四步，单击“确定”按钮，即得到放置在 B1 单元格的算术平均数 4190，如图 4-6 所示。

图 4-6　算术平均数计算结果

如果 Excel 数据库中有多列数据需要计算算术平均数，可以将各类数据的地址输入至“AVERAGE”对话框中的 Number1、Number2、……则能够同时计算出各列数据的算术平均数。也可以先计算出某列数据的算术平均数，再利用 Excel 的填充柄功能计算其他各列数据的算术平均数。

其他中位数、众数集中趋势指标的计算方法相同，只要应用相应的函数即可。

2. *利用 Excel 中的数据分析工具计算*

除利用 Excel 提供的函数工具完成数据计算外，还可以利用 Excel 的数据分析功能进行集中趋势指标的计算。

下面以某仓储公司 30 名员工 7 月份的工资为例，介绍利用 Excel 中的数据分析工具计算集中趋势相关指标的操作步骤。

30 名员工 7 月份的工资（单位：元）如下：4500、3300、3600、4000、3400、3800、3000、4000、3500、3000、2800、3500、3200、3800、3500、6000、3600、4500、5500、3200、3500、3800、3500、3500、3400、3600、3200、3600、3500、5000。

利用 Excel 的数据分析工具计算集中趋势指标的操作步骤如下：

第一步，在 Excel 中建立数据库（同一变量数据建立在同一列中），如图 4-7 所示。

第二步，选择“数据”选项卡，单击“数据分析”按钮，在打开的“数据分析”对话框中的“分析工具”列表中选择“描述统计”选项，如图 4-8 所示。

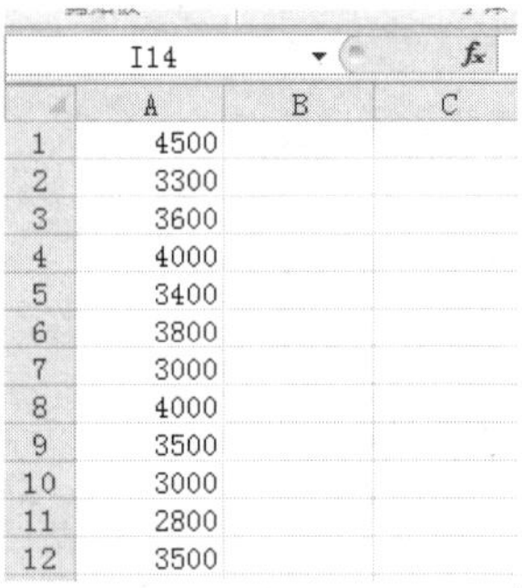

图 4-7　30 名员工 7 月份的工资（部分）

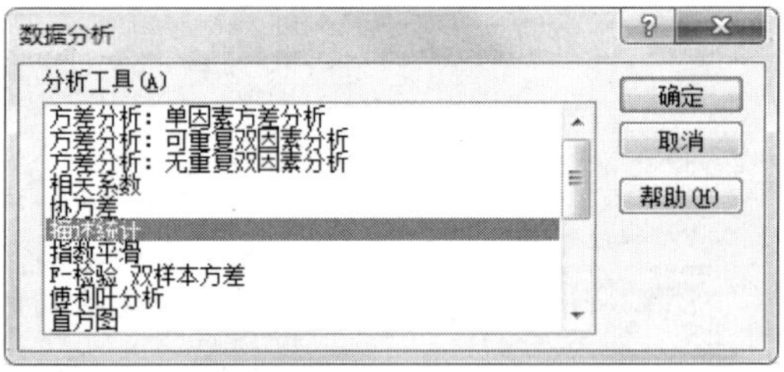

图 4-8　“数据分析”对话框

第三步，单击“确定”按钮，打开“描述统计”对话框。在“描述统计”对话框的“输入区域”文本框中输入数据所在的单元格地址“A1:A30”，在“输出区域”文本框中选择“C1”单元格、勾选“汇总统计”“平均数置信度”复选框，在“第 K 大值”“第 K 小值”中，设置默认值为“1”，如图 4-9 所示。

第四步，单击“确定”按钮，得到如图 4-10 所示的计算结果。

从图 4-10 所示的计算结果中可知：仓储公司 30 名员工 7 月份的平均工资约为 3743 元，中位数为 3500 元，众数为 3500 元。

（二）分组资料计算集中趋势指标

对于分组数列，不能简单地利用 Excel 中的函数工具或数据分析工具，主要利用 Excel 的公式来计算。这里不进行详细讲解。

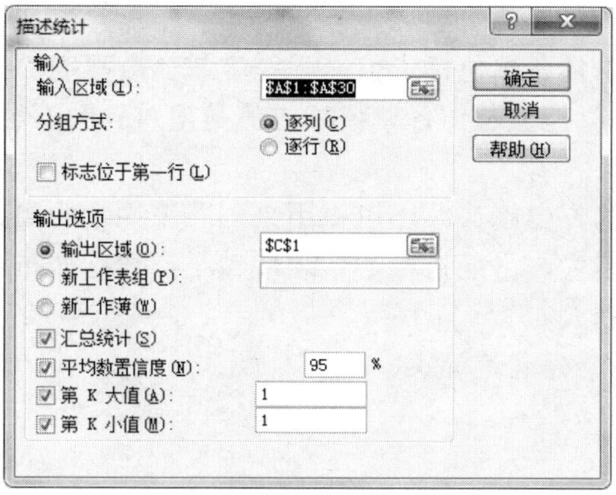

图 4-9 “描述统计”对话框

图 4-10 描述统计计算结果

四、Excel 在计算标志变异指标中的应用

与 Excel 在计算平均指标中的应用一样，Excel 在计算标志变异指标时，根据统计数据是否分组也分为两种情况。未分组资料计算离中趋势指标，既可以利用 Excel 中的函数计算，也可以利用 Excel 中的数据分析工具计算；分组资料计算离中趋势指标，主要利用 Excel 的公式来计算。其计算方法与平均指标的计算方法类似。

项目小结

1．总量指标。总量指标是用来反映社会经济现象在一定时间、地点、条件下所达到的总体规模、总体水平或工作总量的统计指标，是对总体规模进行描述的常用指标。

总量指标的表现形式为绝对数，故又称绝对数指标或统计绝对数，有时也表现为现象总体在不同时间、条件下数量发生变化的绝对差数。

2．总量指标的分类。按指标反映总体的内容不同分为总体单位总量和总体标志总量；按指标反映的时间状况不同分为时期指标和时点指标。

3．相对指标。相对指标是由两个有联系的统计指标对比而得到的一种抽象的比值，又称相对数，是从数量上展示和说明研究对象规模的大小、发展程度、结构、强度、普通程度或比例关系的指标。相对指标有两种具体表现形式：无名数和有名数。

4．相对指标的种类：（1）结构相对指标；（2）比例相对指标；（3）比较相对指标；（4）强度相对指标；（5）动态相对指标；（6）计划完成程度相对指标。

5．平均指标。平均指标又称统计平均数，是反映总体各单位某一数量标志值在一定时间、地点条件下达到一般水平的综合指标，一般用平均数表示。它是将总体各单位数量标志差异抽象，化以反映总体一般水平、集中趋势的统计指标。

统计中一般用平均指标描述集中趋势。常用的平均指标有数值平均数和位置平均数。数值平均数主要有算术平均数、调和平均数和几何平均数；位置平均数主要有众数和中位数。

6．标志变异指标。标志变异指标是反映总体各单位标志值差异程度或离散程度的综合指标，以弥补平均指标在反映总体一般水平时掩盖总体各单位标志值数量差异的不足。统计中一般用标志变异指标描述离中趋势。

标志变异指标不仅可以综合反映变量值的离中趋势，还可以用来判断平均数的代表性。一般地，数据分布越分散，其离中趋势越大，平均指标的代表性越小；数据分布越集中，其离中趋势越小，平均指标的代表性越大。

7．常用的标志变异指标有全距、平均差、标准差等。

技能检测

一、判断对错

1．绝对数随着总体范围的扩大而增加。（　　）

2．结构相对数的数值只能小于 1。（　　）

3．算术平均数的大小，只受总体各单位标志值大小的影响。（　　）

4．中位数和众数都属于平均数，因此，它们数值的大小受到总体内各单位标志值大小的影响。（　　）

5．当各标志值的连乘积等于总比率或总速度时，宜采用几何平均法计算平均数。（　　）

6．按人口平均的粮食产量是一个平均数。（　　）

7．是非标志的标准差是总体中两个成数的几何平均数。（　　）

8．比较两总体平均数的代表性，标准差系数越大，说明平均数的代表性越好。（　　）

二、单项选择题

1．按指标反映的时间状况分类，总量指标分为（　　）。

A．时间指标和时点指标　　B．时期指标和时点指标

C．时期指标和时间指标　　D．实物指标和价值指标

2．下面属于结构相对数的是（　　）。

A．人口出生率　　B．产值利润率

C．恩格尔系数　　D．工农业产值比

3．某商场计划 4 月份销售利润比 3 月份提高 2%，实际却下降了 3%，则销售利润计划完成程度为（　　）。

A．66.7%　　B．95.1%　　C．105.1%　　D．99.0%

4．某物流企业 2019 年计划利润比 2018 年增长 10%，实际执行的结果比 2018 年增长了 12%，则其计划完成程度为（　　）。

A．83%　　B．120%　　C．101.8%　　D．98.2%

5．离中趋势指标中，最容易受极端值影响的是（　　）。

A．极差　　B．平均差　　C．标准差　　D．标准差系数

6．假如各个标志值都增加 10 个单位，那么平均值（　　）。

A．增加到原来的 10 倍　　B．增加 10 个单位

C．不变　　D．不能预期平均值的变化

7．以下有关众数的说法中，不正确的一项是（　　）。

A．用 M_0 表示

B．是一组数据中出现次数最多的标志值

C．不受极端数据的影响

D．在一组数据中只可能有一个众数

8．两个总体的平均数不等，但标准差相等，则（　　）。

A．平均数小，代表性大　　B．平均数大，代表性大

C．无法进行正确判断　　D．两个平均数代表性相同

9．变异系数越大，说明（　　）。

A．总体各单位标志值分布越集中，差异程度越小

B．总体各单位标志值分布越集中，差异程度越大

C．总体各单位标志值分布越分散，差异程度越小

D．总体各单位标志值分布越分散，差异程度越大

二、多项选择题

1．绝对数的意义是（　　）。

A．反映事物的总规模　　B．反映事物总水平的增加或减少

C．必须有计量单位　　D．只能进行全面调查才能得到

E．没有任何统计误差

2．在相对数中，子项和母项可以互换位置的有（　　）。

A．结构相对数　　B．比例相对数

C．比较相对数　　D．动态相对数

E．计划完成相对数

3．反映国民经济产业结构的相对数是（　　）。

A．国民生产总值　　B．第一、第二、第三产业产值之比

C．各产业增长速度　　D．各产业比上年增长量

E．各产业占的比重

4．在（　　）下，加权算术平均数等于简单算术平均数。

A．各组次数相等　　B．各组标志值不等

C．变量数列为组距变量数列　　D．各组次数都为 1

E．各组次数占总次数的比重相等

5．在各种平均数中，不受极端值影响的平均数是（　　）。

A．算术平均数　　　　　　　　　　　　B．调和平均数
C．中位数　　　　D．几何平均数　　　E．众数

6．不同总体间的标准差不能简单地进行对比，是因为（　　　　）。
A．平均数不一致　　　　　　　　　　　B．标准差不一致
C．计量单位不一致　　　　　　　　　　D．总体单位数不一致
E．与平均数的离差之和不一致

7．组距数列中，均值大小不仅受组中值大小的影响，而且受权数的影响，因此（　　　　）。
A．当组中值较大且权数较大时，均值接近组中值大的一方
B．当组中值较小且权数较小时，均值接近组中值小的一方
C．当组中值较大而权数较小时，均值接近组中值大的一方
D．当组中值较小而权数较大时，均值接近组中值小的一方
E．当各组的权数相同时，权数对均值的大小没有影响

8．计算加权算术平均数，在选定权数时，应具备的条件是（　　　　）。
A．权数与标志值相乘能够构成标志总量
B．权数必须是总体单位数
C．权数必须表现为标志值的直接承担者
D．权数必须是单位数比重
E．权数与标志值相乘具有经济意义

综合实训

一、实训目的

1．掌握总量指标、相对指标的计算方法和应用；
2．掌握平均指标、标志变异指标的作用和计算方法；
3．培养学生运用总量指标、相对指标分析社会经济现象的能力；
4．培养学生运用平均指标、标志变异指标分析社会实际问题的能力。

二、实训内容

1．现有甲、乙两物流企业的货运量和年均职工人数，如表4-23所示。

表4-23　甲、乙两物流企业的货运量和年均职工人数

货运量及年均职工人数	甲物流企业		乙物流企业	
	2018年	2019年	2018年	2019年
货运量（万吨）	3000	3300	5000	5250
年均职工人数（人）	600	600	714	719

要求：（1）请根据上述资料计算动态相对指标、强度相对指标和比较相对指标；

（2）分析甲、乙两物流企业的货运量的发展情况、人均货运情况。

2．根据下列甲、乙两地区资料，计算各类相对指标。

甲地区 2019 年有关经济情况如表 4-24 所示。又知该地区 2018 年国民生产总值为 122 亿元，2019 年甲地区年平均人口为 300 万；乙地区 2019 年实现国民生产总值 150 亿元。

表 4-24　甲地区 2019 年有关经济情况

单位：亿元

指标及产业分类	计划数	实际数
第一产业增加值	10.00	12.00
第二产业增加值	65.00	73.00
第三产业增加值	45.00	47.00
国民生产总值	120.00	132.00

3．某公司下属三个子公司有关资料如表 4-25 所示，试根据指标之间的关系计算并填写表中所缺数字。

表 4-25　三个子公司一月份和二月份产值有关情况

子公司	一月份实际产值（万元）	二月份				二月份实际产值为一月份的比例（%）
		计划产值（万元）	计划产值比重（%）	实际产值（万元）	计划完成情况（%）	
甲	125					
乙	200	150			110	
丙	100	250			100	
合计		500			95	

4．根据如表 4-26 所示的销售资料，按要求完成任务。

表 4-26　QJF 超市甲、乙两家连锁店 2019 年的销售资料情况表

甲连锁店		乙连锁店	
销售额（千元/人）	营业员人数（人）	按销售额分组（千元/人）	营业员人数（人）
20～30	3	20～30	—
30～40	12	30～40	2
40～50	9	40～50	8
50～60	6	50～60	6
60～70	—	60～70	4
合计	30	合计	20

要求：（1）计算甲、乙两家连锁店员工的平均销售额，分析两家连锁店员工的人均劳效；（2）计算甲、乙两家连锁店员工销售额的众数和中位数。

5．对成年组和幼儿组各 400 人身高资料进行分组，分组资料如表 4-27 所示。根据给出的资料，按要求完成任务。

表 4-27　成年组和幼儿组身高资料情况

成　年　组		幼　儿　组	
按身高分组（厘米）	人数（人）	按身高分组（厘米）	人数（人）
150～155	30	70～75	20
155～160	60	75～80	50
160～165	150	80～85	100
165～170	90	85～90	110
170～175	40	90～95	60
175～180	20	95～100	40
180 以上	10	100 以上	20
合计	400	合计	400

要求：（1）分别计算成年组和幼儿组身高的平均数、标准差和标准差系数；

（2）判断成年组和幼儿组平均身高的代表性哪个大，为什么？

6．小李是一名物流管理专业的应届毕业生，目前已经收到甲、乙两家公司的录用通知书。小李想通过甲、乙两公司员工的工资来判断去哪家公司，通过网上查找获知这两家公司的一些信息如表 4-28 所示。那么，小李根据获知的信息，该如何选择公司呢？

表 4-28　甲、乙两公司员工工资信息

单位：元

公司名称	员　工									
	经理	副经理	员工 A	员工 B	员工 C	员工 D	员工 E	员工 F	员工 G	员工 H
甲公司	8500	7600	4200	4000	3800	3800	4500	4500	4000	—
乙公司	8000	7000	4500	4500	4500	4200	4000	4800	4000	4200

要求：

（1）结合集中趋势和离中趋势分析的相关知识，计算甲、乙公司员工的平均工资。

（2）计算变异指标，判断甲、乙公司员工收入的差异程度。

（3）根据计算结果，为小李提供决策方案。

7．当每天生产线的每小时产量低于平均每小时产量，并落差大于 2 个标准差时，该生产线被认为是“失去控制”。对于该生产线来说，昨天平均每小时产量是 370 件，其标准差每小时为 5 件，如表 4-29 所示是当天头几个小时的产量，试问该生产线在什么时候失去了控制？

表 4-29 当天头几个小时的产量

时间	08:00	09:00	10:00	11:00	12:00	13:00	14:00	15:00
产量（件）	372	370	368	366	363	361	359	356

项目五　时间数列分析

学习目标

知识目标：

1. 掌握各种时间数列的水平指标的含义及其计算方法；
2. 掌握各种时间数列的速度指标的含义及其计算方法；
3. 掌握趋势分析的含义及各种趋势分析的方法和步骤。

能力目标：

1. 能够运用时间数列水平指标、速度指标描述客观现象的发展状态；
2. 能够运用时间数列指标分析、揭示客观事物发展的长期趋势和季节规律。

重点难点：

1. 时间数列的水平指标和速度指标；
2. 时间数列指标的趋势测定。

知识导图

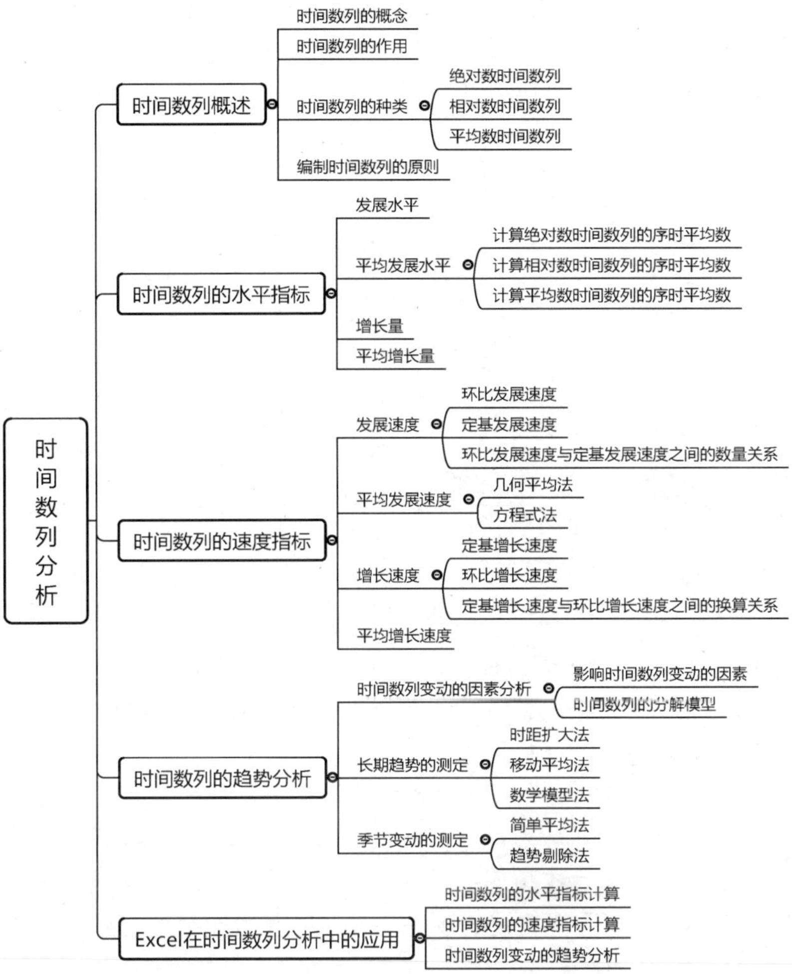

案例引入

中国物流行业发展现状及趋势分析

2018 年我国社会物流总额超 280 万亿元　工业品占比超 90%

2013—2018 年，我国社会物流总额逐渐增长，增速出现波动。2013—2015 年，我国社会物流总额增速放缓，主要是我国物流市场结构不断优化所致。2015 年起，国家加大了对我国物流行业的扶持力度，我国社会物流总额增速加快。据中国物流与采购联合会于 2019 年 3 月发布的《2018 年全国物流运行情况通报》统计的数据，2018 年，我国社会物流总额达 283 万亿元，较 2017 年增长 12.0%。

从我国社会物流总额构成来看，2018 年，我国工业品物流总额占比 90.7%，进口货物物流总额达 14.1 万亿元，占比 5.0%，单位与居民物流总额达 7 万亿元，占比 2.5%，农产品物流总额达 3.9 万亿元，占比 1.4%，再生资源占比 0.5%。

2018 年我国社会物流总费用超 13 万亿元

据中国物流与采购联合会统计的数据，2018 年，我国社会物流总费用达 13.3 万亿元，较 2017 年增长 9.8%。2014—2018 年中国社会物流总费用如图 5-1 所示。

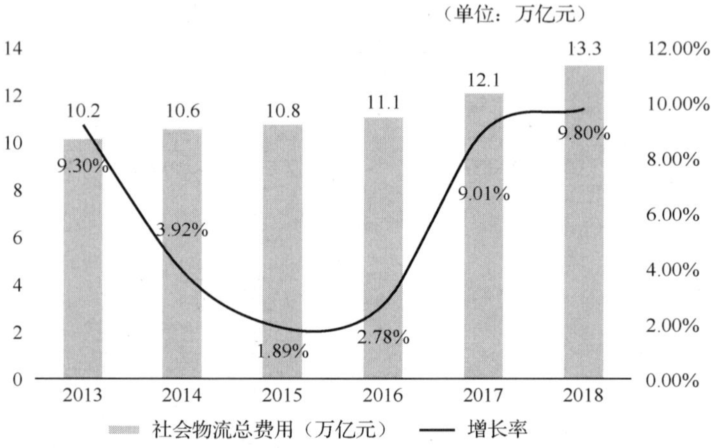

图 5-1　2014—2018 年中国社会物流总费用

从物流费用率来看，2018 年，我国企业物流费用率较高的行业为水泥、煤炭和化学工业，分别为 17.2%、13.1%和 11.3%；我国企业物流费用率相对较低的行业为汽车、石油、有色金属和烟草，均低于 8.1%。

未来发展：2024 年我国社会物流总额有望超过 430 万亿元

前瞻产业研究院的分析师认为，随着我国经济的发展，物流行业的需求将进一步增加，未来社会物流总额将进一步增长，预计到 2024 年，我国社会物流总额将超过 430 万亿元，水泥、煤炭、化学工业依旧位于工业品物流费用率前列。2020—2024 年中国社会物流总额预测如图 5-2 所示。

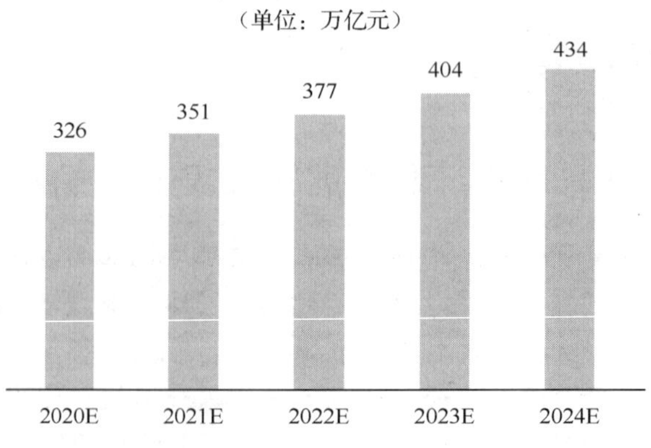

图 5-2　2020—2024 年中国社会物流总额预测

（资料来源：前瞻网

https://www.qianzhan.com/analyst/detail/220/191106-bfe3f7be.html）

【案例分析】

根据上述资料回答下列问题：

1. 2013—2015 年，我国社会物流总额增速放缓的原因何在？

2. 为什么水泥、煤炭和化学工业的物流费用率相对于汽车、石油、有色金属和烟草行业的物流费用率要高一些？

项目实施

任务一　时间数列概述

一、时间数列的概念

时间数列是将某一统计指标在不同时间上的数值按照时间先后顺序排列所形成的数列。根据历史资料，应用统计方法来研究客观现象数量方面的发展和变化过程，认识它的发展和变化规律并预见它的发展和变化趋势，就是时间分析方法，或者称为动态分析。

时间数列由两个基本要素组成：一个是现象的所属时间；一个是反映该现象的同一指标在不同时间条件下的具体数值。2013—2019 年我国国内生产总值如表 5-1 所示。其中，“年份”即为现象的所属时间；“国内生产总值（万亿元）”即为反映该现象不同时间条件下的具体指标值。

表 5-1　2013—2019 年我国国内生产总值

年　份	2013	2014	2015	2016	2017	2018	2019
国内生产总值（万亿元）	592 963	641 281	685 993	740 061	820 754	900 309	990 865

二、时间数列的作用

时间数列对于现象发展动态分析具有十分重要的意义，其主要作用可概括为以下几个方面：

（1）时间数列可以反映现象发展变化过程和历史情况；

（2）利用时间数列计算动态分析指标，可以反映现象发展变化的方向、速度、趋势和规律；

（3）利用时间数列对现象发展变化趋势与规律的分析，可以进行动态预测；

（4）将多个时间数列纳入同一模型中研究，可以揭示现象之间相互联系的程度及动态演变关系。

三、时间数列的种类

时间数列按其排列统计指标的表现形式的不同，分为绝对数时间数列、相对数时间数列和平均数时间数列三种。其中，绝对数时间数列是最基本的时间数列，其余两种是在其基础上派生的。

（一）绝对数时间数列

绝对数时间数列又称总量指标时间数列，它是把同一总量指标在不同时间上的数值按时间先后顺序排列而形成的时间数列。绝对数时间数列反映现象在不同时间上所达到的总量及其增减变化的过程。由于总量指标所反映客观现象的时间状况不同，可分为时期指标和时点指标，因此，绝对数时间数列也就有时期数列和时点数列两种。

1. 时期数列

在时期数列中，每一指标值反映现象在一段时期内发展的结果，其主要特点是：第一，各个时间上的指标值可以相加；第二，指标值的大小与其所属的时间长短有直接关系；第三，指标值采用连续登记的方式获得。

2. 时点数列

时点数列中，每一指标值反映现象在一定时点上的瞬间水平，其主要特点是：第一，不同时点上的指标值不能相加，因为各时点上的指标值只表明现象在该时点上所处的状态，相加后的数值并不能代表现象在这几个时点上的状态，故相加是没有意义的；第二，指标值的大小与其时点间隔的长短没有直接关系；第三，指标值采用间断登记的方式获得。依照时点数列的性质，只要在某一时点进行统计，取得的资料就代表现象在该时点上的数量水平。

（二）相对数时间数列

相对数时间数列是把同一相对指标在不同时间上的数值按时间先后顺序排列而形成的时间数列。相对数时间数列反映的是有关联的现象之间内在联系发展变化的过程。需要说明的是，相对数时间数列的各个指标值不能相加。

（三）平均数时间数列

平均数时间数列是把同一平均指标在不同时间上的数值按时间先后顺序排列而形成的时间数列。平均数时间数列反映的是现象在一段时间内发展变化一般水平的过程。同样，平均数时间数列各指标值相加也无实际意义。

四、编制时间数列的原则

编制时间数列的目的是通过对数列中各个时期的指标值进行比较，来研究客观现象的发展变化状况、过程及其规律。因此，保证数列中各个指标值的可比性，是编制时间数列必须遵循的基本原则。具体要求是：

（1）时间长短一致。对于时间数列而言，要求数列中各项指标所属的时间长短一致。对于时点数列而言，要求数列各指标间的间隔时间长短应尽可能一致。一般情况下，都应遵循一致性原则，但在特殊情况下也可编制时间或间隔不等的时间数列。

（2）总体范围一致。时间数列中各项指标所属的总体范围必须一致。如果总体范围前后发生了变化，那么，数列中的数据就不能前后直接进行比较，必须经过调整统一后才能进行比较。

（3）指标内容一致。时间数列中的每项指标都反映某一特定的现象内容，在一个时间数列中，每项指标的含义和内容必须严格一致，否则，它就无法反映特定现象的发展趋势和规律。

（4）计算方法一致。由于同一种统计指标的计算方法、计算价格和计量单位有多种，为了使数列中各项指标具有可比性，在同一个时间数列中的所有指标应采用同一计算方法、计算价格和计量单位。

【课堂讨论】

为什么时间数列的每一项指标数值要具有可比性？

任务二 时间数列的水平指标

时间数列的水平指标是以绝对数形式表示的动态分析指标，包括发展水平、平均发展水平、增长量和平均增长量等指标。下面分别说明这些指标的定义及其计算方法。

一、发展水平

发展水平是指时间数列中的每一项具体指标数值，反映的是现象在不同时间发展所达到的规模和水平。发展水平是动态分析的基础指标。

不论是时间数列的编制还是各种动态指标的计算，都需要正确计算发展水平，进行发展水平分析。

发展水平指标，既可以表现为总量指标，如工资总额、企业职工总数、利润总额等，也可以表现为相对指标或平均指标，如人口出生率、单位产品原材料消耗量等。

在时间数列 $a_0, a_1, a_2, \cdots, a_{n-1}, a_n$ 中，根据发展水平在时间数列中所处位置的不同，有如下表示方法：

最初水平，即时间数列中第一项指标值，用 a_0 表示；

最末水平，即时间数列中最后一项指标值，用 a_n 表示；

中间水平，即时间数列中除最初水平与最末水平以外的所有各项指标值，用 $a_1, a_2, \cdots, a_{n-1}$ 表示。

基期水平，在将不同时期的水平进行比较分析时，作为基础时期的发展水平就叫基期水平，即包括时间数列中的 $a_0, a_1, \cdots, a_{n-1}$ 各项。

报告期水平，在将不同时期的水平进行比较分析时，作为分析时期的发展水平就叫报告期水平，即包括时间数列中的 $a_1, a_2, \cdots, a_n$ 各项。

在根据发展水平做动态分析的说明时，习惯上用“增加到”“增加为”“降低到”“降低为”“发展到”“发展为”等文字表示。例如，2016 年某市普通高校在校人数为 29.5 万人，2019 年增加到 35.4 万人。

二、平均发展水平

平均发展水平是对时间数列中各个指标值加以平均所得到的平均数，又叫序时平均数，或者叫动态平均数。它反映现象在一段时期内发展过程所达到的一般水平。

【知识链接】

动态平均数与静态平均数既有共同之处，也有区别。共同之处是二者都是将现象各个变量值的差异抽象化，概括出现象在数量上达到的一般水平。二者的区别在于：动态平均数是将某一现象在不同时间上的数量差异平均，从动态上说明现象在一段时期内发展变化达到的一般水平；而静态平均数则是将总体各单位在同一时期内某个标志值的数量差异平均，反映的是总体在某个具体时间条件下达到的一般水平。

平均发展水平除在动态分析中反映某种现象达到的一般水平以外，还可以用来消除现象在短时间内波动的影响，便于观察现象发展的基本趋势。此外，还可以解决时间数列分析中某些可比性问题。

由于资料的特性不同，平均发展水平的计算方法也不同，既可以在绝对数时间数列中计算，也可以在相对数时间数列和平均数时间数列中计算。其中，在绝对数时间数列中计算平均发展水平是最基本的。

【课堂讨论】

动态平均数与静态平均数有何异同点？

（一）计算绝对数时间数列的序时平均数

1. 根据时期数列计算序时平均数

根据时期数列的特点，通常可以采用简单算术平均法，用时期数列各个时期指标值之和除以时期项数，即可求出其序时平均数。其计算公式为

$$\overline{a}=\frac{a_1+a_2+a_3+\cdots+a_n}{n}=\frac{\sum a}{n}$$

式中，$\overline{a}$ 为序时平均数；$a_1,a_2,\cdots,a_n$ 为时期数列各个时期的发展水平；n 为时期项数。

【案例 5-1】 若某企业一月份产值为 120 万元，二月份产值为 125 万元，三月份产值为 135 万元，则按时期数列序时平均数公式计算第一季度平均月产值为

$$\overline{a}=\frac{\sum a}{n}=\frac{120+125+145}{3}=130\text{（万元）}$$

2. 根据时点数列计算序时平均数

由于时点数列具有连续和间断的特点，计算其序时平均数的方法也不一样。

（1）连续时点数列计算序时平均数。如果时点数列的资料是逐日（间隔相等）登记并逐日（间隔相等）排列的，就可以采用简单算术平均数来计算序时平均数。其计算公

式为

$$\bar{a}=\frac{\sum a}{n}$$

如果时点数列资料不是逐日变动的，则只在发生变动时进行登记。也就是说，这种资料相邻两个指标值之间的时间间隔不尽相同，则其序时平均数需要用时间间隔作权数来计算加权算术平均数。其计算公式为

$$\bar{a}=\frac{\sum(a\cdot f)}{\sum f}$$

式中，f 为各指标值之间的时间间隔。

【案例 5-2】 某企业某年一月份的产品库存变动资料如表 5-2 所示，要求计算该企业一月份平均库存量。

表 5-2　某企业一月份产品库存变动资料

时　间	1 日	5 日	12 日	18 日	25 日	31 日
库存量（台）	50	70	60	46	34	40

计算该企业一月份平均库存量为

$$\bar{a}=\frac{\sum a\cdot f}{\sum f}=\frac{50\times4+70\times7+60\times6+46\times7+34\times6+40\times1}{4+7+6+7+6+1}=\frac{1616}{31}=52.13\text{（台）}$$

（2）间断时点数列计算序时平均数。间断时点数列是指间隔一段时间（一个月、一个季度、一年）对现象在某一点上所表现的状况进行一次性登记，并将登记数据按时间先后顺序排列所形成的时点数列。由这种性质的时点数列资料计算序时平均数，要求假定各指标值在相邻两个时点之间的变动是均匀的，先计算两个时点指标值的简单平均数，然后再根据这些平均数进行简单平均。可见，以此假设为前提计算得到的平均数是一个近似值，时点数列的间隔时间越长，其准确性越差。

如果间隔时间相等，则该间断数列的序时平均数的计算公式为

$$\bar{a}=\frac{\frac{1}{2}a_1+a_2+\cdots+a_{n-1}+\frac{1}{2}a_n}{n-1}$$

上述公式表明，间隔时间相等的间隔时点数列的序时平均数是：首尾两项各半，加上其他数列指标数值之和，除以项数减 1，故称“首尾折半法”。

【案例 5-3】 某企业 2019 年 7 月至 10 月月初的职工人数如表 5-3 所示，要求计算该企业平均职工人数。

表 5-3　某企业 2019 年 7 月至 10 月月初的职工人数

时　间	7 月初	8 月初	9 月初	10 月初
职工人数（人）	435	452	462	576

【分析】 该企业平均职工人数为

$$\bar{a}=\frac{\frac{435}{2}+452+462+\frac{576}{2}}{4-1}=473\text{（人）}$$

如果间隔不等，则该间断时点数列的序时平均数计算公式为

$$\bar{a}=\frac{\left(\frac{a_1+a_2}{2}\right)f_1+\left(\frac{a_2+a_3}{2}\right)f_2+\cdots+\left(\frac{a_{n-1}+a_n}{2}\right)f_{n-1}}{f_1+f_2+\cdots+f_{n-1}}$$

【案例 5-4】 某企业 2019 年钢材库存量资料如表 5-4 所示，要求计算该企业钢材月平均库存量。

表 5-4　某企业 2019 年钢材库存量资料

时　间	1 月初	5 月初	8 月初	12 月末
钢材库存量（吨）	13	12	15	14

【分析】 根据间隔不等的间断时点数列的序时平均数计算公式，该企业钢材月平均库存量为

$$\bar{a}=\frac{\left(\frac{13+12}{2}\right)\times 4+\left(\frac{12+15}{2}\right)\times 3+\left(\frac{15+14}{2}\right)\times 5}{4+3+5}=\frac{163}{12}=13.58\text{（吨）}$$

（二）计算相对数时间数列的序时平均数

因为相对数一般不能直接相加，但相对数时间数列是两个绝对数时间数列相应项对比所形成的，故可先分别计算这两个绝对数时间数列的序时平均数，再将这两个序时平均数对比，即得到相对数时间数列的序时平均数，其计算公式为

$$\bar{c}=\frac{\bar{a}}{\bar{b}}$$

式中，$\bar{c}$ 为相对数时间数列（含所有比值性质的数列）的序时平均数；$\bar{a}$ 为用来对比的分子数列的序时平均数；$\bar{b}$ 为用来对比的分母数列的序时平均数。

相对数时间数列的分子数列、分母数列的构成有时期指标/时期指标、时期指标/时点指标、时点指标/时期指标、时点指标/时点指标四大类。

1. 时期指标/时期指标

【案例 5-5】 根据如表 5-5 所示的资料，计算某企业 2019 年第二季度产值计划平均完成程度。

表 5-5　某企业 2019 年第二季度产值计划完成情况资料

日　期	4 月	5 月	6 月	合　计
实际产值（万元）a	500	612	832	1944
计划产值（万元）b	500	600	800	1900
计划完成（%）　c	100	102	104	102.32

从表 5-5 所示的资料可以发现，产值计划完成程度由实际产值与计划产值对比而得，而用作对比的两个指标均为时期指标，因而计算其产值计划平均完成程度为

$$\bar{c}=\frac{\sum a}{\sum b}=\frac{500+612+832}{500+600+800}=\frac{1944}{1900}=1.0232(102.32\%)$$

2. 时期指标/时点指标

【案例 5-6】 根据如表 5-6 所示的资料，计算某企业 2014—2019 年的年平均劳动生产率。

表 5-6　某企业 2014—2019 年产值和年末职工人数

年　份	2014	2015	2016	2017	2018	2019
产值（万元）a	—	12 150	12 400	13 310	13 700	14 140
年末职工人数（人）b	1185	1210	1280	1325	1450	1485

从表 5-6 所示的数据可以发现，劳动生产率是由产值指标与年末职工人数指标对比得到的结果，分子是时期指标，分母是不连续间隔相等的时点指标，因而计算其年平均劳动生产率为

$$\bar{c}=\frac{(a_1+a_2+a_3+a_4+a_5)}{\left(\frac{b_0}{2}+b_1+b_2+b_3+b_4+\frac{b_5}{2}\right)}=\frac{12\,150+12\,400+13\,310+13\,700+14\,140}{\frac{1185}{2}+1210+1280+1325+1450+\frac{1485}{2}}=9.955（万元/人）$$

3. 时点指标/时期指标

【案例 5-7】 根据如表 5-7 所示的数据，计算某煤矿平均生产一万吨煤需要消耗的劳动力数量。

表 5-7　某煤矿的生产情况

日　期	1 月	2 月	3 月	4 月
月初工人数（人）a	1900	2070	1950	2150
煤产量（万吨）b	300	280	270	—

从表 5-7 所示的数据可以发现，平均每生产一万吨煤所消耗的劳动力数量是以时期指标作为分母，以不连续间隔相等的时点指标作为分子对比得到的，因而其计算结果为

$$\bar{c}=\frac{\left(\frac{a_1}{2}+a_2+a_3+\frac{a_4}{2}\right)/3}{(b_1+b_2+b_3)/3}=\frac{\frac{1900}{2}+2070+1950+\frac{2150}{2}}{300+280+270}=7.1118（人/万吨）$$

4. 时点指标/时点指标

【案例 5-8】 根据表 5-8 所示的资料，计算某企业 2014—2019 年末生产工人数占年末全部职工人数的平均比重。

表 5-8　某企业 2014—2019 年末职工人数资料

年　份	2014	2015	2016	2017	2018	2019
年末生产工人数（人）a	9180	9750	10200	10 280	10 890	12 040
年末全部职工人数（人）b	11 850	12 100	12 800	13 250	14 500	14 850

从表 5-8 所示的数据可以发现，生产工人数占全部职工人数的比重是由两个不连续间隔相等的时点数列对比得到的，因而计算生产工人数占全部职工人数的平均比重为

$$\bar{c}=\frac{\bar{a}}{\bar{b}}=\frac{\frac{9180}{2}+9750+10\,200+10\,280+10\,890+\frac{12\,040}{2}}{\frac{11\,850}{2}+12\,100+12\,800+13\,250+14\,500+\frac{14\,850}{2}}=0.7838\,(78.38\%)$$

在实际应用中，应先分析对比的分子和分母是时期数列还是时点数列，以及是哪一种时期数列或时点数列，然后按相应的公式计算。

（三）计算平均数时间数列的序时平均数

平均数时间数列，按指标性质可分为静态平均数时间数列和序时平均数时间数列两种，其计算序时平均数的方法差别较大。

1. 计算静态平均数时间数列的序时平均数

静态平均数时间数列序时平均数的计算与相对数时间数列的序时平均数计算方法类似，在此不做详细说明。

2. 计算序时平均数时间数列的序时平均数

对于序时平均数时间数列，因其时点已由端点移至中点，理论上说不再存在是否连续的问题，故可按简单算术平均法计算，这里不做详细介绍。

练一练

某企业一月份实际完成产值 5000 万元，刚好完成计划；2 月份实际完成产值为 6102 万元，超额完成 2%；3 月份实际完成产值为 8302 万元，超额完成 4%，则第一季度平均超计划完成 2%，即 $\frac{0+2\%+4\%}{3}=2\%$，试问这种计算为何不恰当，应怎样计算才合理？

三、增长量

增长量是指时间数列中两个发展水平之差，反映某种现象在一段时期内数量增减的绝对水平。其计算公式为

$$增长量=报告期水平-基期水平$$

增长量的数值大于 0 为增加的绝对数量，称为增加量或增长量；增长量的数值小于 0 为减少的绝对数量，称为减少量或降低量。

根据对比的基期不同，增长量可以分为逐期增长量和累计增长量。

逐期增长量是指报告期水平与其前一期水平之差，表示现象逐期增长的数量，用符

号表示为$a_i - a_{i-1}(i=1,2,\cdots,n)$；累计增长量是指报告期水平与某一固定时期水平之差，表示现象在一段时期内总的增长量，用符号表示为$a_i - a_0(i=1,2,\cdots,n)$。

逐期增长量与累计增长量之间的数量关系如下：

（1）各个逐期增长量之和等于累计增长量，即

$$(a_1-a_0)+(a_2-a_1)+\cdots+(a_n-a_{n-1})=a_n-a_0$$

（2）相邻两个累计增长量之差等于相应的逐期增长量。

四、平均增长量

平均增长量是时间数列中各个逐期增长量的平均数，反映现象在一段时期内平均每期增长量的一般水平，其计算公式为

$$\text{平均增长量}=\frac{\text{各逐期增长量之和}}{\text{逐期增长量个数}}=\frac{\text{累积增长量}}{\text{时间数列项数}}$$

用符号表示为

$$\frac{(a_1-a_0)+(a_2-a_1)+\cdots+(a_n-a_{n-1})}{n}=\frac{a_n-a_0}{n}$$

任务三　时间数列的速度指标

时间数列的速度指标是以相对数形式表示的动态分析指标，包括发展速度、平均发展速度、增长速度及平均增长速度，下面分别予以说明。

一、发展速度

发展速度是两个时期发展水平对比而得到的结果，表明现象发展的程度，说明报告期水平是基期水平的百分之几（或若干倍）。其计算公式为

$$\text{发展速度}=\frac{\text{报告期水平}}{\text{基期水平}}$$

由于对比基期不同，发展速度有环比发展速度和定基发展速度两种。

（一）环比发展速度

环比发展速度是指报告期水平与其前一期水平对比而得到的结果，反映现象逐期发展的程度，用符号表示为$\frac{a_i}{a_{i-1}}(i=1,2,\cdots,n)$。

（二）定基发展速度

定基发展速度是指报告期水平与某一固定时期水平对比而得到的结果，反映现象在一段较长时期内总的发展程度，又称总发展速度。用符号表示为$\frac{a_i}{a_0}$（$i=1,2,\cdots,n$）。

（三）环比发展速度与定基发展速度之间的数量关系

环比发展速度与定基发展速度之间存在如下数量关系：

（1）各环比发展速度的连乘积等于相应的定基发展速度，即

$$\frac{a_1}{a_0}\times\frac{a_2}{a_1}\times\cdots\times\frac{a_n}{a_{n-1}}=\frac{a_n}{a_0}$$

（2）相邻两个定基发展速度之比，等于相应的环比发展速度，即

$$\frac{a_i}{a_0}\div\frac{a_{i-1}}{a_0}=\frac{a_i}{a_{i-1}}\quad(i=1,2,\cdots,n)$$

二、平均发展速度

平均发展速度是对各环比发展速度计算的一种序时平均数，反映现象在一个较长时期内速度变化的平均程度。平均发展速度指标在经济分析中应用非常广泛，它在对现象的发展做趋势速度预测和编制长远规划中起着重要作用。

平均发展速度的计算方法有多种，这里介绍其中两种：几何平均法（水平法）和方程式法（累计法）。

（一）几何平均法

由于总发展速度不等于各年环比发展速度之和，而是等于各年环比发展速度之连乘积，所以计算平均发展速度时，不能用算术平均法，而应该采用几何平均法来计算。其计算公式为

$$\bar{x}=\sqrt[n]{x_1\cdot x_2\cdots x_n}=\sqrt[n]{\prod x_i}$$

由于环比发展速度的连乘积等于相应的定基发展速度，因此平均发展速度的公式也可写为

$$\bar{x}=\sqrt[n]{\frac{a_n}{a_0}}$$

或

$$\bar{x}=\sqrt[n]{\frac{a_1}{a_0}\times\frac{a_2}{a_1}\times\cdots\times\frac{a_n}{a_{n-1}}}$$

由上面的公式计算平均发展速度时，既可根据各时期的环比发展速度来计算，也可根据最初水平和最末水平来计算，还可根据总的发展速度来计算。

【案例 5-9】 某企业某产品 2014—2019 年产量如表 5-9 所示，试计算其平均发展速度指标。

表 5-9 某企业某产品 2014—2019 年产量

年 份	2014	2015	2016	2017	2018	2019
产品产量（件）	24 920	53 941	59 201	68 401	100 381	166 766
环比发展速度（%）x	—	216.46	109.75	115.54	146.75	166.13

【分析】 根据几何平均法的公式计算的平均发展速度为

$$\bar{x}=\sqrt[5]{216.46\%\times109.75\%\times115.54\%\times146.75\%\times166.13\%}=1.4625\text{（146.25\%）}$$

（二）方程式法

方程式法通过解高次方程求得平均发展速度，其原理是从最初水平 a_0 出发，各期按平均发展速度 $\bar{x}$ 计算发展水平，则计算的各期发展水平累计总和，应与各期实际发展水平的总和相等。先列出方程式，再求解便得出其平均发展速度。

设 $\bar{x}$ 为平均发展速度，则按平均发展速度计算的各期发展水平的假定值如下。

第一期：$a_0\bar{x}$；

第二期：$a_0\bar{x}_1$；

……

第 n 期：$a_0\bar{x}_n$；

各期假定水平之和为

$$a_0\bar{x}+a_0\bar{x}_1+a_0\bar{x}_2+a_0\bar{x}_3+\cdots+a_0\bar{x}_n=a_0(\bar{x}+\bar{x}_1+\bar{x}_2+\bar{x}_3+\cdots+\bar{x}_n)$$

各期实际水平之和为

$$a_1+a_2+a_3+\cdots+a_n=\sum a$$

二者相等，则可列出如下方程式

$$a_0(\bar{x}+\bar{x}_1+\bar{x}_2+\bar{x}_3+\cdots+\bar{x}_n)=\sum a$$

即

$$\bar{x}+\bar{x}_1+\bar{x}_2+\bar{x}_3+\cdots+\bar{x}_n=\frac{\sum a}{a_0}$$

求这个高次方程的正根，就是平均发展速度。但是，要求解这个高次方程是比较复杂的。因此，在实际工作中，通常根据方程式法平均增长速度查对表来计算。

由于

$$\frac{\sum a}{a_0}=\frac{a_1+a_2+\cdots+a_n}{a_0}=\frac{a_1}{a_0}+\frac{a_2}{a_0}+\cdots\frac{a_n}{a_0}$$

如果 $\frac{1}{n}\left(\frac{\sum a}{a_0}\right)>1$ 或 100%，表明现象是递增型的，应在方程式法平均增长查对表的递增速度部分查找；如果 $\frac{1}{n}\left(\frac{\sum a}{a_0}\right)<1$ 或 100%，表明现象是递减型的，应在方程式法平均增长查对表的递减速度部分查找。最后，再计算平均发展速度。

用几何平均法和方程式法计算平均发展速度的方法具有不同的特点及应用条件。用几何平均法计算平均发展速度往往取决于最末水平与最初水平之比。而方程式法则取决于报告期内各年水平之和与基期水平之比。几何平均法侧重于观察期末的发展水平，在检查工农业生产、运输与商业等计划时比较适宜。而方程式法侧重于观察全期总量的计划完成情况及各年发展水平的累计总和，这对检查基建投资、城市公用事业及干部培养等计划比较适合。

三、增长速度

增长速度是表明现象增长程度的动态相对指标，它是增长量与基期水平的比值，表明报告期水平比基期水平增长（或降低）了百分之几或若干倍。其计算公式为

$$\text{增长速度}=\frac{\text{报告期增长量}}{\text{基期水平}}=\frac{\text{报告期水平}-\text{基期水平}}{\text{基期水平}}=\frac{\text{报告期水平}}{\text{基期水平}}-1$$

从上述公式可以看出，增长速度与发展速度有着密切的关系，即

增长速度=发展速度-1

增长速度有正、负值之分。当发展速度大于 1 时，增长速度为正值，表明现象的增长程度；当发展速度小于 1 时，增长速度为负值，表明现象的降低程度。

根据所采用基期的不同，增长速度分为定基增长速度和环比增长速度。

（一）定基增长速度

定基增长速度是累计增长量与某一固定基期发展水平对比的结果，表示现象在较长时期内总的增长程度。其计算公式为

$$\text{定基增长速度}=\frac{\text{累计增长量}}{\text{某一固定基期水平}}=\frac{\text{报告期水平}-\text{某一固定基期水平}}{\text{某一固定基期水平}}$$
$$=\text{定基发展速度}-1$$

（二）环比增长速度

环比增长速度是逐期增长量与前一期发展水平对比的结果，表示现象逐期增长的方向和程度。其计算公式为

$$\text{环比增长速度}=\frac{\text{逐期增长量}}{\text{前一期水平}}=\frac{\text{报告期水平}-\text{前一期水平}}{\text{前一期水平}}=\text{环比发展速度}-1$$

（三）定基增长速度与环比增长速度之间的换算关系

由于定基增长速度不等于环比增长速度的连乘积，即

$$\left(\frac{a_1}{a_0}-1\right)\left(\frac{a_2}{a_1}-1\right)\cdots\left(\frac{a_n}{a_{n-1}}-1\right)\neq\left(\frac{a_n}{a_0}-1\right)$$

因此，定基增长速度与环比增长速度不能直接换算。如果要进行换算，则首先必须将环比增长速度还原成环比发展速度，再将各期环比发展速度连乘，得到定基发展速度，最后用定基发展速度减 1 得到定基增长速度。

【案例 5-10】 已知某工业区历年工业总产值资料，我们可以计算其各项动态分析指标，计算结果如表 5-10 所示。

表 5-10　某工业区历年工业总产值资料及各项动态分析指标

时　期		2014 年	2015 年	2016 年	2017 年	2018 年	2019 年
工业总产值（亿元）		343.3	447.0	519.7	548.7	703.6	783.9
增长量（亿元）	逐期	—	103.7	72.7	29.0	154.9	80.3
	累计	—	103.7	176.4	205.4	360.3	440.6
发展速度（%）	环比	—	130.2	116.3	105.6	128.2	111.4
	定基	—	130.2	151.4	159.8	205.0	228.3
增长速度（%）	环比	—	30.2	16.3	5.6	28.2	11.4
	定基	—	30.2	51.4	59.8	105.0	128.3
增长 1%的绝对值（亿元）		—	3.4	4.5	5.2	5.5	7.0

四、平均增长速度

平均增长速度是环比（逐期）增长速度的平均吗？不是的。

平均增长速度是现象在一个较长时期中逐期递增的平均速度，以倍数或百分数表示，等于平均发展速度减 1。即平均增长速度的计算公式为

$$\overline{G}=\overline{R}-1$$

练一练

已知 2014—2019 年的国民生产总值如表 5-11 所示，请在下列空白处填上正确的数字。

表 5-11　2014—2019 年的国民生产总值

年　份	2014	2015	2016	2017	2018	2019
国民生产总值（万亿元）	64.13	68.60	74.01	82.08	90.03	99.09
环比发展速度（%）	—					
定基发展速度（%）	—					
环比增长速度（%）	—					
定基增长速度（%）	—					
增长 1%的绝对值（万亿元）	—					

任务四　时间数列的趋势分析

一、时间数列变动的因素分析

（一）影响时间数列变动的因素

一般来讲，可将影响时间数列变动的因素分为长期趋势、季节变动、循环变动和不

规则变动四种。

1. 长期趋势

长期趋势是指客观现象在一个相当长的时期内，受某种稳定性因素影响所呈现的上升或下降趋势，也可以表现为只围绕某一常数值而无明显增减变化的水平趋势。

2. 季节变动

季节变动是指客观现象受季节变换的影响，在一年或更短的时间内，随季节的变动而呈现的周期性波动。

3. 循环变动

循环变动是指客观现象以若干年为周期的涨落起伏相间的变动。

4. 不规则变动

不规则变动是指客观现象由于突发事件或偶然因素引起的无周期性的变动，也称随机变动。

本任务只对长期趋势和季节变动进行分类讨论。

（二）时间数列的分解模型

将形成时间数列的因素与时间数列的关系按照一定的假设，用一定的数学关系式表示，就形成了时间数列的分解模型。主要有两种假设，从而形成两种最基本的分解模型：加法模型和乘法模型。

设时间数列为 Y，长期趋势为 T，季节变动为 S，循环波动为 C，不规则变动为 I，则两种模型可表述如下。

1. 加法模型

假设四个因素是相互独立的，则时间数列各期水平的数值可视为四个因素相加的总和，其表达式为

$$Y=T+S+C+I$$

根据上述关系式，为测定某种因素的影响，只需从时间数列数值中减去其余因素即可。

2. 乘法模型

假设四个因素变动之间存在某些相互影响的关系，则时间数列各期水平的数值就是四种因素相乘的乘积，其表达式为

$$Y=T\times S\times C\times I$$

根据上述关系式，为测定某种因素的影响，用其余因素的乘积除以时间数列数值即可。

实际工作中应采用哪一种模型进行分析为宜，要视研究对象的性质、研究目的及所掌握资料的情况来确定。

二、长期趋势的测定

长期趋势测定的方法很多，常用的有时距扩大法、移动平均法、数学模型法等。下面将分别介绍这些方法的运用。

（一）时距扩大法

这是测定长期趋势最原始、最简便的方法。它把原来时间数列中所包括的各个时期的资料加以合并，得出较长时距的资料，用以消除由于时距较短，受偶然因素影响所引起的不均匀状况。经过对原始动态数列扩大时距修匀，可以整理出新的能明显表示现象发展趋势的动态数列。

应用时距扩大法时需要注意以下几个问题：

（1）扩大的时距多大为宜取决于现象自身的特点。对于呈现周期波动的动态数列，扩大的时距应与波动的周期相吻合；对于一般的动态数列，则要逐步扩大时距，以能够显示趋势变动的方向。时距扩大得太大，将会造成信息的损失。

（2）扩大的时距要一致，相应的发展水平才具有可比性。

【案例 5-11】 某旅游景点 2017—2019 年各季度旅游人数如表 5-12 所示。

表 5-12　某旅游景点 2017—2019 年各季度旅游人数

年　份	第一季度（万人）	第二季度（万人）	第三季度（万人）	第四季度（万人）
2017	33	40	60	28
2018	41	51	74	36
2019	58	65	92	57

从表 5-12 所示的 3 年 4 个季度的资料来看，该旅游景点的旅游人数有升有降，既有明显的季节变动，也有逐年增长的趋势。为了显示长期趋势，必须将其他因素剔除。本例的变动周期为四季，把以季为单位的数据合并为以年度为单位的数据，这时旅游人数有升有降的周期变化就不见了，显示出来的是长期趋势如表 5-13 所示。

表 5-13　某旅游景点 3 年旅游人数及季平均旅游人数

年　份	旅游人数（万人）	季平均旅游人数（万人）
2017	161	40
2018	202	51
2019	272	68

（二）移动平均法

移动平均法是对原数列按一定间隔扩大时距，逐期移动，边移动边平均，得到一个新的移动平均数的时间数列，常作为研究现象发展的长期趋势采用的方法。

采用移动平均法所计算出的新数列比原动态数列的项数要少。一般来说，被平均的项数越多，修匀的作用就越大，而所得的移动平均数就越少；反之，被平均的项数越少，修匀的作用就越小，所得的移动平均数就越多。所以，时距的选择要适中，否则不利于揭示现象的发展趋势。一般情况下，数列如果存在自然周期，应根据自然周期确定被平均的项数。

【案例 5-12】 已知某机器厂某年各月生产机器台数的资料，其 3 项移动平均数和 5 项移动平均数的计算结果如表 5-14 所示。

表 5-14 某机器厂某年各月生产机器台数的资料及移动平均数

月 份	机器台数（台）	3 项移动平均数	5 项移动平均数
1	41	—	—
2	42	45.00	—
3	52	45.67	44.6
4	43	46.67	46.6
5	45	46.33	48.8
6	51	49.67	46.4
7	53	48.00	48
8	40	48.00	48.8
9	51	46.67	49.8
10	49	52.00	50
11	56	53.00	—
12	54	—	—

从如表 5-14 所示的资料中，把时距扩大为 3 个月和 5 个月，取 3 项和 5 项指标数值分别移动平均，计算一系列的序时平均数，对原来的数列进行修匀，这样可以看出该机器厂这一年当中各月的产量是不断上升的。

（三）数学模型法

数学模型法是用适当的数学模型来反映动态数列各因素之间的关系，从而计算各期的趋势值的方法。它是在测定长期趋势时广泛使用的一种方法。下面以直线趋势的测定为例来说明这种方法的具体应用。

如果时间数列逐期增长量相对稳定，即当现象发展水平按相对固定的绝对速度变化时，就可采用直线作为趋势线来描述趋势变化，预测前景。

如果以时间因素作为自变量（t），把数列水平作为因变量（y_e），拟合的直线趋势方程为

$$y_e=a+b\cdot t$$

参数 a、b 的求法，常用平均法和最小平方法，这里只介绍最小平方法。

最小平方法也叫最小二乘法，是分析和预测现象长期趋势常用的方法之一。它的基本思想是通过对原始数列的数字处理，拟合一条比较理想的趋势直线或趋势曲线，使原数列各实际值与趋势值的离差平方和为最小，即 $\sum(y-y_e)^2$ 为最小值。能够满足 $\sum(y-y_e)^2$ 为最小值的直线趋势方程 $y_e=a+b\cdot t$，其参数 a、b 的计算公式为

$$a=\frac{\sum y-b\sum t}{n}$$

$$b=\frac{n\sum t\cdot y-\left(\sum t\right)\left(\sum y\right)}{n\sum t^2-\left(\sum t\right)^2}$$

为了简化计算，可令$\sum t=0$。这一假设的理论依据是各变量值与其算术平均数的离差之和为零。

如果时间序号数列是奇数个，则最中间一项就是该时间序号数列的平均数，即中间一项为零，形成新的时间序号数列：…，−3，−2，−1，0，1，2，3，…。

如果时间序号数列是偶数个，则最中间一项没有数字（即该时间序号数列的平均数不是其中任何一个数，而是中间两项的平均数），由此形成新的时间序号数列：…，−2.5，−1.5，−0.5，0.5，1.5，2.5，…。由于该数列中有小数，将整个数列的数值乘以 2（即将时间间距扩大 2 倍），数列的总和值仍然为零，则数列的形式为：…，−5，−3，−1，1，3，5，…。

时间序号通过上述变换后，对应的标准方程转化为

$$\sum y=n\cdot a$$
$$\sum t'y=b\sum t'^2$$

直接将计算 a、b 的两个参数的公式转化为

$$a=\frac{\sum y}{n}$$

$$b=\frac{\sum t'\cdot y}{\sum t'^2}$$

用上述标准方程或公式转化的趋势直线方程，在计算理论值或预测值时注意：

（1）时间原点已经由原数列的第一项之前调整到数列的中间位置，因此，转化的趋势直线方程应使用新的时间序号；

（2）对于时间序号是奇数个的时间数列，转换后的时间序号数列其时间间距仍然为 1；对于时间序号是偶数个的时间数列，转换后的时间序号数列其时间间距扩大 2 倍，在代入趋势直线方程计算时每改变一期，其时间序号的绝对值都要乘以 2。

【案例 5-13】 某企业 2010—2018 年的销售额如表 5-15 如示。

表 5-15 某企业 2010—2018 年的销售额

年 份	时间 t	销售额（万元）y	t^2	$t\cdot y$	预测值 y_e
2010	−4	300	16	−1200	299.16
2011	−3	324	9	−972	323.51
2012	−2	347	4	−694	347.86
2013	−1	372	1	−372	372.21
2014	0	396	0	0	396.56
2015	1	420	1	420	420.91
2016	2	446	4	892	445.26
2017	3	469	9	1407	469.61

续表

年　份	时间 t	销售额（万元）y	t^2	$t \cdot y$	预测值 y_e
2018	4	495	16	1980	493.96
合 计	0	3569	60	1461	3569.04

将表中数据代入公式，可得

$$b = \frac{\sum t \cdot y}{\sum t^2} = \frac{1461}{60} = 24.35$$

$$a = \frac{\sum y}{n} = \frac{3569}{9} = 396.56$$

则所转换的直线趋势方程为 y_e=396.56+24.35t

将各年份时间 t 的值代入方程，可得出预测值数列 y_e（见表 5-15）。若预测 2021 年的销售额，将 t=7 代入方程，得

$$y_e = 396.56 + 24.35 \times 7 = 567.01（万元）$$

三、季节变动的测定

季节变动是指现象随着季节的变动而引起的比较有规则的变动。认识和掌握这种变动规律，对于组织生产、安排人民生活等都具有重要意义。研究季节变动，对于正确认识现象整体发展变化的规律性也具有重要意义。季节变动的原因，主要是受自然季节、气候的影响，同时也与人们的生活习惯、作息制度有关。

季节变动对某些部门的生产经营活动和人们的经济生活有一定的影响，所以要对它进行测定，看看它的规律性和变化情况。测定季节变动对实际工作有重要意义。首先，掌握了季节变动的规律性，有利于指导工作。我们研究社会经济现象的季节变动的主要目的，就是考察在一定历史条件下已经形成的季节变动的规律性，掌握其变动的幅度，这不仅有助于有关部门和企业制订计划，合理组织货源，准备原料进行生产，有效地使用资金，取得较好的经济效益，而且可以提高为人民经济生活服务的质量。其次，可根据季节变动规律性进行经济预测。季节变动的规律性强，可据此进行短期预测，得到比较准确的结果。最后，利用季节变动规律配合长期趋势进行长期预测，可以大大提高预测的准确性。

测定季节的变动一般可采取简单平均法和趋势剔除法。

（一）简单平均法

简单平均法又称按月（季）平均法。计算时，首先根据历年（3 年以上）同月（季）的资料求出该月（季）的平均数，然后将各月（季）的平均数与总平均数相比，得到季节比率（指数）。其计算步骤与方法如下：

（1）分别将每年各月（季）的数字加总，求每年的月（季）平均数；

（2）各年同月（季）数字加总，求各年内同月（季）的平均数；

（3）各年内每个月（季）的数字总计，求总的月（季）平均数；

（4）将各年内同月（季）的平均数与总的月（季）平均数相比，即得季节比率，也叫季节指数。

季节比率=各月（季）的平均数÷总的月平均数

按月（季）平均法计算季节比率要求至少 3 年以上的资料。具体来说，按月平均不能少于 36 个月的资料；按季平均不能少于 12 个季度的资料。

【案例 5-14】 某地区历年各月毛线销售量如表 5-16 所示，试计算其季节比率；若知第四年 4 月份销售量为 50 百千克，请预测第四年 10、11 月份销售量。

表 5-16　某地区历年各月毛线销售量

单位：百千克

年份	月份												
	1	2	3	4	5	6	7	8	9	10	11	12	合计
第一年	150	90	40	26	10	8	12	20	35	85	340	360	1176
第二年	230	150	60	40	20	10	32	40	70	150	420	480	1702
第三年	280	120	80	30	12	9	37	48	84	140	470	510	1820
合计	660	360	180	96	42	27	81	108	189	375	1230	1350	4698
月平均数	220	120	60	32	14	9	27	36	63	125	410	450	1566
比率（%）	168.58	91.95	45.98	24.52	10.73	6.90	20.69	27.59	48.28	95.79	314.18	344.83	—

【分析】 总的月平均数与 1 月份季节比率为

$$总的月平均数=\frac{4698}{36}=130.5$$

$$1月份季节比率=\frac{220}{130.5}=168.58\%$$

预测方法：若知第四年 4 月份销售量为 50 百千克，则当年 10、11 月份销售量预测为

$$10月份销售量=\frac{50}{24.52}\times 95.79=195.33（百千克）$$

$$11月份销售量=\frac{50}{24.52}\times 314.18=640.66（百千克）$$

（二）趋势剔除法

趋势剔除法的特点是将移动平均数作为长期趋势加以剔除，再测定季节变动，所以又称移动平均趋势剔除法，其具体计算步骤如下。

（1）据各年的月（季）资料 Y 计算 12 项（4 项）移动平均 T；

（2）计算修匀比率：Y/T；

（3）将 Y/T 按月（季）排列，求同月（季）的平均值，与总的月平均数比即得季节比率，这里不介绍具体的计算方法。

任务五　Excel 在时间数列分析中的应用

对时间数列的分析，既包括对时间数列的水平指标和速度指标的计算，也包括对现象变动的趋势分析。利用 Excel 的公式和函数功能，可以快捷地完成分析任务。

一、时间数列的水平指标计算

时间数列的水平指标主要包括平均发展水平、增长量、平均增长量等。下面通过实例来介绍利用 Excel 完成其计算操作的方法。

【案例 5-15】 2014—2019 年某企业工业总产值如表 5-17 所示。

表 5-17　2014—2019 年某企业工业总产值

年　份	2014	2015	2016	2017	2018	2019
工业总产值（万元）	343.3	447.0	519.7	548.7	703.6	783.9

试计算该企业 2014—2019 年的年平均工业总产值、逐期增长量、累计增长量和平均增长量。

具体操作步骤如下：

（1）计算该企业年平均工业总产值。在如图 5-3 所示的表格中，单击“B6”单元格，输入“=SUM（B2:G2）/6”，按回车键后可得年平均总产值为 557.2 万元。

（2）计算该企业工业总产值的逐期增长量。单击“C3”单元格，输入公式“=C2-B2”，按回车键后可得结果。然后使用填充柄功能按住鼠标左键向右拖至“G3”单元格，即可得到逐期增长量的值。

（3）计算该企业工业总产值的累计增长量。单击“C4”单元格，输入公式“=C2-B2”，按回车键后可得结果。然后使用填充柄功能按住鼠标左键向右拖至“G4”单元格，即可得到累计增长量的值。

（4）计算该企业工业总产值的平均增长量。单击“B7”单元格，输入公式“=G4/（6-1）”，按回车键后即可得到平均增长量为 88.12 万元。

	A	B	C	D	E	F	G
1	年份	2014年	2015年	2016年	2017年	2018年	2019年
2	工业总产值（万元）	343.3	447.0	519.7	548.7	703.6	783.9
3	逐期增长量（万元）	-	103.7	72.7	29.0	154.9	80.3
4	累计增长量（万元）	-	103.7	176.4	205.4	360.3	440.6
5							
6	年平均工业总产值（万元）	557.2					
7	平均增长量（万元）	88.12					

图 5-3　时间数列的水平指标的计算结果

二、时间数列的速度指标计算

【案例 5-16】 2014—2019 年某公司某产品的销售量如表 5-18 所示。

表 5-18　2014—2019 年某公司某产品的销售量

年　　份	2014	2015	2016	2017	2018	2019
销售量（千台）	38.50	56.20	73.90	84.50	98.60	136.50

试计算该公司 2014—2019 年销售量的环比发展速度、定基发展速度、平均发展速度和平均增长速度。

具体操作步骤如下。

第一步，计算该公司销售量的环比发展速度。在如图 5-4 所示的表格中，单击“C3”单元格，输入公式“=C2/B2*100”，按回车键后可得结果。然后使用填充柄功能按住鼠标左键向右拖至“G3”单元格，可得到环比发展速度的值。

第二步，计算该公司销售量的定基发展速度。单击“C4”单元格，输入公式“=C2/B2*100”，按回车键后可得结果；单击“D4”单元格，输入公式“=C3/B2*100”，按回车键后可得结果，依次类推，可以计算出单元格的值，可得到定基发展速度的值。

第三步，计算该公司销售量的环比增长速度。单击“C5”单元格，输入公式“=C3-100”，按回车键后可得结果。然后使用填充柄功能按住鼠标左键向右拖至“G5”单元格，可得到环比增长速度的值。

第四步，计算该公司销售量的定基增长速度。单击“C6”单元格，输入公式“=C4-100”，按回车键后可得结果。然后使用填充柄功能按住鼠标左键向右拖至“G6”单元格，可得到定基增长速度的值。

第五步，计算该公司销售量增长 1%的绝对值。单击“C7”单元格，输入公式“=B2/100”按回车键后可得其结果。然后使用填充柄功能按住鼠标左键拖至“G7”单元格，可得到增长 1%的绝对值的值。

第六步，计算该公司 2014—2019 年销售量的平均发展速度。单出“B9”单元格，输入公式“=POWER(G4，1/5)”，回车后可得到销售量平均发展速度为 323.54%。

第七步，计算该公司 2014—2019 年销售量的平均增长速度。单出“B10”单元格，输入公式“=B9-1”，按回车键后可得到销售量平均增长速度为 223.54%。

该公司时间数列的速度指标计算结果如图 5-4 所示。

	A	B	C	D	E	F	G
1	年份	2014年	2015年	2016年	2017年	2018年	2019年
2	销售量（千台）	38.50	56.20	73.90	84.50	98.60	136.50
3	环比发展速度（%）	-	145.97	131.49	114.34	116.69	138.44
4	定基发展速度（%）	-	145.97	191.95	219.48	256.10	354.55
5	环比增长速度（%）	-	45.97	31.49	14.34	16.69	38.44
6	定基增长速度（%）	-	45.97	91.95	119.48	156.10	254.55
7	增长1%的绝对值（千台）	-	0.385	0.562	0.739	0.845	0.986
8							
9	平均发展速度	323.54%					
10	平均增长速度	223.54%					

图 5-4　该公司时间数列的速度指标计算结果

三、时间数列变动的趋势分析

我们知道，时间数列中各项指标数值的变动受多种因素影响，概括起来主要有长期趋势、季节变动、循环变动和不规则变动四种，这里主要介绍长期趋势与季节变动的测定。测定长期趋势与季节变动的方法有移动平均法和最小平方法。

1. 移动平均法

移动平均法是将时间数列按照一定的项数边移动边平均，计算一系列的序时平均数，从而形成一个由序时平均数组成的新的时间数列，以显示其长期趋势的方法。

【案例 5-17】 某公司 2019 年各月的商品销售额如表 5-19 所示。

表 5-19　某公司 2019 年各月的商品销售额

月　份	实际销售额（万元）
1 月	28
2 月	30
3 月	35
4 月	37
5 月	42
6 月	44
7 月	49
8 月	48
9 月	50
10 月	52
11 月	63
12 月	77

试根据上表资料进行 3 项移动平均和 5 项移动平均计算各月的序时平均值，并说明该公司 2019 年销售量的变动趋势。

具体操作步骤如下：

（1）在 Excel 表格中，录入月份和实际销售额数据，如图 5-5 所示。单击“C3”单元格，输入公式“=（B2+B3+B4）/3”，按回车键后可得其计算结果。然后使用填充柄功能按住鼠标左键向下拖至“C11”单元格，可得到各月 3 项移动平均值的计算结果。

（2）单击“D4”单元格，输入公式“=AVERAGE（B2:B6）”，回车后可得其计算结果。然后使用填充柄功能按住鼠标左键向下拖至“C16”单元格，可得到各月 5 项移动平均值的计算结果。

时间数列的移动平均值的计算结果如图 5-5 所示。

（3）由 3 项移动平均或 5 项移动平均所得的数据可知，该公司 2019 年各月的商品销售额呈逐月上升的趋势。

2. 最小平方法

Excel 软件提供了 SLOPE、INTERCEPT 等函数，以及专门的数据分析工具——回归分析，通过这些函数或工具可以利用最小平均法进行时间数列的回归分析。在利用最小平方法测定时间数列的直线趋势时，首先要为时间数列拟合一条趋势直线，以时间为自变量，分析动态指标随时间变动而变动的规律。

	A	B	C	D
1	月份	实际销售额(万元)	3项移动平均值	5项移动平均值
2	1月	28	-	-
3	2月	30	31	-
4	3月	35	34	34.4
5	4月	37	38	37.6
6	5月	42	41	41.4
7	6月	44	45	44.0
8	7月	49	47	46.6
9	8月	48	49	48.6
10	9月	50	50	52.4
11	10月	52	55	58.0
12	11月	63	64	-
13	12月	77	-	-

图 5-5　时间数列的移动平均值的计算结果

【案例 5-18】 某物流企业 2013—2019 年的利润总额如表 5-20 所示，要求写出直线趋势方程并预测 2020 年该企业的利润总额。

表 5-20　某物流企业 2013—2019 年的利润总额

年　份	2013	2014	2015	2016	2017	2018	2019
利润总额（万元）	452	575	694	829	957	1083	1204

具体操作步骤如下：

第一步，将自变量（年份序号）和因变量（利润总额）的数据分别输入 B 列和 C 列的第二至第八行。

第二步，在 Excel“数据”选项卡中单击“数据分析”按钮，在打开的“数据分析”对话框的“分析工具”列表中选择“回归”选项，单击“确定”按钮，打开“回归”对话框。

第三步，在对话框中的“Y 值输入区域”的文本框中选择“C2 : C8”，在“X 值输入区域”的文本框中选择输入“B2 : B8”，在“输出选项”选择区的“输出区域”文本框中选择“A22”，如图 5-6 所示。单击“确定”按钮，得到回归分析的结果。

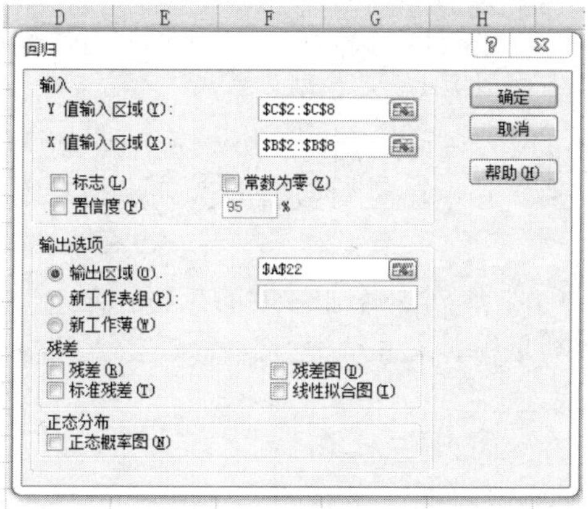

图 5-6　“回归”对话框

回归直线趋势方程的参数值如图 5-7 所示。其中，第一部分是回归统计的参数值，第二部分是方差分析的参数值，第三部分是回归系数表。通过分析工具计算可知，a=322.714，b=126.250，因此直线趋势方程为

$$y_c=322.714+126.250x$$

第四步，计算 2020 年的预测值为

$$Y_{2020}=322.714+126.25\times 8=1332.714\text{（万元）}$$

SUMMARY OUTPUT									
回归统计									
Multiple R	0.999899545								
R Square	0.9997991								
Adjusted R Sc	0.99975892								
标准误差	4.235057767								
观测值	7								
方差分析									
	df	SS	MS	F	gnificance F				
回归分析	1	446293.75	446293.75	24882.965	1.943E-10				
残差	5	89.678571	17.935714						
总计	6	446383.43							
	Coefficients	标准误差	t Stat	P-value	Lower 95%	Upper 95%	下限 95.0%	上限 95.0%	
Intercept	**322.714**	3.5792771	90.161862	3.181E-09	313.51346	331.91511	313.51346	331.91511	
X Variable 1	**126.250**	0.8003507	157.74335	1.943E-10	124.19263	128.30737	124.19263	128.30737	

图 5-7　回归直线趋势方程的参数值

项目小结

1. 时间数列是将某一统计指标在不同时间上的数值按照时间先后顺序排列所形成的数列。时间数列由两个基本要素组成：一个是现象的所属时间；一个是反映该现象的同一指标在不同时间条件下的具体数值。

2. 时间数列对于现象发展动态分析具有十分重要的意义，其主要作用可概括为以下几个方面：时间数列可以反映现象发展变化过程和历史情况；利用时间数列计算动态分析指标，可以反映现象发展变化的方向、速度、趋势和规律；利用时间数列对现象发展变化趋势与规律的分析，可以进行动态预测；将多个时间数列纳入同一模型中研究，可以揭示现象之间相互联系的程度及动态演变关系。

3. 时间数列按其排列的统计指标的表现形式不同分为绝对数时间数列、相对数时间数列和平均数时间数列三种。其中，绝对数时间数列是最基本的时间数列，其余两种是在其基础上派生的。

4. 编制时间数列是通过对数列中各个时期的指标值进行比较，以达到研究客观现象的发展变化状况、过程及其规律的目的。因此，保证数列中各个指标值的可比性，是编制时间数列必须遵循的基本原则。具体要求是：时间长度应当一致；总体范围必须一致；指标内容必须一致；计算方法应当一致。

5. 时间数列分析的水平指标是以绝对数形式表示的动态分析指标，包括发展水平、平均发展水平、增长量和平均增长量等指标。

6．发展水平是指时间数列中的每一项具体指标数值，反映的是现象在不同时间发展所达到的规模和水平。发展水平是动态分析的基础指标。

7．平均发展水平是对时间数列中各个指标值加以平均所得到的平均数，又叫序时平均数，或者叫动态平均数。它反映现象在一段时期内发展过程所达到的一般水平。

（1）根据时期数列计算序时平均数。采用简单算术平均法，用时期数列各个时期指标值之和除以时期项数。

（2）根据时点数列计算序时平均数。

计算连续时点数列的序时平均数：如果时点数列的资料是逐日（或间隔相等）登记并逐日排列的，用简单算术平均数计算序时平均数；如果时点数列资料不是逐日（或间隔不相等）变动，只在发生变动时进行登记，其序时平均数用时间间隔作权数计算加权算术平均数。

计算间断时点数列的序时平均数，要求假定各指标值在相邻两个时点之间的变动是均匀的，先计算两个时点指标值的简单平均数，然后再根据这些平均数进行简单平均。

计算相对数时间数列的序时平均数。因为相对数一般不能直接相加，但相对数时间数列是两个绝对数时间数列相应项对比所形成的，故可先分别计算这两个绝对数时间数列的序时平均数，再将这两个序时平均数对比，即得到相对数时间数列的序时平均数。

计算平均数时间数列中的序时平均数。由静态平均数时间数列计算序时平均数与相对数列类似；由序时平均数时间数列计算序时平均数可按简单算术平均法计算。

8．增长量。增长量是指时间数列中两个发展水平之差，反映某种现象在一段时期内数量增减的绝对水平。根据对比的基期不同，增长量可以分为逐期增长量和累计增长量。

9．平均增长量是时间数列中各个逐期增长量的平均数，反映现象在一段时期内平均每期增长量的一般水平。

10．时间数列的速度指标是以相对数形式表示的动态分析指标，包括发展速度、平均发展速度、增长速度及平均增长速度等指标。

（1）发展速度是两个时期发展水平对比而得到的结果，表明现象发展的程度，说明报告期水平是基期水平的百分之几（或若干倍）。由于对比基础不同，发展速度有环比发展速度和定基发展速度两种。各环比发展速度的连乘积等于相应的定基发展速度，相邻两个定基发展速度之比，等于相应的环比发展速度。

（2）增长速度是表明现象增长程度的动态相对指标。它是增长量与基期水平的比值，表明报告期水平比基期水平增长（或降低）了百分之几（或若干倍）。根据所采用基期的不同，增长速度分为定基增长速度和环比增长速度。

（3）平均发展速度是对各环比发展速度计算的一种序时平均数，反映现象在一个较长时期内速度变化的平均程度。平均发展速度的计算有多种，包括几何平均法和方程式法。

11．影响时间数列变动的因素有长期趋势、季节变动、循环变动和不规则变动四种。

12．长期趋势测定的方法很多，常用的有时距扩大法、移动平均法、数学模型法等。

13．季节变动是指现象随着季节的变动而引起的比较有规则的变动。

（1）简单平均法又称按月（季）平均法。计算时，首先根据历年（3 年以上）同月（季）资料求出该月（季）的平均数，然后将各月（季）的平均数与总平均数相比，得到季节比率（指数）。

（2）趋势剔除法。这种方法的特点是将移动平均数作为长期趋势加以剔除，再测定季节变动，所以又称移动平均趋势剔除法。

技能检测

一、判断题

1．总体的同质性是计算平均数和平均速度都应遵守的原则之一。（　　）

2．在时间数列中，基期和报告期、基期水平和报告期水平是相对的。（　　）

3．把某大学历年招生的人数按时间先后顺序排列，形成的动态数列属于时期数列。（　　）

4．某公司产品产量与去年同期相比增加了 4 倍，即翻了两番。（　　）

5．在时间数列中，累计增长量等于逐期增长量之和，定基增长速度等于环比增长速度之积。（　　）

6．若各期的增长量相等，则各期的增长速度也相等。（　　）

7．某公司产品产量在一段时期内的平均增长速度是正数（正增长），因此，其环比增长速度也都是正数。（　　）

8．发展水平是时间数列中的每一项指标数值，既可以是绝对数，也可以是相对数和平均数。（　　）

9．平均发展速度等于时间数列各环比发展速度的几何平均数，平均增长速度等于时间数列各环比增长速度的几何平均数。（　　）

10．时点数列中的发展水平反映的是现象在一定时期内达到的水平。（　　）

11．时间数列中各个指标数值是不能相加的。（　　）

二、单项选择题

1．下列时间数列中属于时点数列的是（　　）。

A．历年在校学生数　　B．历年毕业生人数

C．某厂各年工业总产值　　D．某厂各年劳动生产率

2．时间数列中各项指标数值可以相加的是（　　）。

A．相对数动态数列　　B．平均数动态数列

C．时期数列　　D．时点数列

3．时间数列中，指标数值的大小与其时间长短没有直接关系的是（　　）。

A．时期数列　　B．时点数列

C．相对数时间数列　　D．平均数时间数列

4．编制时间数列的最基本原则是保证数列中各项指标必须具有（　　）。

A．可加性　　B．可比性

C．连续性　　D．一致性

5．基期为某一固定时期水平的增长量是（　　）。

A．累计增长量　　B．逐期增长量

C．平均增长量　　D．年距增长量

6．平均增长量等于（　　）。

A．累计增长量

B．逐期增长量

C．逐期增长量之和除以逐期增长量的项数

D．以上均不对

7．时间数列中的发展水平是指（　　）。

A．总量指标　　B．相对指标

C．平均指标　　D．以上指标均可

8．序时平均数和一般平均数的共同点在于两者（　　）。

A．都是根据动态数列计算的

B．都是根据变量数列计算的

C．都是反映现象的一般水平的指标

D．均可以消除现象波动的影响

9．根据时期数列计算序时平均数，应采用（　　）。

A．简单算术平均法　　B．加权算术平均法

C．简单序时平均法　　D．加权序时平均法

10．序时平均数计算中，“首末折半法”运用了（　　）。

A．时期数列的资料

B．间隔相等的时点数列资料

C．间隔不等的时点数列资料

D．由两个时点数列构成的相对数动态的数列资料

11．根据采用的对比基期不同，发展速度有（　　）。

A．环比发展速度与定基发展速度

B．环比发展速度与环比增长速度

C．定基发展速度与定基增长速度

D．环比增长速度与定基增长速度

12．既然总速度是环比发展速度的连乘积，那么平均发展速度就应按（　　）。

A．简单算术平均数计算　　B．加权算术平均数计算

C．几何平均数计算　　D．调和平均数计算

三、多项选择题

1．构成时间数列的两个基本要素是（　　）。

A．变量　　B．次数　　C．现象所属的时间

D．现象所属的范围　　E．反映现象的统计指标数值

2．时期数列的特点是（　　　　）。

A．数列中各个指标数值可以相加

B．数列中各个指标数值大小与其时期长短无直接关系

C．数列中各个指标数值不能相加

D．数列中各个指标数值大小与其时期长短有直接关系

E．数列中各个指标数值通常通过连续不断登记而取得

3．下列时间数列中，各项指标数值不能相加的有（　　　　）。

A．绝对数动态数列　　B．相对数动态数列

C．平均数动态数列　　D．时期数列　　E．时点数列

4．下列数列中属于时期数列的有（　　　　）。

A．历年年末人口总数　　B．历年出生人数

C．历年工业产值增加量　　D．各月商品库存量　　E．各月末银行存款余额

5．时间数列中的水平分析指标有（　　　　）。

A．发展水平　　B．平均发展水平　　C．增长量

D．平均增长量　　E．平均发展速度

6．时间数列中的速度分析指标有（　　　　）。

A．平均发展水平　　B．增长速度　　C．平均发展速度

D．平均增长速度　　E．发展速度

7．定基增长速度等于（　　　　）。

A．累计增长量除以基期发展水平　　B．定基发展速度减去 1

C．总速度减去 1　　D．环比增长速度的连乘积

E．逐期增长量除以前期发展水平

8．计算平均发展速度的方法有（　　　　）。

A．几何平均法　　B．水平法　　C．方程式法

D．累计法　　E．序时平均法

9．常用的长期趋势测定的方法有（　　　　）。

A．时距扩大法　　B．移动平均法　　C．分段平均法

D．最小平方法　　E．季节比率法

综合实训

一、实训目的

1．掌握时间数列分析的相关知识；

2．培养学生应用时间数列水平指标、速度指标分析社会经济现象的能力；

3．培养学生测定社会现象发展趋势和季节变动规律的能力。

二、实训内容

1．已知某工业企业的生产资料如表 5-21 所示。

表 5-21　某工业企业的生产资料

指　标	1 月	2 月	3 月	4 月
工业总产值（万元）	180	160	200	190
月初工人数（人）	600	580	620	600

要求：

（1）计算第一季度月平均工业总产值；

（2）计算第一季度月平均工人数；

（3）计算第一季度月平均劳动生产率；

（4）计算第一季度平均劳动生产率。

2．已知某企业计划执行情况如表 5-22 所示。

表 5-22　某企业计划执行情况

指　标	第一季度	第二季度	第三季度	第四季度
计划完成程度（%）	120	105	95	100
计划产值（万元）	108	120	125	145

要求：计算全年平均计划完成程度。

3．已知某商业企业有关资料如表 5-23 所示，又知三月末的商品库存额为 80 万元。

表 5-23　某商业企业有关资料

指　标	1 月	2 月	3 月
商品销售额（万元）	200	240	196
流通费用额（万元）	20	21	19
月初库存额（万元）	120	100	90

要求：计算第一季度的月平均商品流通费用率和月平均商品流转次数。

4．已知某地区 2014—2019 年国内生产总值如表 5-24 所示。

表 5-24　某地区 2014—2019 年国内生产总值

指　标	2014 年	2015 年	2016 年	2017 年	2018 年	2019 年
国内生产总值（亿元）	100	120	140	147	160	184

要求：

（1）计算各年逐期增长量、累计增长量和全期平均增长量；

（2）计算各年环比发展速度、定基发展速度、环比增长速度、定基增长速度；

（3）计算该地区 2015—2019 年之间的平均发展速度。

5．某企业在某地区的自行车的销售量如表 5-25 所示。

表 5-25　某企业在某地区的自行车的销售量

指　　标	2014 年	2015 年	2016 年	2017 年	2018 年	2019 年
销售量（万辆）	5.1	5.9	6.7	7.6	8.4	9.3

要求：试用最小平方法求出直线趋势方程，并预测 2020 年该地区自行车的销售量。

6．已知某商业企业 2015—2019 年收购的鲜蛋数据如表 5-26 所示。

表 5-26　某商业企业 2015—2019 年收购的鲜蛋数据

年　　份	第一季度（吨）	第二季度（吨）	第三季度（吨）	第四季度（吨）
2015	15.5	39.0	13.6	6.0
2016	16.8	38.7	14.1	6.7
2017	18.5	42.9	14.4	9.5
2018	16.3	28.5	11.7	7.2
2019	16.1	27.1	9.7	8.3

要求：试根据上述资料按简单平均法计算各季的季节比率。

项目六　统计指数分析

学习目标

知识目标：

1. 了解统计指数的含义及其分类；
2. 掌握综合指数的编制方法；
3. 掌握趋势平均指数的计算方法；
4. 掌握指数体系及因素分析。

能力目标：

1. 能够编制经济生活中常用的简单指数；
2. 能够利用统计指数分析有关经济问题；
3. 具有应用 Excel 工具编制综合指数的能力。

重点难点：

1. 综合指数的编制；
2. 指数体系及因素分析。

知识导图

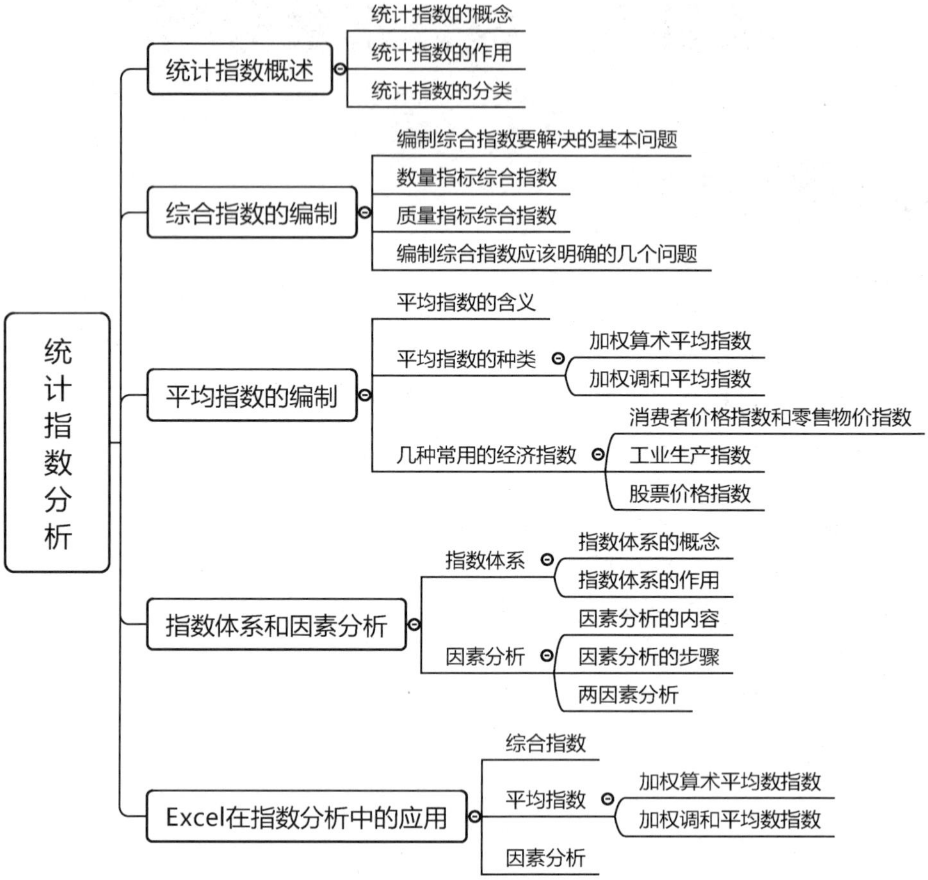

案例引入

2019 年全国居民消费价格比上年上涨 2.9%

2019 年 12 月份，全国居民消费价格同比上涨 4.5%。其中，城市上涨 4.2%，农村上涨 5.3%；食品价格上涨 17.4%，非食品价格上涨 1.3%；消费品价格上涨 6.4%，服务价格上涨 1.2%。

12 月份，全国居民消费价格环比持平。其中，城市持平，农村下降 0.1%；食品价格下降 0.4%，非食品价格上涨 0.1%；消费品和服务价格均持平。

2019 年全年，全国居民消费价格比上年上涨 2.9%。

一、各类商品及服务价格同比变动情况

2019 年 12 月份，食品烟酒类价格同比上涨 12.9%，影响 CPI（居民消费价格指数）上涨约 3.82 个百分点。食品中，畜肉类价格上涨 66.4%，影响 CPI 上涨约 2.94 个百分点，其中，猪肉价格上涨 97.0%，影响 CPI 上涨约 2.34 个百分点；鲜菜价格上涨 10.8%，影响 CPI 上涨约 0.26 个百分点；蛋类价格上涨 6.2%，影响 CPI 上涨约 0.04 个百分点；水产品价格上涨 1.3%，影响 CPI 上涨约 0.02 个百分点；粮食价格上涨 0.6%，影响 CPI 上涨约 0.01 个百分点；鲜果价格下降 8.0%，影响 CPI 下降约 0.15 个百分点。

其他七大类价格同比六涨一降。其中，其他用品和服务、医疗保健、教育文化和娱乐价格分别上涨 4.4%、2.1%和 1.8%，衣着、居住、生活用品及服务价格分别上涨 0.8%、0.5%和 0.4%；交通和通信价格下降 0.7%。

2019 年 12 月份居民消费价格分类别同比涨跌幅如图 6-1 所示。

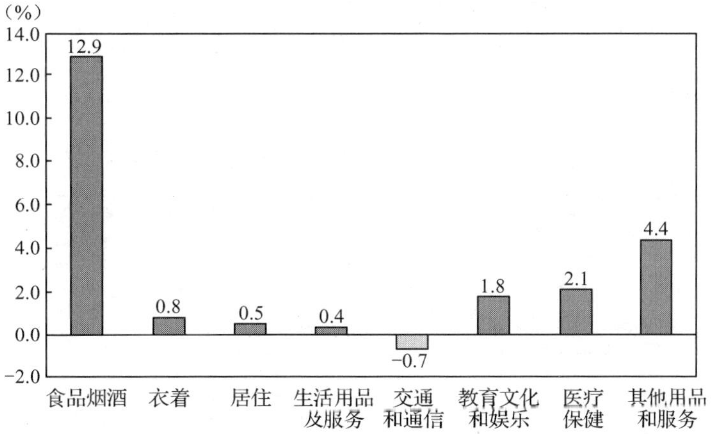

图 6-1 2019 年 12 月份居民消费价格分类别同比涨跌幅

二、各类商品及服务价格环比变动情况

12 月份，食品烟酒类价格环比下降 0.2%，影响 CPI 下降约 0.05 个百分点。食品中，蛋类价格下降 4.7%，影响 CPI 下降约 0.03 个百分点；畜肉类价格下降 3.8%，影响 CPI 下降约 0.28 个百分点，其中，猪肉价格下降 5.6%，影响 CPI 下降约 0.27 个百分点；鲜菜价格上涨 10.6%，影响 CPI 上涨约 0.25 个百分点；鲜果价格上涨 0.6%，影响 CPI 上涨约 0.01 个百分点。

其他七大类价格环比四涨一平两降。其中，交通和通信、医疗保健价格均上涨 0.2%，居住、生活用品及服务价格均上涨 0.1%；教育文化和娱乐价格持平；衣着、其他用品和服务价格均下降 0.1%。

2019 年 12 月份居民消费价格分类别环比涨跌幅如图 6-2 所示。

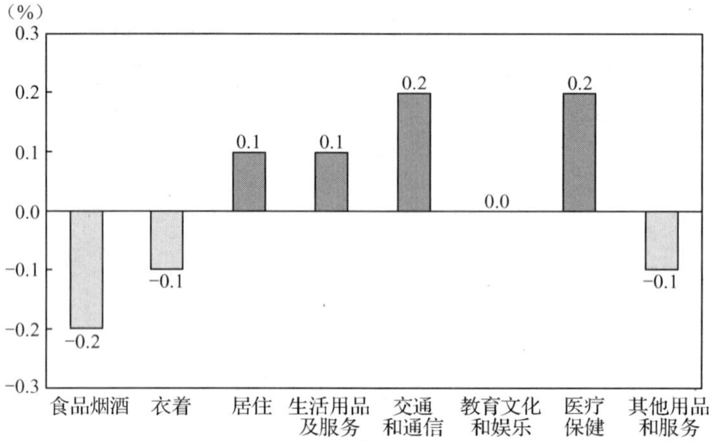

图 6-2 2019 年 12 月份居民消费价格分类别环比涨跌幅

2019 年 12 月份居民消费价格主要数据如表 6-1 所示。

表 6-1 2019 年 12 月份居民消费价格主要数据

	环比涨跌幅(%)	同比涨跌幅(%)	2019 年涨跌幅(%)
居民消费价格	0.0	4.5	2.9
其中：城市	0.0	4.2	2.8
农村	-0.1	5.3	3.2
其中：食品	-0.4	17.4	9.2
非食品	0.1	1.3	1.4
其中：消费品	0.0	6.4	3.6
服务	0.0	1.2	1.7
其中：不包括食品和能源	0.0	1.4	1.6
其中：不包括鲜菜和鲜果	-0.3	4.5	2.7
按类别分			
一、食品烟酒	**-0.2**	**12.9**	**7.0**
粮　食	0.0	0.6	0.5
食用油	0.1	4.8	1.3
鲜　菜	10.6	10.8	4.1
畜肉类	-3.8	66.4	29.1
其中：猪　肉	-5.6	97.0	42.5
牛　肉	0.1	20.4	12.1
羊　肉	0.2	11.5	11.9
水产品	0.1	1.3	0.3
蛋　类	-4.7	6.2	5.1

续表

	环比涨跌幅（%）	同比涨跌幅（%）	2019 年涨跌幅（%）
奶　类	0.4	0.8	1.6
鲜　果	0.6	−8.0	12.3
烟　草	0.1	0.8	0.5
酒　类	0.1	2.7	2.1
二、衣着	**−0.1**	**0.8**	**1.6**
服　装	−0.2	0.9	1.8
衣着加工服务费	0.3	3.7	4.1
鞋　类	−0.1	0.2	0.9
三、居住	**0.1**	**0.5**	**1.4**
租赁房房租	−0.1	0.8	1.8
水电燃料	0.6	0.1	0.6
四、生活用品及服务	**0.1**	**0.4**	**0.9**
家用器具	0.1	−1.4	−0.6
家庭服务	0.5	4.1	4.8
五、交通和通信	**0.2**	**−0.7**	**−1.7**
交通工具	−0.3	−1.7	−1.5
交通工具用燃料	1.4	0.6	−6.0
交通工具使用和维修	0.3	2.1	2.3
通信工具	−0.1	−4.5	−2.0
通信服务	0.0	−0.7	−1.0
邮递服务	0.0	−0.6	−0.2
六、教育文化和娱乐	**0.0**	**1.8**	**2.2**
教育服务	0.0	2.8	3.1
旅　游	0.3	1.2	1.8
七、医疗保健	**0.2**	**2.1**	**2.4**
中　药	0.1	3.1	4.7
西　药	0.1	3.2	4.3
医疗服务	0.3	1.8	1.6
八、其他用品和服务	**−0.1**	**4.4**	**3.4**

资料来源：国家统计局

http://www.stats.gov.cn/tjsj/zxfb/202001/t20200109_1721984.htm

【案例分析】

1. 什么是统计指数？什么是居民消费价格指数（CPI）？
2. 计算统计指数及居民价格指数有什么重要意义？

项目六

项目实施

任务一　统计指数概述

一、统计指数的概念

统计指数简称指数，其含义有广义与狭义之分。凡是两个指标的对比而得到的统计相对数，从广义上讲都可以称为指数。而狭义的统计指数，则是从一种特定意义上讲的，它是用来综合说明复杂现象总体在数量上总变动程度的一种特殊相对数。所谓复杂现象总体，是指由一些不能直接加总的多种现象构成的总体。我们现在所要研究的就是这种特定意义上的统计指数。例如，要说明一个国家或一个地区商品价格综合变动情况，由于各种商品的经济用途、规格、型号、计量单位等不同，不能直接将各种商品的价格简单对比，而要解决这种复杂经济总体中各要素相加问题，就要编制统计指数综合反映它们的变动情况。

二、统计指数的作用

统计指数在统计工作中应用广泛，其主要作用有以下几个方面：

（1）综合反映社会经济现象总变动方向及变动幅度。统计指数的首要任务，就是把不能直接相加总的现象过渡到可以加总对比，从而反映复杂经济现象的总变动方向及变动幅度。

（2）分析现象总变动中各因素变动的影响方向及影响程度。利用指数体系理论可以测定复杂社会经济现象总变动中，各构成因素的变动对现象总变动的影响情况，并对经济现象变化进行综合评价。任何一个复杂现象都是由多个因子构成的，如销售额=价格×销售量。

（3）反映同类现象变动趋势。编制一系列反映同类现象变动情况的指数形成指数数列，可以反映被研究现象的变动趋势。

此外，利用统计指数还可以进行地区经济综合评价、对比，研究计划执行情况。

三、统计指数的分类

1. 个体指数与总指数

指数按其所反映的现象范围不同，分为个体指数与总指数。反映单个现象变动的相对数叫个体指数，如个别工业产品的产量指数、个别商品的价格指数等；综合反映复杂现象总变动的相对数叫总指数，如工业总产量指数、消费品零售物价指数等。

2. 综合指数与平均指数

指数按其总指数的编制方法和计算形式的不同，分为综合指数和平均指数。综合指数是通过两个可以对比的总量计算的总指数；而平均指数则是对若干个体指数加以平均计算的总指数。

3. 数量指标指数与质量指标指数

指数按其所反映的现象特征（或指标性质）的不同，可以分为数量指标（外延指标）指数和质量指标（内涵指标）指数。数量指标指数是反映现象总规模或总水平变动程度的指数，如产量指数、销售量指数等；质量指标指数是反映现象的相对水平、平均水平或工作质量变动程度的指数，如劳动生产率指数、产品成本指数和商品价格指数等。

4. 定基指数与环比指数

指数按其对比基期的不同，可以分为定基指数和环比指数。在指数数列中，以固定时期为基期编制的指数为定基指数；以指数所属时期前一期为基期编制的指数为环比指数。

任务二　综合指数的编制

一、编制综合指数要解决的基本问题

综合指数是总指数的一种表现形式。它是通过对两个时期范围相同的复杂现象总体同度量和加权计算的总量对比编制的总指数。

编制综合指数，首先要解决好两个基本问题：

（1）正确选择同度量因素。所谓同度量因素，是指在编制综合指数时把不能直接相加或对比的现象转化为可以相加或对比的现象起媒介作用的因素。例如，不同商品的单价，由于计量单位的不同，不能直接相加，如果都乘以销售量，得出销售额就可以相加了。在这里，销售量对单价来说就是同度量因素。

（2）选择同度量因素的所属时期。编制综合指数的另一个基本问题是选择同度量因素的所属时期。如果不把同度量因素所属时期固定，计算出来的综合指数就会受同度量因素变化的影响，这样就不能反映影响现象的某一特定因素的影响程度。要体现总指数是单纯反映指数化因素变动的目的，就必须消除同度量因素变化的影响，这就需要将相应的同度量因素固定在某一个时期。

二、数量指标综合指数

数量指标综合指数是数量指数综合变动的相对数。

【案例 6-1】 某企业三种产品的数量及价格如表 6-2 所示。

表 6-2　某企业三种产品的数量及价格

产品名称	计量单位	产量		产品单价（元）	
		基告期 q_0	报告期 q_1	基告期 p_0	报告期 p_1
甲	米	1000	1150	100	100
乙	件	2000	2200	50	55
丙	台	3000	3150	20	25

现以该企业三种产品的数据资料为例，说明数量指标综合指数的编制方法。

用 K 代表个体指数。根据表 6-2 所示的数据资料，计算的三种产品产量的个体指数为

$$k_{q甲}=\frac{q_1}{q_0}=\frac{1150}{1000}=1.15\,(115\%)$$

$$k_{q乙}=\frac{q_1}{q_0}=\frac{2200}{2000}=1.10\,(110\%)$$

$$k_{q丙}=\frac{q_1}{q_0}=\frac{3150}{3000}=1.05\,(105\%)$$

由于三种产品的产量增长程度不同，为了说明三种产品产量总的增长程度，需要计算综合指数。

由于同度量因素（价格）固定时期不同，综合指数的计算形式也不相同。可以用 $\overline{k_q}$ 代表产量总指数。

（1）用基期价格作同度量因素，其计算公式为

$$\overline{k_q}=\frac{\sum q_1p_0}{\sum q_0p_0}$$

上式是 1864 年由德国学者拉斯贝尔提出的，被称为拉氏数量指数公式。

（2）用报告期价格作同度量因素，其计算公式为

$$\overline{k_q}=\frac{\sum q_1p_1}{\sum q_0p_1}$$

上式是 1874 年由德国学者派许提出的，被称为派氏数量指数公式。

现根据表 6-2 所示的资料，三种产品产量的综合指数的计算结果如表 6-3 所示。

表 6-3　综合指数计算表

单位：万元

产品	按基期价格计算		按报告期价格计算		产值变动	
	基期产值	报告期产值	基期产值	报告期产值		
	q_0p_0	q_1p_0	q_0p_1	q_1p_1	$q_0p_1-q_0p_0$	$q_1p_1-q_1p_0$
甲	10	11.5	10	11.5	0	0
乙	10	11.0	11	12.1	1	1.1
丙	6	6.3	7.5	7.875	1.5	1.575
合计	26	28.8	28.5	31.475	2.5	2.675

其计算过程如下。

依据拉氏数量指数公式，则

$$\overline{k_q}=\frac{\sum q_1p_0}{\sum q_0p_0}=\frac{28.8}{26}=1.1077\,(110.77\%)$$

影响的绝对额为

$$\sum q_1 p_0 - \sum q_0 p_0 = 28.8 - 26 = 2.8\text{（万元）}$$

依据派氏数量指数公式，则

$$\overline{k_q} = \frac{\sum q_1 p_1}{\sum q_0 p_1} = \frac{31.475}{28.5} = 1.1043\text{（110.43\%）}$$

影响的绝对额为

$$\sum q_1 p_1 - \sum q_0 p_1 = 31.475 - 28.5 = 2.975\text{（万元）}$$

从上述计算可以看出，编制产量指数综合指数可采用基期或报告期价格作为同度量因素，但编制产量综合指数的目的，在于要排除价格因素的影响，单纯反映产量的总变动。因此，必须将价格固定在基期上，这才符合经济现象的客观实际。

由此可见，编制数量指标综合指数的一般原则是采用基期的质量指标作为同度量因素。这一原则有两层含义：一是编制数量指标指数应以质量指标作为同度量因素，二是将同度量因素固定在基期。

三、质量指标综合指数

质量指标综合指数是反映质量指标变动程度的相对数。

用 k 代表个体指数。根据表 6-2 所示的资料计算的三种产品单价的个体指数为

$$k_{p甲} = \frac{p_1}{p_0} = \frac{100}{100} = 1.00\text{（100\%）}$$

$$k_{p乙} = \frac{p_1}{p_0} = \frac{55}{50} = 1.10\text{（110\%）}$$

$$k_{p丙} = \frac{p_1}{p_0} = \frac{25}{20} = 1.25\text{（125\%）}$$

由于三种产品的计量单位不同，三种产品的单价也不能直接相加，为了综合反映三种产品价格的总变动，可以用产品产量作为同度量因素，编制价格综合指数。

具体操作上，与计算产品产量指数类似，计算价格综合指数时，也需要把作为同度量因素的产品产量所属时期固定。同样有拉氏与派氏两种指数公式可供使用。可以用 $\overline{k_p}$ 代表价格总指数，则有：

（1）用基期产量为同度量因素，得出拉氏价格指数公式为

$$\overline{k_p} = \frac{\sum q_0 p_1}{\sum q_0 p_0}$$

（2）用报告期产量为同度量因素，得出派氏价格指数公式为

$$\overline{k_p} = \frac{\sum q_1 p_1}{\sum q_1 p_0}$$

（3）根据表 6-3 所示的资料，用拉氏价格指数公式计算三种产品的价格综合指数为

$$\overline{k_p} = \frac{\sum q_0 p_1}{\sum q_0 p_0} = \frac{28.5}{26} = 1.0961\text{（109.61\%）}$$

影响绝对额为

$$\sum q_0p_1-\sum q_0p_0=28.5-26=2.5\text{（万元）}$$

（4）根据表 6-3 所示的资料，用派氏价格指数公式计算三种产品的价格综合指数为

$$\bar{k}_p=\frac{\sum q_1p_1}{\sum q_1p_0}=\frac{31.475}{28.8}=1.0929\ (109.29\%)$$

影响绝对额为

$$\sum q_1p_1-\sum q_1p_0=31.475-28.8=2.675\text{（万元）}$$

同样，上述两个公式均成立，但为了单纯反映产品价格的变化程度，把产品产量固定在报告期保持不变较好。如果将报告期产量作为同度量因素，就能在报告期产量的前提下单纯反映价格变化的程度，使价格指数更具现实意义。由此可见，编制质量指标综合指数的原则是采用报告期的数量指标作为同度量因素。

四、编制综合指数应该明确的几个问题

编制综合指数应该明确如下几个问题。

（1）综合指数包含两类因素：一类叫指数化因素，即通过指数观察其变动的因素；另一类叫同度量因素。在狭义的指数定义中，指数化因素只能有一个，而同度量因素可以有一个或多个。

（2）综合指数不论分子分母，其总量都是由有关的数量指标与质量指标的乘积所构成的。因此，在只包含两个因素的综合指数中，一个是数量指标，另一个必然是质量指标。于是，数量指标指数化必然要以质量指标为同度量因素；而质量指标指数化必然要以数量指标为同度量因素。

（3）在综合指数的编制过程中，采用的是一种科学假定的分析方法，即在观察某个现象变动时，假定其他现象不变。因此，为了使这种假定更加科学、合理，就需要结合指数的目的、意义选择同度量因素固定的时期。

（4）综合指数需要根据全面资料编制，必须有两个时期范围相同的相互对应的资料才能计算。

任务三　平均指数的编制

一、平均指数的含义

平均指数是计算总指数的另一种形式，它是在个体指数的基础上计算总指数的。在解决复杂总体各组成要素不能直接相加与综合的问题上，平均指数与综合指数是不同的。平均指数是个体指数的加权平均数，它是先计算个体指数，然后将个体指数加权平均而计算的总指数。平均指数是在不具备复杂经济数量的全部原始资料，而只能提供某一指标的个体资料和报告期或基期的总值时编制的指数。平均指数克服了资料不全和运算工作量大的特点，计算简便。平均指数可进一步分为加权算术平均指数和加权调和平均指

数两种基本形式。

平均指数和综合指数都是总指数的计算形式，两者既有联系又有区别：两者的联系是在平均指数作为综合指数变形使用的条件下，两种指数的计算公式可以相互推导；两者的区别是综合指数是从社会经济现象的总量出发，引入同度量因素，计算出总体的总量，然后再对比，即先综合，后对比，而平均指数是从个体指数出发，先对比，后综合。综合指数需要使用全面调查资料计算，平均指数既可以使用全面调查资料，也可以使用非全面调查资料。

二、平均指数的种类

（一）加权算术平均指数

如果知道个体的数量指标指数，以及基期的总量指标，则可采用加权算术平均法编制数量指标综合指数。其计算公式为

$$\overline{K_q}=\frac{\sum K_q\cdot p_0q_0}{\sum p_0q_0}$$

【案例 6-2】 某厂三种产品的产量个体指数及基期总产值如表 6-4 所示，请根据所给的资料用加权算术平均指数法计算产量综合指数。

表 6-4　某厂三种产品的产量个体指数及基期总产值

产品名称	产量个体指数 $k_q=q_1/q_0$	基期总产值（万元） p_0q_0
甲	1.25	12 000
乙	1.2	20 000
丙	0.9	10 000
合计		42 000

产量综合指数的计算方法为

$$\overline{K_q}=\frac{\sum K_q\cdot q_0p_0}{\sum q_0p_0}=\frac{1.25\times 12\,000+1.2\times 20\,000+0.9\times 10\,000}{12\,000+20\,000+10\,000}=114.29\%$$

表明三种产品的产值报告期比基期增长 14.29%。

（二）加权调和平均指数

如果知道个体的质量指标指数及报告期的总量指标，则可采用加权调和平均法编制质量指标综合指数。其计算公式为

$$\overline{K_q}=\frac{\sum p_1q_1}{\sum\frac{1}{K_p}p_1q_1}$$

【案例 6-3】 某企业报告期销售额及价格资料如表 6-5 所示。

表 6-5　某企业报告期销售额及价格资料

商品名称	计量单位	价格（元）		报告期销售额（元）	个体价格指数
		基期	报告期		
		p_0	p_1	p_1q_1	K_p
甲	吨	150	150	37 500	1.00
乙	件	60	65	16 575	1.083
丙	台	4000	4200	92 400	1.05
合计	—	—	—	146 475	—

则

$$\overline{K_p}=\frac{\sum p_1q_1}{\sum \frac{p_1q_1}{K_p}}=\frac{37\,500+16\,575+92\,400}{\frac{37\,500}{1.00}+\frac{16\,575}{1.083}+\frac{92\,400}{1.05}}=1.0403\ (104.03\%)$$

$$\sum p_1q_1-\sum \frac{1}{K_p}p_1q_1=146\,475-140\,800=5675\text{（元）}$$

表明由于三种商品报告期价格比基期价格上涨 4.03%，使得销售额增加 5675 元。

三、几种常用的经济指数

（一）消费者价格指数和零售物价指数

消费者价格指数（又称生活费用指数）是综合反映各种消费品和生活服务价格变动程度的重要经济指数，通常简记为 CPI。该指数可以用于分析市场物价的基本动态、调整货币工资以得到实际工资水平等。它是政府制定物价政策和工资政策的重要依据，世界各国都在编制这种指数。

我国的消费者价格指数是采用固定加权算术平均指数方法来编制的。其主要编制过程和特点如下：首先，将各种居民消费划分为八大类，包括食品烟酒、衣着、居住、生活用品及服务、交通和通信、教育文化和娱乐、医疗保健、其他用品和服务，下面再划分若干个中类和小类；其次，从以上各类中选定 325 种有代表性的商品（含服务项目）入编指数，利用有关对比时期的价格资料分别计算个体价格指数；再次，依据有关时期内各种商品的销售额构成确定代表商品的比重权数，它不仅包括代表商品本身的权数（直接权数），而且包括该代表商品所属的那一类商品中其他项目所具有的权数（附加权数），以此提高入编项目对于所有消费品的一般代表性程度；最后，按从低到高的顺序，采用固定加权算术平均公式，依次编制各小类、中类的消费者价格指数和消费者价格总指数。

零售物价指数简称 PPI，它是反映一定时期内商品零售价格变动趋势和变动程度的相对数。零售物价指数的变动直接影响城乡居民的生活支出和国家的财政收入，影响消费与积累的比例、居民购买力和市场供需平衡。

消费者价格指数综合反映城乡居民所购买的各种消费品和生活服务的价格变动程度；零售物价指数反映城乡市场各种零售商品（不含服务）的价格变动程度。

（二）工业生产指数

工业生产指数概括反映一个国家或地区各种工业产品产量的综合变动程度，它是衡量经济增长水平的重要指标之一。世界各国都非常重视工业生产指数的编制，但采用的编制方法却不完全相同。

在我国，工业生产指数是通过计算各种工业产品的不变价格产值来加以编制的。其基本编制过程如下：首先，对各种工业产品分别制定相应的不变价格标准；其次，逐项计算各种产品的不变价格产值，加总起来就得到全部工业产品的不变价格总产值；最后，将不同时期的不变价格总产值加以对比，就得到相应时期的工业生产指数。

（三）股票价格指数

股票作为一种特殊的金融商品，也有价格。广义的股票价格包括票面价格、发行价格、账面价格、清算价格、内在价格、市场价格等。狭义的股票价格，即通常所说的市场价格，也称股票行情。它完全随股市供求行情变化而涨落。股票价格指数是根据精心选择的那些具有代表性和敏感性强的样本股票某时点平均市场价格计算的动态相对数，用以反映某一股市股票价格总的变动趋势。股票价格指数的单位习惯上用“点”表示，即以基期为100（或1000）点，每上升或下降1个单位称为1点。股票价格指数计算的方法有许多，但一般以发行量为权数进行加权综合。

股票价格指数是反映证券市场行情变化的重要指标，不仅是广大证券投资者进行投资决策分析的依据，而且也被视为一个国家或地区宏观经济态势的“晴雨表”。世界各地的股票市场都有自己的股票价格指数。在一个国家或地区，同一股市往往有不同的股票价格。

任务四 指数体系和因素分析

一、指数体系

（一）指数体系的概念

由三个或三个以上具有内在联系的指数构成的有一定数量对等关系的整体，称为指数体系。指数体系的形式不是随意的，它是由现象间客观存在的必然联系决定的。

例如，商品销售额=商品销售量×商品价格，产品产值=产品产量×产品价格。如果这些现象在数量上存在的联系，表现在动态变化上就可以形成如下指数体系：

商品销售额指数=商品销售量指数×商品价格指数

产品产值指数=产品产量指数×产品价格指数

指数体系分为两大类：一类是反映现象总变动的指数，通常表现为广义的总指数，这类指数在一个指数体系中只有一个，一般放在算式的左边。另一类是反映某一因素变动的指数，称为因素指数，这类指数在一个指数体系中可以有多个，一般放在等式的右边。

（二）指数体系的作用

指数体系的作用如下：

（1）指数体系是进行因素分析的根据。

（2）利用各指数之间的联系进行指数间的相互推算。

二、因素分析

根据指数体系，对社会经济现象总变动中各影响因素的影响进行分析，掌握其影响方向、影响程度及影响所产生的绝对经济效果，这种分析方法称指数因素分析法。

（一）因素分析的内容

因素分析包括以下两方面内容：

（1）从相对数上分析各影响因素的变动对总变动产生影响的方向和程度。

（2）从绝对数上分析各影响因素的变动使总变动增加或减少的绝对数额。

（二）因素分析的步骤

因素分析的步骤如下：

（1）分析被研究对象及其影响因素。这里的被研究对象是指具体的统计指标，如商品销售额、产品总成本、原材料费用总额等。当明确了被研究现象是某个统计指标时，就要分析这个统计指标含有哪些影响因素，这是因素分析的基础。

（2）分析各因素指标对被研究对象的影响程度和影响方向。通过编制综合指数，分别从相对数和绝对数两方面分析各因素指标对被分析指标的影响。

（3）建立指数体系。利用指数体系，根据总变动指数和各因素指数及所影响的绝对值，得到相对数关系式和绝对数关系式。相对数关系式表现为现象总变动指数等于各因素指数的乘积，绝对数关系式表现为现象总变动指数分子与分母的差额，等于各因素指数分子与分母差额之和。

（三）两因素分析

两因素分析的重点是确定同度量因素的时期，一般应遵循的原则如下：一个指数的同度量因素固定在报告期，另一个指数的同度量因素固定在基期，即两个指数的同度量因素不能同时固定在报告期或同时固定在基期。

1．总量指标变动的因素分析

这里只讨论复杂现象总体的总量指标变动的两因素分析，我们下面用实例来说明。

【案例 6-4】 某企业三种产品的产量和出厂价格如表 6-6 所示，要求据此分析产量、出厂价格变动对总产值变动的影响。

表 6-6　某企业三种产品的产量和出厂价格

产品名称	计量单位	产量		出厂价格（元）		总产值（元）		
		基期 q_0	报告期 q_1	基期 p_0	报告期 p_1	q_0p_0	q_1p_0	q_1p_1
甲	件	480	600	25	25	12 000	15 000	15 000
乙	千克	500	600	40	36	20 000	24 000	21 600
丙	米	200	180	50	70	10 000	9000	12 600
合计	—	—	—	—	—	42 000	48 000	49 200

【分析】 根据“总产值指数=产量综合指数×出厂价格综合指数”建立指数体系。

（1）相对数体系

$$\frac{\sum q_1p_1}{\sum q_0p_0}=\frac{\sum q_1p_0}{\sum q_0p_0}\times\frac{\sum q_1p_1}{\sum q_1p_0}$$

（2）绝对数体系

$$\left(\sum q_1p_1-\sum q_0p_0\right)=\left(\sum q_1p_0-\sum q_0p_0\right)+\left(\sum q_1p_1-\sum q_1p_0\right)$$

（3）具体计算步骤如下：

① 三种产品总产值变动

$$总产值指数=\frac{\sum q_1p_1}{\sum q_0p_0}=\frac{49\ 200}{42\ 000}=117.14\%$$

$$总产值变动额=\sum q_1p_1-\sum q_0p_0=49\ 200-42\ 000=7200（元）$$

② 三种产品产量变动及影响情况

$$产量综合指数=\frac{\sum q_1p_0}{\sum q_0p_0}=\frac{48\ 000}{42\ 000}=114.29\%$$

产量变动对总产值变动的影响

$$\sum q_1p_0-\sum q_0p_0=48\ 000-42\ 000=6000（元）$$

③ 三种产品出厂价格对总产值变动的影响

$$出厂价格综合指数=\frac{\sum q_1p_1}{\sum q_1p_0}=\frac{49\ 200}{48\ 000}=102.5\%$$

出厂价格变动对总产值变动的影响

$$\sum q_1p_1-\sum q_1p_0=49\ 200-48\ 000=1200（元）$$

④ 用指数体系反映。

相对数分析：117.14%=114.29%×102.5%

绝对数分析：（49 200−42 000）=（48 000−42 000）+（49 200−48 000）元，即 7200（元）=6000（元）+1200（元）

（4）分析数字表明：该企业这三种产品总产值报告期增长 17.14%，绝对额增加 7200 元，是由两个因素引起的。由于产量增长 14.29%，而使总产值增加 6000 元，由于出厂价格上涨 2.5%。使总产值增加 1200 元。

2. 平均指标变动的因素分析

在现实生活中，需要对两个时期同一现象的质量指标的变动进行分析。例如，分析平均工资的变动、全员劳动生产率的变动等，这些就要利用平均指标指数体系进行分析。

由于现象的总平均水平，一般都是在分组的条件下用加权算术平均数计算的。因此，两个时期同一现象总平均水平的变动，往往要受到两个因素的共同影响，一个是各组平均水平变动的影响；另一个是总体内部结构变动的影响。为了反映总平均指标的变动，并进一步分析组平均水平和总体内部结构变动对总平均水平变动的影响，需要计算三个指数：可变构成指数、固定构成指数和结构变动影响指数，并建立相应的指数体系，从而做出因素分析。

（1）三个指数的计算公式及其指数体系。

① 可变构成指数。其计算公式为

$$\bar{k}_{x\cdot f}=\frac{\bar{x}_1}{\bar{x}_0}=\frac{\sum x_1 f_1}{\sum f_1}\div\frac{\sum x_0 f_0}{\sum f_0}$$

式中，$\bar{x}_1$为报告期组平均指标；$\bar{x}_0$为基期组平均指标；f_1为报告期总体单位数；f_0为基期总体单位数。

可变构成指数受两个因素变动的影响：各组平均指标（$\bar{x}$）变动的影响；总体结构$\frac{f}{\sum f}$变动的影响。

② 固定构成指数。为了反映各组平均水平变动的程度，消除总体结构变动的影响，需要编制固定构成指数，把总体结构固定在报告期。其计算公式为

$$\bar{k}_x=\frac{\sum x_1 f_1}{\sum f_1}\div\frac{\sum x_0 f_1}{\sum f_1}$$

③ 结构变动影响指数。为了反映总体结构变动对总平均水平变动的影响，将各组平均水平固定在基期，以此编制结构变动影响指数。其计算公式为

$$\bar{k}_f=\frac{\sum x_0 f_1}{\sum f_1}\div\frac{\sum x_0 f_0}{\sum f_0}$$

（2）平均指标变动因素分析的方法。

依据指数因素分析法的一般原理，可列出平均指标变动因素分析的指数体系，其指数体系如下。

① 相对数为

$$\frac{\bar{x}_1}{\bar{x}_0}=\frac{\dfrac{\sum x_1 f_1}{\sum f_1}}{\dfrac{\sum x_0 f_0}{\sum f_0}}=\frac{\dfrac{\sum x_1 f_1}{\sum f_1}}{\dfrac{\sum x_0 f_1}{\sum f_1}}\times\frac{\dfrac{\sum x_0 f_1}{\sum f_1}}{\dfrac{\sum x_0 f_0}{\sum f_0}}$$

② 绝对数为

$$\frac{\sum x_1 f_1}{\sum f_1}-\frac{\sum x_0 f_0}{\sum f_0}=\left(\frac{\sum x_1 f_1}{\sum f_1}-\frac{\sum x_0 f_1}{\sum f_1}\right)+\left(\frac{\sum x_0 f_1}{\sum f_1}-\frac{\sum x_0 f_0}{\sum f_0}\right)$$

令 $\overline{x}_n=\frac{\sum x_0 f_1}{\sum f_1}$，则平均指标变动因素分析的指数体系可用如下简明形式表明

$$\frac{\overline{x}_1}{\overline{x}_0}=\frac{\overline{x}_1}{\overline{x}_n}\times\frac{\overline{x}_n}{\overline{x}_0}$$

下面结合例子说明平均指标指数的计算及应用。

【案例 6-5】 某企业工人有关生产资料如表 6-7 所示。从表中可以看出，该企业两类工人的人均生产量和生产工人数在基期和报告期都不同，并且都有不同幅度的变动，这必然导致企业报告期和基期总体人均生产量的变动。

表 6-7　某企业工人有关生产资料

生产工人类别	产量（吨）		生产工人数（人）		人均生产量（吨/人）	
	基期 x_0f_0	报告期 x_1f_1	基期 f_0	报告期 f_1	基期 x_0	报告期 x_1
熟练工	100	156	100	130	1.0	1.2
学徒工	76.5	85.5	85	90	0.9	0.95
合计	176.5	241.5	185	220	—	—

现以该例说明平均指标变动指数因素分析的方法。

① 劳动生产率指数为

$$\frac{\overline{x}_1}{\overline{x}_0}=\frac{\dfrac{\sum x_1 f_1}{\sum f_1}}{\dfrac{\sum x_0 f_0}{\sum f_0}}=\frac{1.098}{0.95}=115.58\%$$

$$\overline{x}_1-\overline{x}_0=1.098-0.95=0.148\text{（吨）}$$

② 固定结构指数为

$$\frac{\overline{x}_1}{\overline{x}_n}=\frac{\dfrac{\sum x_1 f_1}{\sum f_1}}{\dfrac{\sum x_0 f_1}{\sum f_1}}=\frac{1.098}{0.96}=114.38\%$$

$$\overline{x}_1-\overline{x}_n=1.098-0.96=0.138\text{（吨）}$$

③ 结构变动影响指数

$$\frac{\overline{x}_n}{\overline{x}_0}=\frac{\dfrac{\sum x_0 f_1}{\sum f_1}}{\dfrac{\sum x_0 f_0}{\sum f_0}}=\frac{0.96}{0.95}=101.05\%$$

$$\overline{x}_n-\overline{x}_0=0.96-0.95=0.01\text{（吨）}$$

④ 用指数体系反映。

相对数变动关系：115.58%=114.38%×101.05%

绝对数变动的关系：0.148（吨）=0.138（吨）+0.01（吨）

⑤ 说明。该企业生产工人人均生产量提高了15.58%，每个生产工人平均增加产量0.148吨，是由于以下两个因素共同作用的结果：工人结构变动使企业人均生产量增长14.38%，人均生产量增加0.138吨；两类生产工人人均产量变动使企业人均生产量增长1.05%，人均生产量增加0.01吨。

任务五　Excel在指数分析中的应用

统计指数分析法是研究社会经济现象数量变动情况的一种统计分析方法，具有广泛的实用意义。Excel软件没有专门用于统计指数分析的工具，但是，通过一些公式和一般函数也能计算出来。

一、综合指数

综合指数分为数量指标综合指数和质量指标综合指数，现通过实例介绍其计算方法。

【案例6-6】 某厂产品产量及出厂价格资料如表6-8所示。

表6-8　某厂产品产量及出厂价格资料

产品名称	计量单位	出厂价格（元）		产品产量	
		基期	报告期	基期	报告期
甲	件	10	9	1000	1100
乙	个	9	9	400	500
丙	米	8	7	700	800

试根据表中资料计算出厂价格综合指数和产量综合指数。

具体操作步骤如下：

第一步，输入原始数据后，计算每种产品对应的“基期p_0q_0”值。在如图6-3所示的表格中，单击“G3”单元格，输入“=C3*E3”，按回车键后得到结果；使用填充柄工具按住鼠标左键向下拖至“G5”单元格，可得“基期p_0q_0”各单元格的数据；单击“G6”单元格，输入“=SUM（G3:G5）”，可得出合计数为19 200元。

第二步，分别计算每种产品对应的“报告期p_1q_1”及“假定期p_0q_1”的值，计算方法与计算“基期p_0q_0”值的方法相同。

第三步，计算产量综合指数。单击“C8”单元格，输入公式“=I6/G6”，按回车键得到其结果为114.06%，表示在出厂价格固定在基期的前提下报告期产量比基期增长14.06%；说明由于产量增长使得总产值增加了2700（I6−G6）元。

第五步，计算出厂价格综合指数。单击“C9”单元格，输入公式“=H6/I6”，按回车键得到其结果为91.32%，表示产量固定在报告期的前提下，报告期出厂价格比基期价格降低 8.68%；说明由于出厂价格降低使得总产值减少了 1900（H6−I6）元。

出厂价格综合指数和产量综合指数的计算结果如图 6-3 所示。

	A	B	C	D	E	F	G	H	I
1	产品名称	计量单位	出厂价格（元）		产品产量		总产值（元）		
2			基期 p_0	报告期 p_1	基期 q_0	报告期 q_1	基期 p_0q_0	报告期 p_1q_1	假定 p_0q_1
3	甲	件	10	9	1000	1100	10 000	9900	11 000
4	乙	个	9	9	400	500	3600	4500	4500
5	丙	米	8	7	700	800	5600	5600	6400
6	合计	-	-	-	-	-	19 200	20 000	21 900
7									
8	产量综合指数		114.06%		2700				
9	出厂价格综合指数		91.32%		-1900				

图 6-3　出厂价格综合指数和产量综合指数的计算结果

二、平均指数

平均指数包括加权算术平均指数和加权调和平均指数。二者的计算方法类似，现介绍利用 Excel 软件计算这两种平均指数的操作方法。

（一）加权算术平均数指数

【案例 6-7】 某公司三种商品的销售量及销售额如表 6-9 所示。

表 6-9　某公司三种商品的销售量及销售额

商品名称	计量单位	销售量		基期销售额（万元）
		基　期	报告期	
甲	台	160	200	32
乙	件	200	180	160
丙	吨	500	600	100
合计	—	—	—	292

试根据上表资料计算销售量综合指数。

具体操作步骤如下：

第一步，计算每种商品的个体销售量指数。在如图 6-4 所示的表格中，单击“E3”单元格，输入公式“=D3/C3”，按回车键后得到其结果；使用填充柄工具按住鼠标左键向下拖到至“E5”单元格，可得各“个体指数”单元格的数据。

第二步，计算每种商品的假定销售额（p_0q_1）的值。单元“G3”单元格，输入公式“=E3*F3”，按回车键可得其结果；然后使用填充柄工具按住鼠标左键向下拖至“G5”单元格，可得各“假定销售额”单元格的数据；运用 SUM 函数计算出“G6”单元格的值为 304 万元。

第三步，计算销售量综合指数。单击“C8”单元格，输入公式“=G6/F6”，按回车键得到销售量综合指数为 104.11%；单击“C9”单元格，输入公式“=G6−F6”，按回车键得到由于销售量变动而增加的销售额为 12 万元。

销售量综合指数的计算结果如图 6-4 所示。

	A	B	C	D	E	F	G
1	商品名称	计量单位	销售量			基期销售额（万元）	假定销售额
2			基期 q_0	报告期 q_1	个体指数 $k_q=q_1/q_0$	p_0q_0	$p_0q_1=k_q\cdot p_0q_0$
3	甲	台	160	200	1.25	32	40
4	乙	件	200	180	0.90	160	144
5	丙	吨	500	600	1.20	100	120
6	合计	—	—	—		292	304
7							
8	销售量综合指数		104.11%				
9	由于销售量变动增加的销售额		12				

图 6-4　销售量综合指数的计算结果

（二）加权调和平均数指数

【案例 6-8】 某工厂生产费用资料如表 6-10 所示。

表 6-10　某工厂生产费用资料

产 品 名 称	上年生产费用（万元）	本年生产费用（万元）	个体单位成本指数（%）
甲	750	780	95.0
乙	500	520	97.0
合计	1250	1300	—

试根据上表资料计算单位成本综合指数，以及由于单位成本降低而节约的费用。

具体操作步骤如下：

第一步，计算每种产品的假定生产费用（p_0q_1）的值。在如图 6-5 所示的表格中，单击“E2”单元格，输入公式“=C2/D2*100”，按回车键可得其结果；使用填充柄工具按住鼠标左键向下拖至“E3”单元格，可得“E3”单元格的数据；运用 SUM 函数计算出“E4”单元格的值为 1357.13 万元。

第二步，计算单位成本综合指数。单击“C6”单元格，输入公式“=C4/E4”，按回车键得到单位成本综合指数为 95.79%；单击“C7”单元格，输入公式“=C4−E4”，按回车键得到由于单位成本降低而节约的费用为 57.13 万元。

单位成本综合指数计算结果如图 6-5 所示。

	A	B	C	D	E
1	产品名称	上年生产费用（万元）p_0q_0	本年生产费用（万元）p_1q_1	个体单位成本指数（%）k_p	假定生产费用 $p_0q_1=p_1q_1/k_p$
2	甲	750	780	95.0	821.05
3	乙	500	520	97.0	536.08
4	合计	1250	1300	—	1357.13
5					
6	单位成本综合指数		95.79%		
7	由于单位成本降低而节约的费用		-57.13		

图 6-5　单位成本综合指数计算结果

三、因素分析

统计指数的用途之一就是进行因素分析，用来说明现象总变动的所有因素的影响作用及其程度。在进行因素分析时利用 Excel 软件的基本公式进行计算，可以提高计算的速度和准确性，现以实例介绍其具体的操作。

【案例 6-9】 某商店三种商品的销售价格和销售量资料如表 6-11 所示。

表 6-11　某商店三种商品的销售价格和销售量资料

商品名称	计量单位	销售价格（元）		销售量	
		基期 p_0	报告期 p_1	基期 q_0	报告期 q_1
甲	件	100	95	30 000	32 000
乙	台	300	350	20 000	19 000
丙	套	80	50	60 000	63 000
合计	—	—	—	—	—

试根据上表资料分析销售价格和销售量变动对销售总额变动的影响。

具体操作步骤如下：

第一步，输入原始数据后，计算每种商品对应的“基期 p_0q_0”值。在如图 6-6 所示的表格中，单击“G3”单元格，输入“=C3*E3”，按回车键得到结果；使用填充柄工具按住鼠标左键向下拖至“G5”单元格，可得其他单元格的数据；单击“G6”单元格，输入“=SUM（G3:G5）”，可得出合计数为 13 800 000 元。

第二步，用同样的方法分别计算每种商品对应的“报告期 p_1q_1”“假定 p_0q_1”的值。

第三步，计算销售量综合指数、销售价格综合指数和销售额总指数。单击“C8”单元格，输入公式“=I6/G6”，按回车键得到销售量综合指数为 101.01%，表示在商品销售价格固定在基期的前提下，报告期产量比基期增长 1.01%；单击“C9”单元格，输入公式“=H6/I6”，按回车键得到销售价格综合指数为 92.11%，表示产量固定在报告期的前提下，报告期出厂价格比基期降低 7.89%；单击“C10”单元格，输入公式“=H6/G6”，按回车键得到销售额总指数为 93.04%，表示报告期商品销售额比基期降低 6.96%。

第四步，计算由于商品销售量变动对销售额的影响，单击“H8”单元格，输入公式“=H6−G6”即可得到结果 140 000 元，说明由于商品销售量增长使得商品销售额增加了

140 000 元；计算由于商品销售价格变动对销售额的影响，单击“H9”单元格，输入公式“=H6-I6”，按回车键得到其结果为-1 100 000 元，说明由于商品销售价格降低使得销售额减少 1 100 000 元；计算销售额总变动数，单元“H10”单元格，输入公式“=H6-G6”，按回车键可得结果-960 000 元，表明报告期销售额比基期减少 960 000 元。

总量指标两因素分析的计算结果如图 6-6 所示。

I14 f_x

	A	B	C	D	E	F	G	H	I
1	商品名称	计量单位	销售价格（元）		销售量		销售额（元）		
2			基期p_0	报告期p_1	基期q_0	报告期q_1	基期p_0q_0	报告期p_1q_1	假定p_0q_1
3	甲	件	100	95	30 000	32 000	3 000 000	3 040 000	3 200 000
4	乙	台	300	350	20 000	19 000	6 000 000	6 650 000	5 700 000
5	丙	套	80	50	60 000	63 000	4 800 000	3 150 000	5 040 000
6	合计	—	—	—	—	—	13 800 000	12 840 000	13 940 000
7									
8	销售量综合指数		101.01%		由于销售量变动对销售额的影响数			140 000	
9	销售价格综合指数		92.11%		由于销售价格变动对销售额的影响数			-1 100 000	
10	销售额总指数		93.04%		销售额总变动			-960 000	

图 6-6　总量指标两因素分析的计算结果

项目小结

1．统计指数简称指数，其含义有广义与狭义之分。凡是两个指标的对比而得到的统计相对数，从广义上讲都可以称为指数。而狭义的统计指数，则是从一种特定意义上讲的，它是用来综合说明复杂现象总体在数量上总变动程度的一种特殊相对数。所谓复杂现象总体，是指由一些不能直接加总的多种现象构成的总体。

2．统计指数的作用。统计指数在统计工作中应用广泛，其主要作用有以下几个方面：综合反映社会经济现象总变动方向及变动幅度；分析现象总变动的影响方向及影响程度；反映同类现象变动趋势；利用统计指数可以进行地区经济综合评价、对比，研究计划执行情况。

3．指数的分类。指数按其所反映的现象范围不同，分为个体指数与总指数；按其总指数的编制方法和计算形式不同，分为综合指数和平均指数；按其所反映的现象特征（或指标性质）不同，分为数量指标指数和质量指标指数；按其对比基期不同，分为定基指数和环比指数。

4．综合指数是总指数的一种表现形式。它是通过对两个时期范围相同的复杂现象总体同度量和加权计算的总量对比编制的总指数。

编制综合指数，首先要解决好两个基本问题：正确选择同度量因素；选择同度量因素的所属时期。综合指数的编制包括数量指标综合指数的编制和质量指标综合指数的编制。

5．平均指数是计算总指数的另一种形式，它是在个体指数的基础上计算总指数。平均指数可分为加权算术平均指数和加权调和平均指数两种基本形式。

（1）加权算术平均指数。如果知道个体的数量指标指数及基期的总量指标，则可采用加权算术平均法编制数量指标综合指数。

（2）加权调和平均指数。如果知道个体的质量指标指数及报告期的总量指标，则可采用加权调和平均法编制质量指标综合指数。

6. 指数体系的概念。由三个或三个以上具有内在联系的指数构成的有一定数量对等关系的整体，称为指数体系。指数体系的形式不是随意的，它是由现象间客观存在的必然联系决定的。

7. 指数体系的作用。指数体系是进行因素分析的根据；利用各指数之间的联系进行指数间的相互推算。

8. 因素分析。根据指数体系，对社会经济现象总变动中各影响因素的影响进行分析，掌握其影响方向、影响程度及影响所产生的绝对经济效果，这种分析方法称为指数因素分析法。

9. 指数因素分析包括以下两方面内容：从相对数上分析各影响因素的变动对总变动产生影响的方向和程度；从绝对数上分析各影响因素的变动使总变动增加或减少的绝对数额。

10. 因素分析的步骤。（1）分析被研究对象及其影响因素；（2）分析各因素指标对被研究对象的影响程度和影响方向；（3）建立指数体系。

11. 两因素分析最关键的是确定同度量因素的时期，一般应遵循的原则是：一个指数的同度量因素固定在报告期，另一个指数的同度量因素固定在基期，即两个指数的同度量因素不能同时固定在报告期或同时固定在基期。

12. 两因素分析包括对总量指标变动的因素分析和对平均指标变动的因素分析。

技能检测

一、判断题

1. 在编制数量指标综合指数时，应将作为同度量因素的质量指标值固定在报告期。（　　）

2. 在编制总指数时经常采用非全面统计资料是为了节约人力、物力和财力。（　　）

3. 在平均指标变动因素分析中，可变构成指数是专门用以反映总体构成变化影响的指数。（　　）

4. 若销售量增长 5%，零售价格下跌 5%，则商品销售额不变。（　　）

5. 某工厂总生产费用，今年比去年上升了 50%，产量增加了 25%，则单位成本提高了 25%。（　　）

6. 价格降低后，同样多的人民币可多购买商品的数量增加 10%，则价格指数应为 90%。（　　）

7. 在综合指数的编制过程中，指数化指标是可变的，而同度量因素指标是确定的和唯一的。（　　）

8. 拉氏指数的同度量因素指标都固定在报告期，派氏指数的同度量因素指标都固定在基期。（　　）

二、单项选择题

1. 反映个别事物动态变化的相对指标称为（　　）。
   A. 总指数　　B. 综合指数　　C. 定基指数　　D. 个体指数
2. 说明现象总的规模和水平变动情况的统计指数是（　　）。
   A. 质量指标指数　　B. 平均指标指数
   C. 数量指标指数　　D. 环比指数
3. 若销售量增长5%，零售价格增长2%，则商品销售额增长（　　）。
   A. 7%　　B. 10%　　C. 7.1%　　D. 15%
4. 加权算术平均数指数要成为综合指数的变形，其权数（　　）。
   A. 必须用 q_1p_1　　B. 必须用 q_0p_0　　C. 必须用 q_0p_1　　D. 前三者都可用
5. 某工厂总生产费用，今年比去年上升了50%，产量增加了25%，则单位成本提高了（　　）。
   A. 25%　　B. 2%　　C. 75%　　D. 20%
6. 在由三个指数所组成的指数体系中，两个因素指数的同度量因素通常（　　）。
   A. 都固定在基期
   B. 都固定在报告期
   C. 一个固定在基期一个固定在报告期
   D. 采用基期和报告期的平均数
7. 如果生活费用指数上涨20%，则现在1元钱（　　）。
   A. 只值原来的0.8元　　B. 只值原来的0.83元
   C. 与原来的1元钱等值　　D. 无法与原来的值比较
8. 在掌握基期产值和几种产品产量个体指数资料的条件下，要计算产量总指数，则宜采用（　　）。
   A. 综合指数　　B. 加权算术平均数指数
   C. 加权调和平均数指数　　D. 可变构成指数
9. 在分别掌握三个企业报告期和基期的劳动生产率和人数资料的条件下，要计算三个企业劳动生产率总平均水平的变动，应采用（　　）。
   A. 质量指标指数　　B. 可变构成指数
   C. 固定构成指数　　D. 结构影响指数

三、多项选择题

1. 某企业2019年三种不同产品的实际产量为计划产量的105%，这个指数是（　　）。

A. 个体指数　　B. 总指数　　C. 数量指标指数
D. 质量指标指数　　D. 静态指数

2. 加权算术平均数指数是一种（　　　　）。
A. 平均数指数　　B. 综合指数　　C. 总指数
D. 个体指数　　E. 平均指标对比指数

3. 同度量因素的作用有（　　　　）。
A. 平衡作用　　B. 比较作用　　C. 权数作用
D. 稳定作用　　E. 同度量作用

4. 某农户的小麦播种面积报告期为基期的 120%，这个指数是（　　　　）。
A. 个体指数　　B. 总指数　　C. 数量指标指数
D. 质量指标指数　　E. 动态指数

5. 下列属于质量指标指数的有（　　　　）。
A. 劳动生产率指数　　B. 商品销售量指数
C. 价格指数　　D. 产品产量指数

6. 指数体系中，指数之间的数量对等关系表现在（　　　　）。
A. 总量指数等于它的因素指数的乘积
B. 总量指数等于它的因素指数的代数和
C. 总量指数等于它的因素指数之间的比例
D. 与总量指数相应的绝对增长额等于它的各因素指数所引起的绝对增长额的代数和
E. 与总量指数相应的绝对增长额等于它的各因素指数所引起的绝对增长额的乘积

7. 统计指数的作用是（　　　　）。
A. 综合反映现象的变动方向
B. 综合反映现象的变动程度
C. 分析现象总变动中各因素影响方向和程度
D. 研究现象在长时期内变动趋势
E. 解决不同性质数列之间不能对比的问题

8. 某市按不变价格计算的工业总产值，今年相当于去年的 124%，这是（　　　　）。
A. 数量指标指数　　B. 质量指标指数　　C. 总指数
D. 综合指数　　E. 平均指标数

综合实训

一、实训目的

1. 掌握统计指数分析的相关知识；

2．培养学生应用统计指数分析有关社会经济问题的能力；
3．培养学生对社会经济问题进行因素分析的能力。

二、实训内容

1．某企业三种产品的产量及出厂价格资料如表 6-12 所示。

表 6-12　某企业三种产品的产量及出厂价格资料

产　品	计量单位	产　量		出厂价格（元）	
		2018 年	2019 年	2018 年	2019 年
甲	件	100	100	500	600
乙	台	20	25	3000	3000
丙	米	1000	2000	6	5

要求：试计算三种产品的产量综合指数和出厂价格综合指数。
2．某企业三种产品的产量及出厂价格资料如表 6-13 所示。

表 6-13　某企业三种产品的产量及出厂价格资料

产品名称	上年实际产值（万元）	本年实际产值（万元）	产量本年比上年增长（%）
甲	200	240	25
乙	450	485	10
丙	350	480	40
合计	1000	1205	—

要求：依据上表资料计算产量综合指数，以及由于产量增长而增加的总产值。
3．某工厂总生产费用资料如表 6-14 所示。

表 6-14　某工厂总生产费用资料

产品名称	上年生产费用（万元）	本年生产费用（万元）	单位成本本年比上年降低%
甲	750	765	−10
乙	500	570	−5
合计	1250	1335	—

要求：依据上表资料计算单位成本综合指数，以及由于单位成本降低而节约的生产费用。

4．某工业企业甲、乙、丙三种产品产量及价格资料如表 6-15 所示。

表 6-15 某工业企业甲、乙、丙三种产品产量及价格资料

产品名称	计量单位	产量		价格（元）	
		基期	报告期	基期	报告期
甲	套	300	320	360	340
乙	吨	460	540	120	120
丙	台	60	60	680	620

要求：

（1）计算三种产品的总产值指数、产量指数和价格指数；

（2）计算三种产品报告期产值增长的绝对额；

（3）从相对数和绝对数上简要分析产量及价格变动对总产值变动的影响。

项目七　抽样推断分析

学习目标

知识目标：

1. 理解抽样推断的概念及特点；
2. 理解抽样误差、平均误差、抽样极限误差的区别；
3. 理解抽样误差产生的原因；
4. 掌握总体参数的区间估计方法；
5. 熟悉必要样本容量的确定方法。

能力目标：

1. 能运用抽样推断知识分析社会经济现象；
2. 能对社会实际问题计算抽样平均误差和抽样极限误差；
3. 能够在统计实践工作中进行区间估计；
4. 能根据实际情况确定样本容量；
5. 能运用 Excel 软件抽取样本、计算抽样误差、估计总体参数。

重点难点：

1. 抽样推断中的几个基本概念；
2. 抽样误差、平均误差、抽样极限误差的区别和计算；
3. 总体参数的区间估计。

知识导图

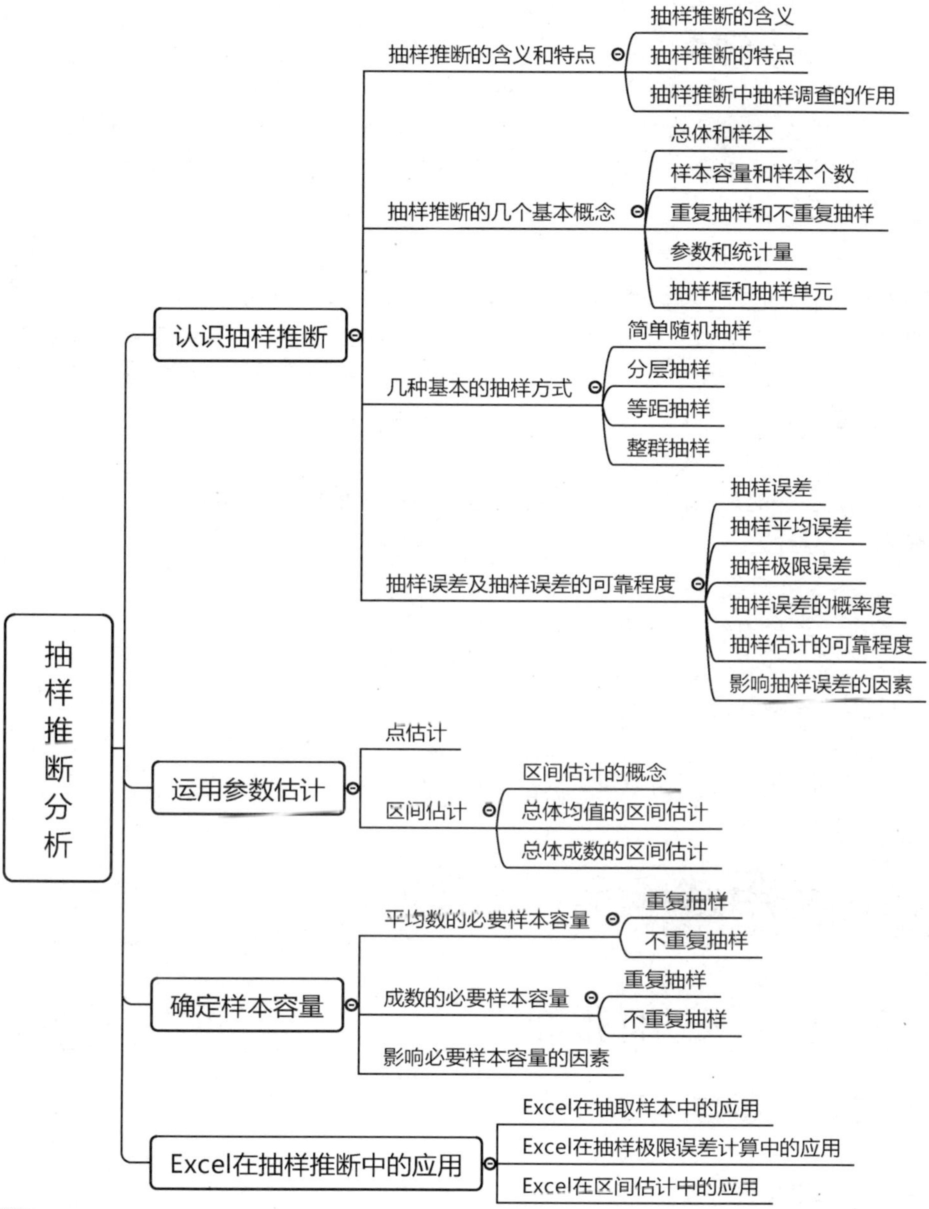

案例引入

2020年新冠肺炎疫情期间，口罩成为群众日常生活的必需品。为抓好日用防护产品质量安全，切实维护人民群众生命健康安全，国家市场监督管理总局（简称市场监管总局）下发通知，组织全国市场监管系统开展口罩产品质量监督专项抽查。

2020 年 2 月 19 日，上海市市场监督管理局执法总队根据舆情监测，对上海××商贸有限公司进行现场检查，对两款一次性口罩进行了随机抽样送检。经检测，当事人销售的 PM2.5 口罩和专业防护口罩均不合格。

（资料来源：市场监管总局

http://www.gov.cn/xinwen/2020-03/30/content_5497241.htm）

随州市市场监督管理局对广水两家生产企业和全市各大药店生产、销售的非医用随弃式口罩进行抽检。在 30 余万个不同批次、不同型号、不同厂家的口罩中，随机抽取 10 批次，按照相应标准进行检测，未发现不合格产品。

（资料来源：市场监管总局

http://www.samr.gov.cn/zt/jjyq/sbxd/202003/t20200328_313605.html）

针对群众关心关注的口罩生产加工质量安全问题，仙桃市市场监管局组织开展口罩生产靶向抽检，共抽检生产企业 55 家、抽检口罩 376 批次，对 10 家抽检不合格企业和小作坊下达《责令停产整改通知书》，查封不合格口罩 79 万只。

（资料来源：仙桃市人民政府网

http://www.xiantao.gov.cn/zwgk/bmdt/202003/t20200330_2209375.shtml）

【案例分析】

根据上述资料回答并解决下列问题：

1. 市场监管局为什么要进行抽检？
2. 如何抽选口罩进行产品质量检查？
3. 进行抽检时是否有误差？误差为多大？
4. 抽检结果能否推断市场上的口罩产品质量情况？

为回答上述问题，让我们一起来学习抽样推断吧。

项目实施

任务一　认识抽样推断

一、抽样推断的含义和特点

（一）抽样推断的含义

抽样推断（Sampling Inference）又称抽样估计，是按照随机原则，从全部研究总体中抽取一部分单位进行调查，并依据抽样调查所获得的数据对总体的某一数量特征（总体参数）做出具有一定可靠程度的估计与推断的一种统计分析方法。例如，从全国所有股份制企业中，随机抽取一部分企业，详细调查其生产经营状况，根据这一部分企业的调查资料，来推算所有股份制企业的生产经营状况，这就属于抽样推断。

（二）抽样推断的特点

抽样推断具有如下特点：

（1）抽样推断是建立在随机抽样基础上的。按随机原则抽取样本单位是抽样推断的前提。这里需说明几点：①随机并非“随意”，随机是有严格的科学含义的，可用概率来描述，而“随意”仍带有人为的或主观的因素，它不是一个科学的概念；②随机原则不等于概率原则；③随机原则一般要求总体中每个单元均有一个非零的概率被抽中。

（2）抽样推断是由部分推断总体的一种统计分析方法。

（3）抽样推断以概率论中的大数法则和中心极限定理为理论依据。

（4）抽样定会产生抽样误差，抽样误差是不可避免但可以事先加以控制的量。

【思考】

调查方式为什么会选择抽样调查呢？

（三）抽样推断中抽样调查的作用

抽样推断中的抽样调查，除具有费用低、速度快、精度高的特点以外，还在实际应用过程中发挥着突出的作用。

（1）抽样调查能够解决全面调查所无法解决的调查问题。例如，产品质量的破坏性检验（如轮胎的里程寿命试验，青砖的抗折耐压试验，炮弹的杀伤力试验，弹簧的抗拉强度试验等）；无限总体的调查（无限总体所包含的总体单位数目有无限多个，无法一一调查）；未来发展情况总体的调查（如生产过程稳定性的调查等）。

（2）抽样调查适用于对理论上可以做全面调查，而实际上又难以组织全面调查的现象进行调查。例如，森林的木材蓄积量调查，大量连续作业的某些产品质量的非破坏性检验，水稻的颗粒重检验，等等。

（3）抽样调查的结果可被用来检验和修正全面调查的结果。由于全面调查涉及面广、工作量大、参加人员多、汇总传递环节多等原因，调查结果难免会出现差错，但是差错到底有多大？可在全面调查之后通过抽样调查进行一次检查和修正，从而提高全面调查的质量。

（4）抽样调查可对工业生产过程的稳定性进行监测，从而实现质量控制。

（5）利用抽样调查方法可以对总体进行假设检验。例如，一种新药在对某位患者使用后效果不错，这是否意味着这种新药的疗效就一定显著呢？单凭此还不能做出结论。因为疗效对于每个人常会受到一些随机因素的影响而呈现出一定的不确定性。因此，最好利用抽样调查结果，对这种药物的疗效是否存在显著性的差异进行检验，以确定其疗效是否显著。

二、抽样推断的几个基本概念

抽样的目的是为了对总体的某一数量特征进行推断，抽取的样本单位是什么？整理、计算样本单位的哪些量可以用来推断总体的数量特征？下面主要介绍总体和样本、样本容量和样本个数、重复抽样和不重复抽样、参数和统计量、抽样框和抽样单元等概念。

（一）总体和样本

1. 总体

总体又称全及总体，是所要认识研究的现象全体，简称总体，也叫母体。它是调查对象范围内具有某种共同性质或特征的许多单位的集合体。总体的单位数通常用 N 来表示，N 总是很大的。例如，研究某高校学生的学习情况，则该校的 10 000 名学生即构成总体，N=10 000。构成总体的单位数分为有限总体和无限总体。

2. 样本

样本又称子样或抽样总体。它是从总体中随机抽取出来的部分调查单位的集合体。样本的单位数通常用 n 表示，即样本容量，相对 N 来说，n 是很小的数。例如，从某高校 10 000 名学生中随机抽取 500 名进行学习情况的调查，则这 500 名学生构成一个样本，n=500。

总体和样本的区别：在一次特定范围、目的的统计研究中，总体是唯一的，但样本则不唯一；样本是总体中的一部分；总体只有一个，而样本的可能数目则很多。

（二）样本容量和样本个数

1. 样本容量

样本容量是指一个样本所包含的单位数。一般来说，样本单位数达到或超过 30 个称为大样本，而在 30 个以内称为小样本。社会经济统计的抽样推断多属于大样本，科学实验的抽样则多属小样本。

2. 样本个数

样本个数又称样本可能数目，是在一个抽样方案中从总体抽取的所有可能的样本总数。全部样本的可能数目与样本容量 n 和抽样方法有关，当抽样方法为不重复抽样或重复抽样时，从总体 N 个单位中抽取 n 个单位组成样本，得到的样本可能数目为 C_N^n 个（不重复抽取样本单位）或 N^n 个（重复抽取样本单位）。

（三）重复抽样和不重复抽样

按选取样本的方式不同，抽样有重复抽样和不重复抽样。

1. 重复抽样

重复抽样也称重置抽样、放回抽样、回置抽样。它是指从总体 N 个单位中随机抽取容量为 n 的样本时，每次从总体中抽取一个单位，把结果登记下来后重新放回，再从总体中抽取下一个样本单位的抽样方式。在这种抽样方式中，同一单位可能有多次被重复抽取的机会。

例如，总体中有 A、B、C、D 四个单位，采用重复抽样的方式从中随机抽取两个单位构成样本。即每次从中抽取一个单位，登记结果后放回，然后再从相同的四个中取一个，就构成一个样本。则全部可能抽取的样本数目（样本个数）为 4×4=16 个。它们是 AA、AB、AC、AD、BA、BB、BC、BD、CA、CB、CC、CD、DA、DB、DC、DD。

2. 不重复抽样

不重复抽样也称不重置抽样、不放回抽样、不回置抽样。它是指从总体 N 个单位中随机抽取容量为 n 的样本时，每次从总体中抽取一个单位，不再放回去，下一次则从剩下的总体单位中继续抽取，如此反复构成一个样本。就是说，每个总体单位只能被抽取一次，从总体中每抽取一次，总体就减少一个单位，因此，先后抽出来的各个单位被抽中的概率是不相等的。

例如，某班有 A、B、C、D 四名优秀少先队员候选对象，采用不记名投票的方式选出两名同学，则全部可能的情况（样本个数）有 4×3=12 个，它们是 AB、AC、AD、BA、BC、BD、CA、CB、CD、DA、DB、DC。

从上述两个实例可知：在相同的样本容量的要求下，不重复抽样的样本可能数目比重复抽样的可能数目少。

在实际工作中，一般多采用不重复抽样，但有些调查只宜用重复抽样，如公交车辆乘客情况的调查、商场顾客流量情况的调查等。

（四）参数和统计量

1. 参数

参数是反映总体数量特征的指标，是抽样推断所要推断的总体指标。由于总体是唯一确定的，所以参数也是唯一确定的。常用的总体参数有总体平均数 μ 和总体方差 σ^2（或总体标准差 σ）、总体成数 P 等。

设总体变量 X 的取值为 X_1，X_2，…，X_n，则计算总体参数的公式如下。

总体平均数

$$\mu = \frac{\sum X}{n} \text{ 或 } \mu = \frac{\sum X \cdot F}{\sum F}$$

总体方差

$$\sigma^2 = \frac{\sum (X-\overline{X})^2}{n} \text{ 或 } \sigma^2 = \frac{\sum (X-\overline{X})^2 F}{\sum F}$$

总体标准差

$$\sigma = \sqrt{\frac{\sum (X-\overline{X})^2}{n}} \text{ 或 } \sigma^2 = \sqrt{\frac{\sum (X-\overline{X})^2 F}{\sum F}}$$

式中，F 为总体各变量值出现的次数。

此外，表示总体中具有某种性质的单位数在总体全部单位数中所占的比重称为总体成数，故总体参数中还有总体成数 P，用 Q（$1-P$）表示总体中不具有某种性质的单位数在总体中所占的比重。

设总体 N 个单位中，有 N_1 个单位具有某种性质，N_2 个单位不具有某种性质，$N_1+N_2=N$，则有如下参数计算方法。

总体乘数

$$P = \frac{N_1}{N},\quad Q = \frac{N_2}{N} = \frac{N-N_1}{N} = 1-P$$

乘数平均数

$$\mu_P = P = \frac{N_1}{N}$$

乘数方差

$$\sigma_P^2 = PQ = P(1-P)$$

乘数标准差

$$\sigma_P = \sqrt{PQ} = \sqrt{P(1-P)}$$

2. 统计量

统计量是反映样本数量特征的综合指标，是根据样本各单位标志值或标志属性计算的综合指标，是用来估计总体指标的。与常用的总体参数相对应，统计量有样本平均数 $\overline{x}$ 、样本方差 s^2 、样本标准差 s 和样本乘数 p 等。

设样本变量 x 的取值为 x_1，x_2，…，x_n，则有：

样本平均数为

$$\overline{x} = \frac{\sum x}{n} \text{或} \overline{x} = \frac{\sum x \cdot f}{\sum f}$$

样本方差为

$$s^2 = \frac{\sum (x-\overline{x})^2}{n} \text{或} s^2 = \frac{\sum (x-\overline{x})^2 f}{\sum f}$$

样本标准差为

$$s = \sqrt{\frac{\sum (x-\overline{x})^2}{n}} \text{或} s = \sqrt{\frac{\sum (x-\overline{x})^2 f}{\sum f}}$$

样本乘数为

$$p = \frac{n_1}{n}$$

样本乘数平均数为

$$\overline{x}_p = p = \frac{n_1}{n}$$

样本乘数方差为

$$s_p^2 = p(1-p)$$

样本乘数标准差为

$$s_p = \sqrt{p(1-p)}$$

式中，f 为样本中各变量值出现的次数。

（五）抽样框和抽样单元

1. 抽样框

抽样框又称抽样结构，是指对可以选择作为样本的总体单位列出目录或排序编号，以确定总体的抽样范围和结构。

抽样时，我们抽取的并不是总体中具体的单位，而是抽取总体单位的编号。也就是说，在抽样之前为了方便抽样的实施，必须对总体单位列出目录性清单或进行编号，每个目录或每个编号须与总体中的每个单位或某些单位一一对应，这种目录性清单或排序编号称为抽样框。有了抽样框，便可以采用简单随机抽样的方法（直接抽选法、抽签法、随机数法）来抽选必要的单位数。

为了保证抽取编号或目录之后能找到对应的抽样单位，编制的抽样框必须满足：

（1）抽样框必须是有序的；

（2）抽样框中的每个编号（抽样单元）必须不重不漏。

2. 抽样单元

构成抽样框的单元称为抽样单元，也就是抽样框中的每个编号、目录性清单中的每个目录。

三、几种基本的抽样方式

抽样有概率抽样和非概率抽样，而概率抽样（主要采用的抽样方式）又分为以下几种。

（一）简单随机抽样

简单随机抽样又称纯随机抽样，是按随机原则直接从总体 N 个单位中抽取 n 个单位作为样本。简单随机抽样的具体实施方法主要有抽签法、随机数法和直接抽取法，前提是抽样前先对总体编制出抽样框。

简单随机抽样对总体不加任何限制，等概率地从总体中直接抽取样本，是最简单、最单纯的抽样技术。它具有计算简便的优点，是研究其他复杂抽样技术的基础，也是比较各种抽样技术之间估计效率的标准。同时，从理论上讲，简单随机抽样在各种抽样技术中是贯彻随机原则最好的一种，并且数学性质简单，是等概率抽样的特殊类型。

简单随机抽样也有它的局限性：首先，因为是等概率抽取样本，所以要求总体在所研究的主要标志上同质性或齐整性（共性）较好，即总体要比较均匀，但是，在社会经济现象中，这种均匀总体是很少见的，因此，实际工作中很少单纯使用简单随机抽样方式；其次，简单随机抽样要求在抽样前编制抽样框，并对每一个总体抽样单位进行编号，而且当总体抽样单位的分布比较分散时，样本也可能会比较分散，这些都会给简单随机抽样方法的运用造成许多不便，甚至在某些情况下干脆无法使用。因此，在此基础上研究其他抽样技术显得更为必要。

（二）分层抽样

分层抽样又称类型抽样。它是在抽样之前，先将总体 N 个单位按某一标志划分为 k 层（类），然后在各层内分别独立地进行随机抽样，由此所抽得的样本称为分层样本。例如，总体有 N 个单位，把总体划分为 k 层，使得 $N=N_1+N_2+\cdots+N_k$，然后从每组的 N_i 个单位中抽取 n_i 个单位，构成样本容量为 n 的样本。

如何合理地划分层呢？划分层的依据如下：

（1）同层内的个体差异尽可能最小；

（2）不同层的个体差异尽可能最大。

与简单随机抽样相比，分层抽样具有以下特点：

（1）分层抽样能够充分地利用关于总体的各种已知信息进行分层，因此，抽样的效果一般比简单随机抽样要好，但当对总体缺乏较多的了解时，则无法分层或不能保证分层的效果。

（2）由于分层抽样是在每层内独立地进行抽样，因此，使得分层抽样得到的样本能够比简单随机抽样的样本更加均匀地分布于总体之内，所以其代表性也更好。

（3）在分层抽样中，总体的方差一般可以分解为层间方差和层内方差两部分。由于分层抽样的误差只与层内差异有关，与层间差异无关，因此，分层抽样可以提高估计量的精度。

（4）分层抽样适合于调查标志值在各单位的分布差异较大的总体。因为对这样的总体进行合理的分层后可将其差异较多地转化为层间差异，从而使层内差异大大减弱。

（5）分层抽样中除可以推断总体参数外，还可以推断各不同层的数量特征，并进一步做对比分析。

（三）等距抽样

等距抽样也称机械抽样或系统抽样。它是将总体各抽样单位按一定的标志和顺序排列以后，每隔一定的距离（间隔）抽取一个单位组成样本进行调查的方式。其具体方法如下：设总体由 N 个单位组成，并按某种顺序编上 1 到 N 的号码，要在其中抽取容量为 n 的样本，先在前 K 个单位中随机抽选一个单位，然后每隔 K 个单位抽取一个单位，由所有抽中的单位共同组成的样本称为等距样本。可见，抽出了第一个单位就等于决定了整个样本，这种抽样方法就是等距抽样。这里 K 称为抽样间隔。

作为总体各单位顺序排列的标志，既可以是无关标志也可以是有关标志。所谓无关标志是指与调查标志无关的或不起主要影响作用的标志。例如，工业产品质量抽查按时间顺序取样，农作物产量抽样调查按田间的地理位置顺序取样，居民家计调查按街道的门牌号码抽取调查户，等等。

在等距抽样中，最简单、最基本的方法是随机起点等距抽样，但在实际实施等距抽样时，考虑到排序标志的不同，以及总体单位数是否能被某一数值整除等因素，具体的抽样实施方法又可以有一系列不同的变化。常见的等距抽样实施方法有随机起点等距抽样法、循环等距抽样法、中点等距抽样法、对称等距抽样法等。

（四）整群抽样

整群抽样也称集群抽样。它是将总体各单位划分成若干部分（群），然后把每个群作为一个抽样单位，从中随机抽取部分群，对选中群的所有单位进行全面调查。整群抽样适用于没有总体单位的原始记录可以利用的情形。

例如，如果要调查某市去年底育龄妇女的人数，但又没有去年的育龄妇女的档案资料，难以对育龄妇女抽样，则可以采用整群抽样的方式，将全市按户籍派出所的管辖范围分成许多区域，随机抽选其中若干区域，并对抽中的派出所辖区内按户籍册全面调查育龄妇女的人数，以此推断全市的育龄妇女的人数。

整群抽样因为是对选中群的全面调查，所以调查单位很集中，大大简便抽样工作，节省经费开支。

如何合理地划分群呢？划分群的依据如下：

（1）群内的个体差异尽可能大；

（2）群间的个体差异尽可能小。

整群抽样与分层抽样的区别：

（1）误差存在形式不同。整群抽样是对选中群进行全面调查，所以只存在群间抽样误差，不存在群内抽样误差。而分层抽样只存在层内抽样误差，不存在层间抽样误差。

（2）分组的原则是完全不同的。整群抽样的分组要求群内的差异尽可能大，群间差异尽可能小；分层抽样的分组要求层内差异尽可能小，层间差异尽可能大。

四、抽样误差及抽样误差的可靠程度

（一）抽样误差

我们知道，抽样的目的是为了推断总体，由样本统计量的随机性和总体参数的唯一性可知，抽取样本的统计量推断、估计总体的参数一定存在差距，这个差距就是抽样误差。

抽样误差不是由人为因素造成的登记性误差，而是进行抽样调查时所固有的误差。因为从总体中按照随机原则抽取的样本，其结构很难和总体完全一致，因而抽样平均数（或成数）与总体平均数（或成数）之间往往会有误差。显然，抽样误差越小，说明样本指标对总体指标的代表性越高；反之，抽样误差越大，则说明样本指标对总体指标的代表性越低。

抽样误差的特点：

（1）抽样误差是不可能计算得到的，因为总体参数是未知数；

（2）抽样误差是不可避免的，但可以用大数定律和抽样设计加以控制；

（3）抽样误差是一个随机变量，因为样本统计量是随机的。

正是抽样误差的不可计算性、不可避免性、随机性这些特点，我们不能用抽样误差作为判断抽样好坏的准则。那么，抽样的优劣性该如何判断呢？我们一般采用抽样误差的一般水平（抽样平均误差）来判断。

（二）抽样平均误差

对于确定的总体来说，总体参数是确定的值，而样本是按随机原则抽取的。从同一总体抽取样本容量相同的样本数可以有很多个，每个样本都有自己的样本统计量，而且大小不等，每个样本统计量与总体指标的离差就有大有小。抽样平均误差就是用来反映抽样误差的一般水平的指标，是判断抽样好坏的准则，是衡量误差可能范围的一种尺度。

抽样平均误差用所有可能样本的统计量与相应的总体参数的标准差来反映，通常用

符号 μ 来表示。为便于区别起见，用 $\mu_{\bar{x}}$ 表示样本平均数的抽样平均误差； μ_p 表示样本成数的抽样平均误差。

1. 样本平均数的抽样平均误差

在重复抽样的条件下，抽样平均误差为

$$\mu_{\bar{x}}=\sqrt{\frac{\sigma^2}{n}}=\frac{\sigma}{\sqrt{n}}$$

在不重复抽样条件下，抽样平均误差为

$$\mu_{\bar{x}}=\sqrt{\frac{\sigma^2}{n}\left(\frac{N-n}{N-1}\right)}$$

当总体单位数 N 很大时，上式中的 $N-1$ 可用 N 来代替。

因而，当总体单位数 N 很大时，不重复抽样的抽样平均误差为

$$\mu_{\bar{x}}=\sqrt{\frac{\sigma^2}{n}\left(1-\frac{n}{N}\right)}$$

显然，相同条件下，不重复抽样的抽样平均误差一定小于重复抽样的抽样平均误差。

【案例 7-1】 有 4 名工人每日工资分别为 70、90、130、150 元。现从总体中随机抽取 2 名工人作为样本。试计算重复抽样和不重复抽样下的样本平均数的抽样平均误差。

【分析】 这一总体的平均工资 μ 和标准差 σ 为

$$\mu=\frac{\sum X}{N}=\frac{70+90+130+150}{4}=110\text{（元）}$$

$$\sigma=\sqrt{\frac{\sum(x-\mu)^2}{N}}=\sqrt{\frac{(70-110)^2+(90-110)^2+(130-110)^2+(150-110)^2}{4}}=31.62\text{（元）}$$

在重复抽样条件下，样本平均工资的抽样平均误差为

$$\mu_{\bar{x}}=\frac{\sigma}{\sqrt{n}}=\frac{31.62}{\sqrt{2}}=22.36\text{（元）}$$

在不重复抽样条件下，样本平均工资的抽样平均误差为

$$\mu_{\bar{x}}=\sqrt{\frac{\sigma^2}{n}\left(\frac{N-n}{N-1}\right)}=\sqrt{\frac{1000}{2}\left(\frac{4-2}{4-1}\right)}=18.26\text{（元）}$$

2. 成数的抽样平均误差

成数的抽样平均误差表明各样本成数和总体成数绝对离差的一般水平。

在重复抽样的条件下，样本成数的抽样平均误差为

$$\mu_p=\sqrt{\frac{P(1-P)}{n}}$$

在不重复抽样的条件下，样本成数的抽样平均误差为

$$\mu_p=\sqrt{\frac{P(1-P)}{n}\cdot\left(\frac{N-n}{N-1}\right)}$$

当 N 很大时

$$\mu_p=\sqrt{\frac{p(1-p)}{n}\left(1-\frac{n}{N}\right)}$$

当总体成数 P 未知时，用实际样本的成数 p 来代替。

【案例 7-2】 要估计某地区 10 000 名适龄儿童的入学率，随机从这一地区抽取 400 名儿童进行调查，结果发现有 320 名儿童入学，试求入学率的抽样平均误差。

【分析】 根据已知条件，样本乘数

$$p=\frac{320}{400}=80\%$$

由于总体成数未知，实际样本成数 0.8 来代替。

在重复抽样的条件下，入学率的抽样平均误差为

$$\mu_p=\sqrt{\frac{p(1-p)}{n}}=\sqrt{\frac{0.16}{400}}=2\%$$

在不重复抽样的条件下，入学率的抽样平均误差为

$$\mu_p=\sqrt{\frac{p(1-p)}{n}\left(1-\frac{n}{N}\right)}=\sqrt{\frac{0.16}{400}\left(1-\frac{400}{10\ 000}\right)}=1.96\%$$

【思考】

假设 10 亿人口大国和 100 万人口小国的居民年龄差异程度相同，现在用重复抽样方法抽取两国人口的 1%来推断平均年龄，那么，哪个国家平均年龄的抽样平均误差较大？

（三）抽样极限误差

我们知道，抽样平均误差只是衡量样本统计量与总体参数之间可能发生的误差的一种尺度，并不是实际误差。实际上，样本统计量会随样本的不同而变动，它与总体参数之间就有个误差范围问题。抽样极限误差，就是变动的样本统计量与确定的总体参数之间离差的可能范围，也称为抽样允许误差。根据概率论理论，统计上把以一定的可靠程度保证抽样误差不超过某一给定的范围称为抽样极限误差。用 $\Delta_{\bar{x}}$、Δ_p 分别表示样本平均数与样本成数的抽样极限误差，则有

$$\Delta_{\bar{x}}\geqslant|\bar{x}-\mu|$$

$$\Delta_p\geqslant|p-P|$$

上述等式的含义：

（1）样本平均数 $\bar{x}$ 是以总体平均数 μ 为中心，在（$\mu-\Delta_{\bar{x}}$，$\mu+\Delta_{\bar{x}}$）之间变动的；样本成数 p 是以总体成数 P 为中心，在（$P-\Delta_p$，$P+\Delta_p$）范围内变动的。

（2）由于总体参数是未知数，而统计量是可以测算的，被估计的总体指标 μ 落在（$\bar{x}-\Delta_{\bar{x}}$，$\bar{x}+\Delta_{\bar{x}}$）范围内，总体成数 P 落在（$P-\Delta_p$，$P+\Delta_p$）范围内。

（四）抽样误差的概率度

基于概率估计的要求，抽样极限误差 Δ 通常需要以抽样平均误差 μ 为标准单位来衡量。把抽样极限误差除以抽样平均误差得到的相对数 t 称为抽样估计的概率度。t 是测量

估计可靠程度的一个参数，计算公式为

$$t=\frac{\Delta_{\bar{x}}}{\mu_{\bar{x}}} \text{或} \Delta_{\bar{x}}=t\cdot\mu_{\bar{x}}$$

$$t=\frac{\Delta_p}{\mu_p} \text{或} \Delta_p=t\cdot\mu_p$$

这个公式表明：在抽样平均误差 μ 一定的条件下，概率度 t 越大，则抽样误差范围 Δ 越大；反之 t 越小，抽样误差范围 Δ 越小。即概率度 t 与抽样极限误差成正比例关系。

（五）抽样估计的可靠程度

既然统计量是一个随机变量，则抽样误差落在某范围内一定不是必然事件。但我们可以计算抽样统计量和总体参数的误差不超过一定区间范围（置信区间）内的概率，这种概率称为抽样估计的可靠程度，用 $F(t)$ 表示，也称为置信度（即总体参数落在一定区间范围的概率把握程度），用 P 表示，它是概率度 t 的函数，即 $P=F(t)$。

在实际应用中，由于我们所研究的总体大部分为正态总体，根据“正态分布概率表”，已知概率度 t 可查得相应的概率 $F(t)$；相反，已知概率 $F(t)$，也可查得相应的概率度 t。几个常用概率度与概率对应表如表 7-1 所示。

表 7-1 几个常用概率度与概率对应表

概率度 t	概率 $F(t)$ （%）
1.00	68.27
2.00	95.45
3.00	99.73
1.64	90.00
1.96	95.00
2.58	99.00

观察常用概率度和估计的可靠程度（概率）可知：随着概率度的增大，概率也增大；由公式 $\Delta=|\bar{x}-\mu|=\mu\cdot t$ 可知，概率度 t 越大，置信区间越大，总体参数落在该置信区间的概率就越大；反之概率度 t 越小，置信区间越小，总体参数落在该置信区间的概率就越小。综上所述，概率度 t 与置信概率成正比。

【思考】

抽样估计的精确程度和抽样估计的可靠程度是什么关系？

（六）影响抽样误差的因素

抽样误差大小主要受以下三个方面因素的影响：

（1）样本容量 n。在其他条件不变的情况下，样本容量越大，则抽样误差越小，当样本容量大到等于总体单位数 N 时，则统计量和总体参数完全重合；反之，样本容量越小，则抽样误差越大。

（2）总体标志的差异程度 σ^2。总体标志的差异程度越大，抽样误差就越大；反之，总体标志差异程度越小，则抽样误差越小。

（3）抽样的组织方式和抽样方法。在相同条件下，重复抽样的误差大于不重复抽样的误差。

任务二 运用参数估计

参数估计就是根据抽样资料来估计相应的总体数量特征的未知参数。参数估计方法有点估计和区间估计两种。

一、点估计

点估计是以样本统计量的取值直接作为总体参数的估计值的一种估计方法。例如，用样本均值 $\bar{x}$ 直接作为总体均值 μ 的估计值，用样本方差 s^2 作为总体方差 σ^2 的估计值，用样本乘数 p 作为总体成数 P 的估计值等。点估计的基本公式为

$$\hat{\mu}=\bar{x},\quad \hat{\sigma}^2=s^2,\quad \hat{P}=p,\quad \hat{\sigma}_P^2=s_p^2$$

式中，$\hat{\mu}$ 为总体均值的估计值；$\hat{\sigma}^2$ 为总体方差的估计值；$\hat{P}$ 为总体乘数的估计值；$\hat{\sigma}_P^2$ 为总体乘数方差的估计值。

例如，在某村所有种植小麦的专业户中抽取 50 户，对他们种植的小麦进行实割实测，得到的平均亩产为 350 千克。用点估计该村小麦的平均亩产量为

$$\hat{\mu}=\bar{x}=350\text{千克}$$

点估计的特点：

（1）优点是简便易行、原理直观，常为实际工作采用。

（2）不足之处是没有表明抽样估计的误差，更没有表明误差在一定范围内的概率保证程度有多大。要解决这个问题，就必须采用区间估计方法。

二、区间估计

（一）区间估计的概念

如前所述，点估计是用一个点（即抽样指标）去估计总体未知参数。顾名思义，区间估计就是用一个区间范围去估计总体未知参数，是在点估计的基础上根据样本指标和抽样误差来推断总体参数的最大可能范围，并同时指出估计的可靠程度的方法。

例如，估计明年的 GDP 增长率在 9%～10%之间，比说明年的 GDP 增长率为 9%更容易让人相信，因为给出 9%～10%已把可能出现的误差考虑到了。

区间估计与点估计的区别：

（1）点估计是一个确切的估计值，而区间估计是区间范围，根据概率保证程度的要求，区间范围可宽可窄；

（2）点估计无法回答估计值落在某区间的概率保证程度，而区间估计可以回答待估参数落在估计区间的保证程度。

（二）总体均值的区间估计

当总体服从正态分布，且总体方差σ^2已知，或者总体是非正态总体分布，但抽选的样本为大样本（$n \geqslant 30$）时，可以证明抽选自总体的样本的样本均值$\bar{x}$服从均值为μ、方差为$\frac{\sigma^2}{n}$的正态分布，即

$$\bar{x} \sim N\left(\mu, \frac{\sigma^2}{n}\right)$$

在显著性水平a下，总体均值μ在$1-a$的置信度下的置信区间为（$\bar{x} - Z_{a/2}\frac{\sigma}{\sqrt{n}}$，$\bar{x} + Z_{a/2}\frac{\sigma}{\sqrt{n}}$）。由于$Z_{a/2}$为概率度，$\frac{\sigma}{\sqrt{n}}$为抽样平均误差，所以$Z_{a/2}\frac{\sigma}{\sqrt{n}}$为抽样极限误差。$\bar{x} - Z_{a/2}\frac{\sigma}{\sqrt{n}}$，$\bar{x} + Z_{a/2}\frac{\sigma}{\sqrt{n}}$分别为置信下限、置信上限。

关于总体均值区间估计的说明：

① 若抽样方式为不重复抽样，则上述情况总体均值的置信区间为（$\bar{x} - Z_{a/2}\frac{\sigma}{\sqrt{n}}\sqrt{\frac{N-n}{n-1}}$，$\bar{x} + Z_{a/2}\frac{\sigma}{\sqrt{n}}\sqrt{\frac{N-n}{n-1}}$）；

② 若总体方差σ^2未知，可以用样本方差s^2代替。

【案例 7-3】 某市电视台委托调查公司估计该市居民平均每日看电视的时间。调查公司随机抽取了100名居民进行问卷调查，计算出平均每人每天看电视的时间是4小时。另外，已知总体标准差是1.5小时。当置信度为95%时，试求该市居民每天看电视的平均时间的置信区间。

【分析】 由于抽取100名居民进行问卷调查，即抽取的样本为大样本，说明样本均值服从正态分布。已知$\bar{x}=4$小时，$\sigma=1.5$小时，$n=100, 1-a=95\%$，查标准正态分布概率表，可得临界值$Z_{a/2}$=1.96，则抽样极限误差为

$$Z_{a/2}\frac{\sigma}{\sqrt{100}}=1.96\times\frac{1.5}{10}=0.294$$

置信下限、置信上限为

$$\bar{x} - Z_{a/2}\frac{\sigma}{\sqrt{100}} = 4 - 0.294 = 3.706$$

$$\bar{x} + Z_{a/2}\frac{\sigma}{\sqrt{100}} = 4 + 0.294 = 4.294$$

总体均值μ的置信区间为

$$\left(\bar{x} - Z_{a/2}\frac{\sigma}{\sqrt{n}},\ \bar{x} + Z_{a/2}\frac{\sigma}{\sqrt{n}}\right) = (3.706, 4.294)$$

由此可知，在置信度为 95%的概率保证程度下，该市居民看电视的平均时间在 3.706 小时到 4.294 小时之间。

（三）总体成数的区间估计

在实际工作中，常常需要估计总体中具有某种属性特征的单位在总体单位中所占的比重。例如，在产品的质量检验中，要了解产品的合格率或废品率；在商业服务质量评比中，要了解顾客对服务的满意度或有意见的顾客的比例等，这些都属于对总体成数的研究。

在大样本情况（$n{\cdot}p>5$，$n(1-p)>5$）下，根据中心极限定理可以证明样本乘数近似服从正态分布。即

$$p \sim N\left(P, \frac{P(1-P)}{n}\right)$$

与样本均值的区间估计一样，在显著性水平 a 下，总体成数 P 在 $1-a$ 的置信度下的置信区间为$\left(p - Z_{a/2}\sqrt{\frac{P(1-P)}{n}},\ p + Z_{a/2}\sqrt{\frac{P(1-P)}{n}}\right)$。$Z_{a/2}$ 为概率度，$\sqrt{\frac{P(1-P)}{n}}$ 为抽样平均误差，所以 $Z_{a/2}\sqrt{\frac{P(1-P)}{n}}$ 为抽样极限误差。$p - Z_{a/2}\sqrt{\frac{P(1-P)}{n}}$，$p + Z_{a/2}\sqrt{\frac{P(1-P)}{n}}$ 分别为置信下限、置信上限。

【案例 7-4】 在一项新家电产品的市场调查中，随机选取 400 名顾客为样本，询问他们是否喜欢此产品，其中 72.1%的顾客表示喜欢该产品，试在 95%置信概率下，估计顾客喜欢该产品的比率。

【分析】 由于抽取 400 位顾客作为样本，且 $n{\cdot}p>5$，即抽取的样本为大样本，则样本成数近似服从正态分布，已知 $p=72.1\%$，则 $1-p=27.9\%$，$n=400$，$1-a=95\%$，查标准正态分布概率表，可得临界值 $Z_{a/2}$=1.96，则抽样极限误差为

$$Z_{a/2}\sqrt{\frac{P(1-P)}{n}}=1.96\times 0.0224=0.044$$

置信下限、置信上限为

$$p - Z_{a/2}\sqrt{\frac{P(1-P)}{n}} = 0.721 - 0.044 = 0.677$$

$$p + Z_{a/2}\sqrt{\frac{P(1-P)}{n}} = 0.721 + 0.044 = 0.765$$

总体成数 P 的置信区间为

$$\left(p - Z_{a/2}\sqrt{\frac{P(1-P)}{n}},\ p + Z_{a/2}\sqrt{\frac{P(1-P)}{n}}\right) = (0.677, 0.765)$$

由此可知，在置信度为 95%的概率保证程度下，顾客喜欢该产品的比率在 67.7%～76.5%之间。

任务三　确定样本容量

在实际抽样调查中，确定合适的样本容量是一项重要的工作。样本容量过多，必然会增加人力、财力、物力的支出，造成不必要的浪费；而样本容量过少，又会导致抽样误差增大，达不到抽样所要求的准确程度。因此，必要样本容量就是在保证误差不超过规定范围的条件下尽可能地节省人力、财力、物力的支出。

一、平均数的必要样本容量

（一）重复抽样

由 $\Delta_{\bar{x}}=\mu_x-t=\frac{\sigma}{\sqrt{n}}t$ 可得

$$n=\frac{\sigma^2t^2}{\Delta_{\bar{x}}^2}$$

从上式可以看出，如确定了抽样极限误差、总体标准差及概率度，就能确定必要样本容量。

（二）不重复抽样

由 $\Delta_{\bar{x}}=\mu_x-t=t\sqrt{\frac{\sigma^2}{n}\left(1-\frac{n}{N}\right)}$ 可得

$$n=\frac{N\sigma^2t^2}{N\Delta_{\bar{x}}^2+\sigma^2t^2}$$

【案例 7-5】 某批发市场欲估算零售商贩的平均每次进货额，现有历史资料进货额的标准差为 1000 元，假定到批发市场进货的零售商有 2000 人，若要求置信水平为 99.73%，抽样极限误差不超过 250 元，应抽取多大的样本？

【分析】 这里没有说采用重复抽样还是不重复抽样，故我们分别计算两种抽样方法下的样本容量。

由 $F（t）$=99.73% 查分布表得 t=3。

重复抽样条件下的必要样本容量

$$n=\frac{\sigma^2t^2}{\Delta_{\bar{x}}^2}=\frac{1000^2\times3^2}{250^2}=144（人）$$

不重复抽样条件下的必要样本容量

$$n=\frac{N\sigma^2t^2}{N\Delta_{\bar{x}}^2+\sigma^2t^2}=\frac{2000\times1000^2\times3^2}{2000\times250^2+1000^2\times3^2}=134.33\approx135（人）$$

二、成数的必要样本容量

（一）重复抽样

由 $\Delta_p = \mu_p t = \sqrt{\dfrac{p(1-p)}{n}}t$ 可得

$$n = \frac{p(1-p)t^2}{\Delta_p^2}$$

（二）不重复抽样

由 $\Delta_p = \mu_p t = t\sqrt{\dfrac{p(1-p)}{n}\left(1-\dfrac{n}{N}\right)}$ 可得

$$n = \frac{Np(1-p)t^2}{N\Delta_p^2 + p(1-p)t^2}$$

【案例 7-6】 某市想通过抽样调查了解全市居民每天参加健身活动的比率，如果把误差范围设定在 5%，问如果以 95%的置信度进行参数估计，需要多大的样本容量？

【分析】 因为 $F(t)$=95%，查分布表得 t=1.96，根据重复抽样条件下的必要样本容量的公式得

$$n = \frac{p(1-p)t^2}{\Delta_p^2} = \frac{0.5\times0.5\times1.96^2}{(5\%)^2} = 384.16 \approx 385（人）$$

三、影响必要样本容量的因素

为了确定必要样本容量，我们必须分析影响必要样本容量的因素。影响必要样本容量的因素主要有以下几点。

（1）总体各单位标志差异程度，即总体方差的大小。总体标志差异程度越大，要求样本容量要越大，反之亦然。

（2）抽样极限误差的大小。抽样极限误差越大，要求样本容量越小；反之亦然。

（3）抽样方法。在其他条件相同时，重复抽样比不重复抽样要求样本容量要大。

（4）抽样方式。采用类型抽样的样本容量要小于简单随机抽样的样本容量。

（5）抽样推断概率的大小。抽样推断概率越大，要求样本容量越大；反之亦然。

任务四　Excel 在抽样推断中的应用

一、Excel 在抽取样本中的应用

【案例 7-7】 如果某生产企业欲了解本批次 A 品牌迷你手电筒的质量情况，决定从该批次 2000 个产品中抽取 40 个作为样本一一进行质量检测（A 品牌迷你手电筒标准使

用时间为 9000 小时）。那么，该生产企业质检部应该选择哪些产品作为样本呢？

1. 抽样方法的确定

根据质量检测的特性及总体单位的特点，采用简单随机抽样的方法抽取样本。

2. 抽样的实施

第一步，对 2000 个手电筒进行编号，即编制抽样框。

第二步，将样本编号输入 Excel 电子表格中建立数据库。

第三步，选择“数据”选项卡，单击“数据分析”按钮，在打开的“数据分析”对话框中的“分析工具”列表中选择“抽样”选项，单击“确定”按钮，打开“抽样”对话框。在“输入区域”中文本框中输入迷你手电筒编号所在的单元格地址（这里为“A1：T685”），在“样本数”文本框中输入样本数“40”，在“输出区域”文本框中输入输出位置的单元格（这里为 U1），如图 7-1 所示。

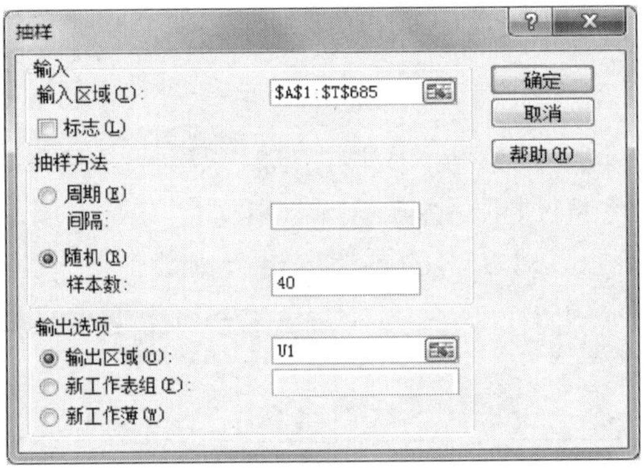

图 7-1 “抽样”对话框

第四步，单击“确定”按钮，即可得到随机抽取的样本编号。注意：抽取的样本编号并不是按大小顺序排列的。为了数据整理的方便，这里需要将编号按大小顺序进行排列，排列后的数据如图 7-2 所示。

U	V	W	X	Y
114	404	827	1540	
145	518	868	1547	
146	569	932	1486	
187	620	973	1619	
198	671	994	1690	
209	682	1035	1751	
210	703	1136	1802	
311	724	1277	1853	
322	755	1308	1864	
353	796	1459	1955	

图 7-2 样本编号

第五步，根据样本编号整理对应的样本，对样本中的每一个迷你手电筒进行逐一检查，得到 40 个迷你手电筒的使用寿命。

第六步，对样本数据进行计算。

抽样的目的是对总体进行推断，故我们需要对 40 个迷你手电筒的使用寿命进行计算。经计算，40 个手电筒的平均使用寿命为 9500 小时，抽样平均误差为 120 小时，样本标准差为 905.6 小时。

另外，根据迷你手电筒的标准使用时间可以知道：40 个迷你手电筒中有 35 个的使用时间超过标准时间，没有超过标准使用时间的有 5 个。所以，样本中手电筒的合格率为 87.5%。

二、Excel 在抽样极限误差计算中的应用

由于抽样必定会产生抽样误差，为了得到一定的概率保证程度（$P=F(t)$）下抽样误差不超过的范围，需计算抽样极限误差（抽样允许误差）。

1. 利用 CONFIDENCE.NORM 函数计算抽样极限误差

CONFIDENCE.NORM 函数适用于大样本数据。

【案例 7-8】 要计算样本容量为 40、标准差为 800、显著性水平为 0.05 的抽样极限误差，其操作步骤如下：

第一步，在 Excel 软件中选择“公式”选项，单击“插入函数”按钮，在打开的“插入函数”对话框中的“选择类别”中，选择“统计”选项，在“选择函数（N）”列表中选择“CONFIDENCE.NORM”函数，单击“确定”按钮，弹出“函数参数”对话框。

第二步，在“函数参数”对话框中的“Alpha”文本框中输入“0.05”（显著性水平）；在“Standard_dev”文本框中输入“800”（标准差）；在“Size”文本框中输入“40”（样本容量），如图 7-3 所示。单击“确定”按钮，即可得出抽样极限误差约为 247.92。

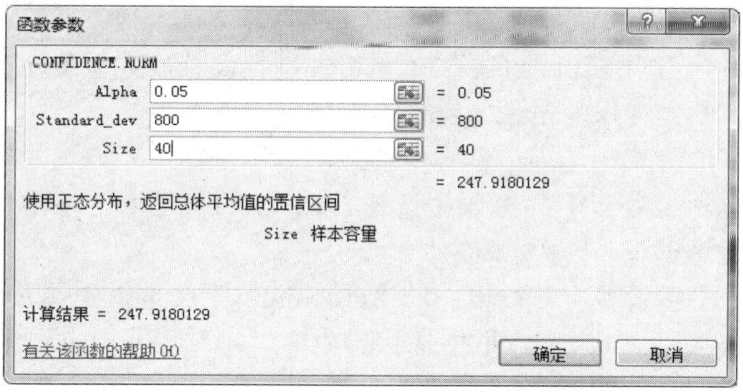

图 7-3　“CONFIDENCE.NORM 函数参数”对话框

2. 利用 NORM.S.INV（正态、大样本）、T.INV.2T（t 分布、小样本）函数计算抽样极限误差

事实上，利用 NORM.S.INV、T.INV.2T 函数计算的是概率度 t，代入公式才能计算出抽样极限误差。

（1）NORM.S.INV 函数适用于大样本、正态分布的情况。

【案例 7-9】 为了解某地区市民的收入情况，随机抽取了 40 名市民进行调查，调查结果得知：40 名市民的月平均收入为 4500 元，标准差为 800 元，试以 95%的概率置信水平估计该地区市民月平均收入的允许误差范围。其操作步骤如下：

第一步，选择“公式”选项，单击“插入函数”按钮，在“选择类别”中选择“统计”选项，在“选择函数（N）”列表中选择“NORM.S.INV”函数，单击“确定”按钮，弹出“函数参数”对话框。

第二步，在对话框中的“Probability”文本框中输入“0.025”，即“显著性水平/2”如图 7-4 所示。单击“确定”按钮，即可得到$Z_{a/2}$值约为−1.96。

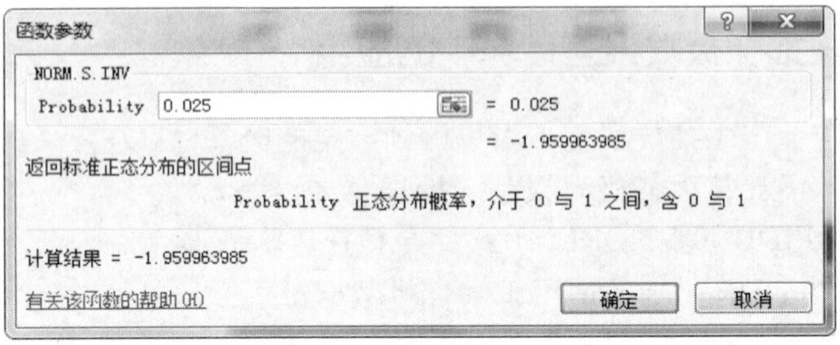

图 7-4 “NORM.S.INV 函数参数”对话框

第三步，根据$Z_{a/2}$的值，代入公式$Z_{a/2}\dfrac{\sigma}{\sqrt{n}}$计算抽样极限误差。即

$$Z_{a/2}\frac{\sigma}{\sqrt{n}}=1.96\times\frac{800}{\sqrt{40}}=247.92\text{（元）}$$

（2）T.INV.2T 函数适用于小样本、t分布的情况。

对于（n<30）小样本情况，需要采用 T.INV.2T 函数先计算概率度t的值，然后代入公式计算抽样极限误差。

“案例 7-9”中，如果随机抽取了 20 名市民进行调查，其他条件不变，则计算该地区市民月平均收入的允许误差范围的操作步骤如下：

第一步，选择“公式”选项，单击“插入函数”按钮，在“选择类别”中选择“统计”选项，在“选择函数（N）”列表中选择“T.INV.2T”函数，单击“确定”按钮，弹出“参数设置”对话框。

第二步，在“参数设置”对话框中的“Probability”文本框中输入“0.025”（显著性水平/2）；在“Deg_freedom”文本框中输入自由度“19”（20−1），如图 7-5 所示。单击“确定”按钮，得到$t_{a/2}$值约为 2.43。

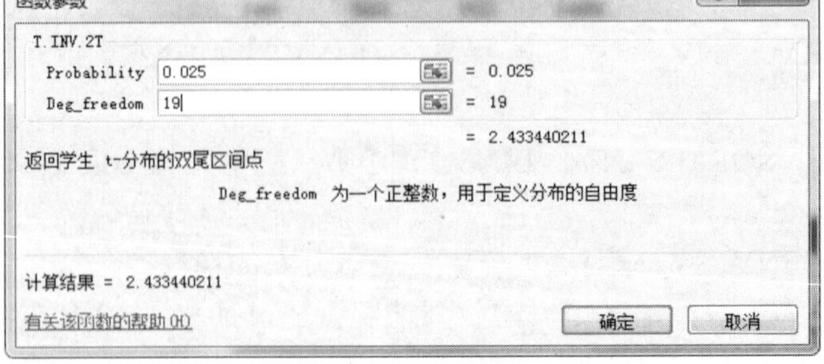

图 7-5 “T.INV.2T 函数参数”对话框

第三步，根据$t_{a/2}$的值，代入公式$t_{a/2}\frac{s}{\sqrt{n}}$计算抽样极限误差为

$$t_{a/2}\frac{s}{\sqrt{n}}=2.43\times\frac{800}{\sqrt{20}}=374.41$$

三、Excel 在区间估计中的应用

1. 总体均值的区间估计

我们知道，总体均值是以样本均值为中心的，在抽样允许误差为波动范围内变动，即总体均值的区间估计范围为($\bar{x}-\Delta_{\bar{x}}$，$\bar{x}+\Delta_{\bar{x}}$)，在掌握抽样允许误差计算方法的基础上，可以很容易求出总体均值的置信区间。

例如，“案例 7-9”中随机抽取 40 名市民进行调查，以 95%的概率估计该地区市民的月平均收入。采用 CONFIDENCE.NORM 函数已求得抽样允许误差为 247.92，则该地区市民月平均收入的置信区间为

（2500−247.92，2500+247.92）元=（2252.08，2747.92）元

2. 总体成数的区间估计

对于总体成数的区间估计，计算方法同总体均值的区间估计类似，不过应该注意的是：当成数的标准差（方差）未知时，应先根据样本成数计算样本标准差，然后代入公式即可。

【案例 7-10】 家电产品市场调查中有 72.1%的顾客表示喜欢该产品，试在 95%的置信水平下，估计全体顾客喜欢该产品的比率。

第一步，计算样本乘数的方差。在 Excel 任一单元格中输入“=0.721*（1−0.721）”，按回车键得 0.201 159。

第二步，计算抽样平均误差。在 Excel 任一单元格中输入“=sqrt（0.201 159/400）”，按回车键得 0.022 425。

第三步，计算抽样极限误差。利用 CONFIDENCE.NORM 函数计算$Z_{0.05/2}$的值为 1.96，然后在任一单元格中输入公式“=1.96*0.022 425”，按回车键即得抽样极限误差为 0.044。

第四步，计算总体成数的置信上限和置信下限。

在任一单元格中输入“=0.721−0.044”，在另一单元格中输入“=0.721+0.044”，按回车键，得到在 95%的置信水平下全体顾客喜欢该产品的比率在 67.7%～76.5%之间。

项目小结

1. 抽样推断。抽样推断是按照随机原则，从全部研究总体中抽取一部分单位进行调查，并依据抽样调查所获得的数据对总体的某一数量特征（总体参数）做出具有一定可靠程度的估计与推断的一种统计分析方法。

抽样中最重要、最基本的几个概念：总体和样本，参数和统计量，样本容量和样本个数，重复抽样和不重复抽样等。

2．几种基本的抽样方式。抽样有概率抽样和非概率抽样，概率抽样（主要采用的抽样方式）又分为简单随机抽样、分层抽样、等距抽样和整群抽样。

3．抽样误差。抽样误差是样本的统计量与总体的参数之间存在的差距。抽样误差不是由人为因素造成的登记性误差，而是进行抽样调查时所固有的误差。

4．抽样平均误差是所有可能样本的统计量与相应的总体参数的平均离差。

5．抽样极限误差是以一定的可靠程度保证抽样误差不超过某一给定的范围，统计上把这个给定的范围称为抽样极限误差，也称为抽样允许误差。

6．参数估计。参数估计就是根据抽样资料来估计相应的总体指标，由于总体指标是表明总体数量特征的参数，因此称为参数估计。参数估计方法有点估计和区间估计两种。

7．样本容量。

（1）平均数的必要样本容量。

重复抽样

$$n=\frac{\sigma^2 t^2}{\Delta_{\bar{x}}^2}$$

不重复抽样

$$n=\frac{N^2\sigma^2 t^2}{N\Delta_{\bar{x}}^2+\sigma^2 t^2}$$

（2）成数的必要样本容量

重复抽样

$$n=\frac{p(1-p)t^2}{\Delta_p^2}$$

不重复抽样

$$n=\frac{Np(1-p)t^2}{N\Delta_p^2+p(1-p)t^2}$$

技能检测

一、判断对错

1．抽样误差的产生是由于破坏了随机原则所造成的。（　　）

2．当其他条件不变时，抽样平均误差要减少原来的 1/3，则样本容量必须增大 9 倍。（　　）

3．抽样调查所遵循的原则是可靠性原则。（　　）

4．样本指标是一个客观存在的数。（　　）

5．全面调查只有登记性误差而没有代表性误差，抽样调查只有代表性误差而没有登记性误差。（　　）

6．抽样平均误差就是抽样平均数的标准差。（　　）

二、单项选择题

1．事先确定总体范围，并对总体的每个单位编号，然后根据随机数码表或抽签的方式来抽取调查单位数的抽样组织形式，称为（　　）。

A．分层抽样　　B．简单随机抽样

C．整群抽样　　D．等距抽样

2．对于简单随机重复抽样，若其他条件不变，当允许误差范围缩小一半时，抽样单位数必须为原来的（　　）倍。

A．1/2　　B．1/4　　C．2　　D．4

3．如果总体平均数落在区间960～1040内的概率是95%，则抽样平均误差是（　　）。

A．40　　B．1000　　C．900　　D．400

4．成数和成数方差的关系是（　　）。

A．成数越接近于0，成数方差越大

B．成数越接近于1，成数方差越大

C．成数越接近于0.5，成数方差越大

D．成数越接近于0.25，成数方差越大

5．重复抽样取得如下样本资料：甲企业职工工资方差为25，乙企业职工工资方差为100，乙企业工人数是甲企业工人数的4倍，则随机抽样误差（　　）。

A．甲企业大　　B．乙企业大　　C．相同　　D．无法确定

三、多项选择题

1．抽样推断的组织形式有（　　）。

A．简单随机抽样　　B．类型抽样　　C．等距抽样

D．整群抽样　　E．非概率抽样

2．区间估计三要素是（　　）。

A．样本指标　　B．抽样极限误差　　C．样本容量

D．概率度　　E．概率保证程度

3．抽样调查中的抽样误差（　　）。

A．是不可避免的　　B．是可以通过改进调查方法来避免的

C．是可以计算的　　D．是不可以计算的

E．其大小是可以控制的

4．抽样误差大小的决定因素包括（　　）。

A．样本容量的多少　　B．抽样方法的选择　　C．抽样的组织形式

D．总体容量的多少　　E．总体被研究标志的差异程度

5．影响样本容量的因素有（　　）。

A．标志差异　　B．极限误差　　C．抽样方法

D．抽样组织　　E．概率保证

综合实训

一、实训目的

1．掌握抽样推断分析的相关知识和运用条件。

2．掌握综合指数的编制原则及方法。

3．培养学生应用抽样推断分析解决实际问题的能力。

4．培养学生根据实际情况确定样本容量的能力。

二、实训内容

1．运用抽样推断方法了解一栋大学生宿舍一天要丢弃多少个塑料袋？

2．联系生活实际，列举一些运用类似抽样调查方法估计总体的例子。

3．为了了解某校在校学生的月生活消费水平，从该校 10 000 名学生中随机抽取 50 名学生作为样本，调查这些学生的日常生活消费状况及消费价值观，为大学生合理消费提供建议。那么，该如何选取样本呢？如何根据调查得来的 50 名学生的样本数据推断该校学生的月平均生活消费水平呢（概率保证程度为 99%）？如何根据样本数据中女生的比例估计该校女生的比例呢（概率保证程度为 99%）？抽选的 50 名学生的月生活消费资料如表 7-2 所示。

表 7-2　某校 50 名学生的月生活消费资料

性别	月生活消费（元）	性别	月生活消费（元）	性别	月生活消费（元）	性别	月生活消费（元）	性别	月生活消费（元）
1	2100	1	1600	1	1300	1	1800	0	1900
0	1900	1	1200	1	2200	1	1900	0	1600
0	2600	0	2000	0	1000	0	1000	1	3000
0	1300	0	1200	0	2500	0	1500	1	2200
1	2700	0	1800	1	2000	0	1600	0	2400
1	1400	1	1900	1	1700	1	1700	1	2200
0	2100	1	2400	0	1600	1	1800	0	2300
1	1700	0	2000	0	1700	0	1700	1	1100
0	1500	1	2300	0	1700	0	1900	1	2100
1	1800	0	1800	1	1900	0	1800	1	1450

注：“1”代表男生，“0”代表女生。

要求：（1）利用 Excel 软件从 10 000 名学生中抽选 50 名学生作为样本；

（2）根据样本数据计算该校学生的月平均生活消费的抽样极限误差和置信区间；

（3）根据样本中女生的比例计算女生比例的标准差、抽样极限误差；

（4）根据样本数据中女生的比例估计该校女生的比例。

4．某企业对生产的袋装食品进行质量检验时随机抽检 100 袋，测得其平均重量为 100.5 克，标准差为 4 克，重量不足 100 克（不合格）的有 10 袋。问在 95.45%的概率保证程度下，平均重量及合格率的最大允许误差为多少？若将概率保证程度提高到 99.73%，抽样极限误差又是多少？

5．某进出口公司出口一种名茶，规定每包重量不低于 150 克，现在用不重复抽样的方法抽取其中的 1%进行检验，检验结果如表 7-3 所示。要求以 99.73%的概率估计这批茶叶平均每包的重量范围，以便确定该批茶叶是否达到重量规格的要求。

表 7-3　某进出口公司出口茶叶的检验结果

每包重量（克）	包数 f	组中值 x	xf	离差平方	离差平方*f
148～149	10	148.5	1485	3.24	32.4
149～150	20	149.5	2990	0.64	12.8
150～151	50	150.5	7525	0.04	2
151～152	20	151.5	3030	1.44	28.8
合计	100	—	15 030		76

6．某城市随机抽取 400 户居民进行调查，得出每户年耐用品消费支出的标准差为 200 元，试确定该市居民年平均每户耐品用的消费支出在 930.4 元至 969.6 元之间的概率保证程度。

7．从全校近万名学生中，随机抽取一部分学生，测得其平均身高为 160 厘米。根据以往经验，学生身高的标准差为 3 厘米，现要求置信水平为 95.45%，抽样允许误差最大不超过 0.6 厘米，则至少应抽取多少名学生（重复抽样）作为样本？

项目八　相关与回归分析

学习目标

知识目标：

1. 理解相关关系的含义和类别；
2. 掌握相关系数的计算方法；
3. 理解回归分析的含义和种类；
4. 掌握一元线性回归方程的建立，以及回归方程参数的计算。

能力目标：

1. 能正确判定现象之间的相关关系和回归关系；
2. 能绘制相关图形及计算相关系数；
3. 能对社会经济现象建立线性回归方程进行预测；
4. 具有运用 Excel 工具对现象进行相关与回归分析的能力。

重点难点：

1. 相关关系的测度；
2. 回归分析的方法及应用。

知识导图

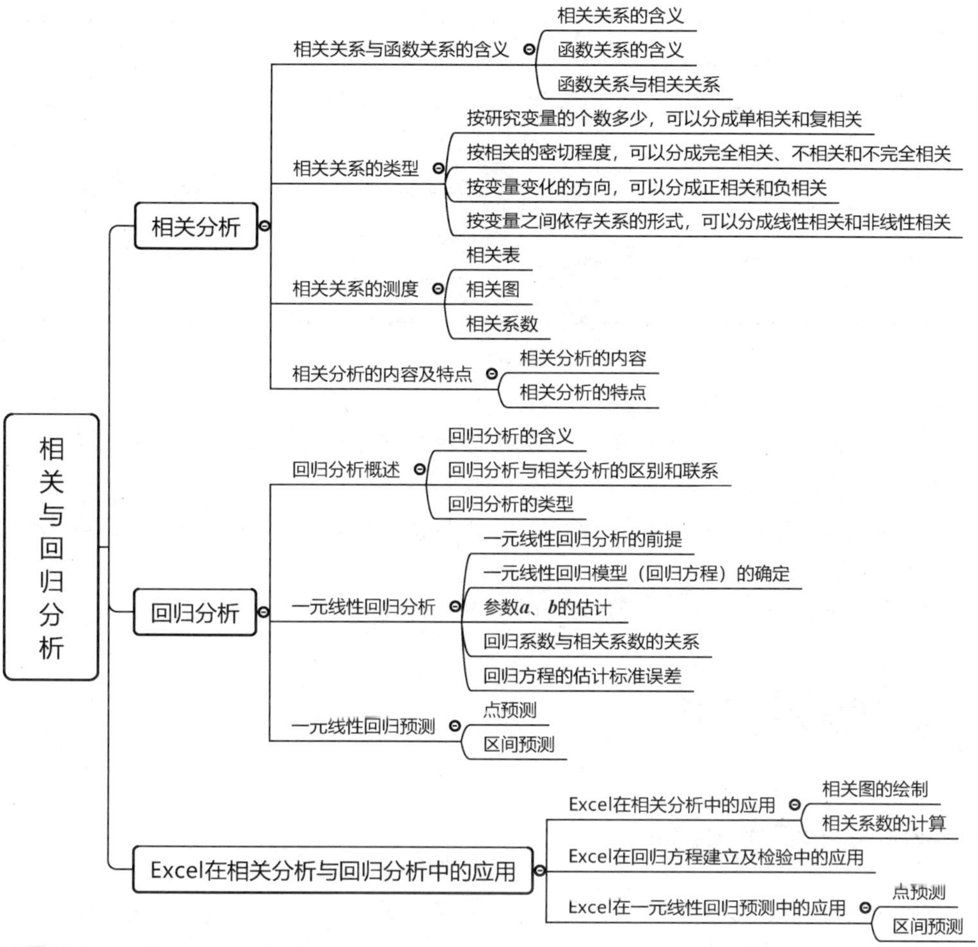

案例引入

某大型销售公司的销售总监在制订2020年度营销策略计划的过程中发现：公司产品的销售收入除受市场定位、产品型号、外部环境、营销策略等因素影响以外，还受广告费用投入的影响。为了准确判断广告费投入对销售收入的影响程度，他让销售统计员小李整理了2012—2019年8年的销售收入与广告费投入的相关数据资料，如表8-1所示。现欲从这8年的数据资料中得出结论，并根据广告费投入预测下一年度的销售收入。

项目八

表 8-1　某公司 8 年销售收入与广告费投入的数据表

年　　度	年销售收入（万元）	年广告费投入（万元）
2012	7300	50
2013	8200	64
2014	10 800	90
2015	12 300	120
2016	11 400	150
2017	13 200	200
2018	15 000	260
2019	17 200	330

【案例分析】

根据上述资料解决如下问题：

1. 销售统计员小李该如何根据这 8 年的资料分析销售收入与广告费投入之间是否存在关系？

2. 能否根据历史资料推断广告费投入对销售收入的影响程度？每增加 1 单位的广告费投入，销售收入变动有多大？

3. 能否根据广告费的投入，预测 2020 年的销售收入？

项目实施

任务一　相关分析

相关分析是研究现象之间是否存在某种依存关系，并对具有依存关系的现象探讨其相关方向及相关程度的统计方法，它也是研究随机变量之间相关关系的一种统计方法。

一、相关关系与函数关系的含义

客观世界中，任何事物或现象都不是孤立存在的，而是和其他事物或现象相互联系、相互制约的。两个或两个以上的变量之间存在内部依存关系的情况十分普遍，例如，“案例引入”中表 8-1 所示的年广告费投入与年销售收入之间的依存关系；商品的成本与利润之间的依存关系；人的身高与体重之间的依存关系；收入与支出之间的依存关系；等等。这些依存关系都可以通过数量关系反映出来，并且这种数量上的联系可分为两种：一种是相关关系；另一种是函数关系。

（一）相关关系的含义

我们知道，现象之间存在可以通过数量关系反映的依存关系，但是这种数量关系是确定的吗？显然不是的。例如，投入较多的广告费一般会带来较高的销售额，但并不是多少的广告费一定能带来多少的销售额；人的身高与体重之间存在一定的关系，但并不是多少的身高对应多少的体重；收入与支出之间也一样，并不是具体的收入一定会有对应的具体的支出。

类似这种客观现象之间确实存在依存关系，但数量关系上没有严格确定的依存关系称为相关关系。我们把对现象之间相关关系的研究称为相关分析。

相关关系的特点：

（1）现象之间确实存在数量上的依存关系。如果一个现象发生数量上的变化，则另一个现象也会相应发生数量上的变化。如身高较高的人，一般体重也较重；反过来，体重较重的人，一般身高也较高。

（2）现象之间数量上的依存关系是不确定的。相关关系属于变量之间的一种不完全确定的关系。一个变量虽然受另一个变量的影响，却并不由这一个变量完全决定。

（二）函数关系的含义

例如，圆的面积 s 和半径 r 之间存在着关系 $s=\pi r^2$，当半径 r 确定后，面积 s 就有唯一的值与之对应；正方形的面积 s 和边长 a 之间存在着关系 $s=a^2$，当边长 a 确定后，面积 s 就有唯一的值与之对应；乘坐出租汽车的费用与行驶里程之间存在着关系，即费用=起步价+行驶里程×每公里单价，当行驶里程确定时，费用就有唯一的值与之对应。

类似这种现象之间存在严格的确定的依存关系，通常称为函数关系。函数关系的两个特点是：现象之间存在着数量上的依存关系；现象之间数量上的依存关系是确定的，且可以用数学公式 $y=f(x)$ 表示。

在互相依存的两个变量中，可以根据研究的目的，把其中一个变量（引起变化的量）确定为自变量，把另一个对应变化的变量确定为因变量。

（三）函数关系与相关关系

函数关系与相关关系的异同：

（1）相同点。两者现象之间都确实存在依存关系。

（2）不同点。函数关系现象之间的依存关系是确定的，而相关关系现象之间的依存关系则是不确定的；函数关系变量之间的依存关系可用方程 $y=f(x)$表示出来，而相关关系变量之间则不能用方程表示；函数关系中有自变量 x 和因变量 y 之分，相关关系中变量关系是对等的。

虽然函数关系与相关关系是两种不同类型的关系，但是它们之间在一定的条件下是可以互相转化的。本来具有函数关系的变量，当存在观察误差和测量误差时，其函数关系往往以相关关系的形式表现出来。而具有相关关系的变量，如果我们对其有深刻的规律性认识，并且能够把影响因变量变动的因素全部纳入方程，这时的相关关系也可能转化为函数关系。并且当相关关系具有某种变动规律性时，可以用一定的函数形式近似地描述。

二、相关关系的类型

现象之间的相互关系很复杂，涉及的变动因素也有多有少，表现出来的形态也不同。相关关系从不同的角度可以划分为多种形式。

（一）按研究变量数量的多少，可以分成单相关和复相关

（1）单相关：是指两个变量之间的相关关系，例如，人的身高与体重。

（2）复相关：是指三个或三个以上变量之间的相关关系。例如，某种商品的需求量与其价格水平及人们收入水平之间的相互关系便是一种复相关。

（二）按相关的密切程度，可以分成完全相关、不相关和不完全相关

（1）完全相关：是指两种现象之间，其中一种现象的数量变化完全由另一种现象的数量变化所决定。此时，相关关系便是函数关系。因此，也可以说函数关系是完全的相关关系，是相关关系的一个特例。

（2）不相关：若两种现象之间彼此互不影响，其数量变化各自独立，我们称这两种现象之间的关系为不相关。

（3）不完全相关：两种现象之间的关系介于完全相关和不相关之间，我们称之为不完全相关。一般的相关关系都是指不完全相关关系，它是相关分析研究的主要类型。

（三）按变量变化的方向，可以分成正相关和负相关

（1）正相关：是指两个变量有着一致的变动方向，即当一个变量的数值增加（减少）时，另一个变量的数值也随之增加（减少）。如家庭的消费支出随着可支配收入的增加而增加。

（2）负相关：是指两个变量之间呈相反方向的变动，即当一个变量的数值增加（减少）时，另一个变量的数值则随之减少（增加）。例如，商品流转的规模愈大，流通费用率则愈低。

（四）按变量之间依存关系的形式，可以分成线性相关和非线性相关

（1）线性相关（直线相关）：是指当一个变量（自变量）数值发生变动时，另一个变量的数值（因变量）也随之发生大致均等的变动。在平面直角坐标系中，这些现象相关点的分布情况大致散布在一条直线附近。

（2）非线性相关：是指当一个变量（自变量）数值发生变动时，另一个变量的数值（因变量）也随之发生不均等的变动。在平面直角坐标系中，这些现象相关点的分布不表现为直线关系，而近似于某种曲线（如抛物线、双曲线、指数曲线等）的关系。

三、相关关系的测度

进行相关分析，首先要判断现象之间是否存在相关关系。该如何判断呢？有定性分析和定量分析两种方法。

定性分析一般是在进行详细的定量分析之前，依据研究者的理论知识和实践经验，对客观现象之间是否存在相关关系，以及相关关系的方向、形式和密切程度等做出大致的判断。可以通过编制相关表、绘制相关图来进行分析。

定量分析是指在定性分析的基础上，通过计算相关系数与判定系数、构建数学模型等方法来显示现象之间相关关系的方向、形态及密切程度的分析方法。

（一）相关表

相关表是表现相关关系的一种表格，它根据现象的数据资料，将一个变量（一般是自变量）的若干值与另一与之对应的变量值在表格中一一对应地排列。通过相关表可以初步看出相关关系的类型和相关的密切程度。例如，某公司营业额（y）与市场营销人员数（x）的关系如表 8-2 所示。

表 8-2　某公司营业额（y）与市场营销人员数（x）的关系

年　份	市场营销人员数 x（个）	营业额 y（万元）
2013	23	5500
2014	25	6300
2015	27	7000
2016	29	8000
2017	32	9600
2018	35	10 800
2019	38	12 000

从表 8-2 所示的数据可以清楚地看出，随着市场营销人员数的增加，营业额也增加。因此，可以认为市场营销人员数与营业额之间存在着一定的正相关关系。

（二）相关图

相关图也称散点图，是指由相关关系的两个变量的数值在直角坐标系中的分布点构成的二维数据分布图。散点图的绘制是采用直角坐标系的水平轴和纵轴分别代表两个变量 x 和 y，将两个变量每一对应数据值（x_i, y_i）描绘为直角坐标系中的一个点，两个变量 x 和 y 的 n 个对应数据值则在直角坐标系中形成 n 个数值点，这 n 个数值点在直角坐标系中就构成了一个散点图。

通过对这 n 个数值点在直角坐标系中的分布状况，可以大致判断出两个现象之间存在的相关关系类型和密切程度。根据表 8-2 所示的某公司营业额（y）与市场营销人员数（x）的关系表中数据，绘制的相关图如图 8-1 所示。其中，横轴表示市场营销人员数 x，纵轴表示营业额 y。

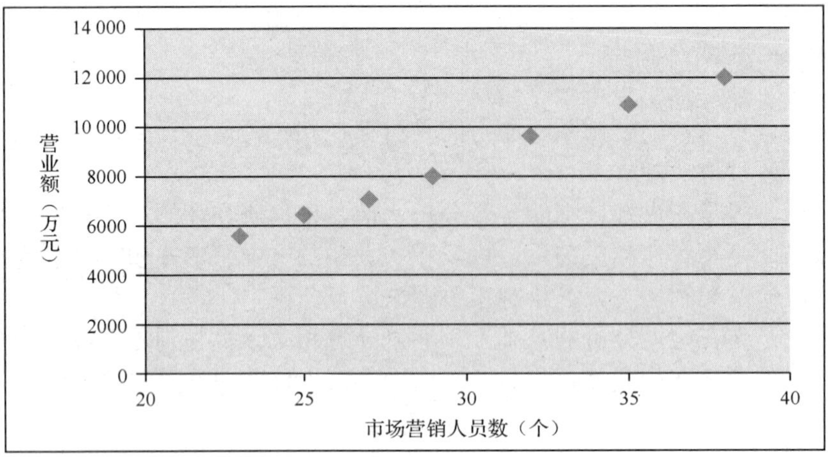

图 8-1 某公司市场营销人员数与营业额相关图

可以看出，随着市场营销人员数的增加，营业额也随之增加，并且两者数值点的分布状况近似为一条直线，所以市场营销人员数与营业额之间存在正线性相关关系。

散点图的作用就是根据两个数值型变量在直角坐标系中的分布图形，粗略地把握变量之间相关关系的基本态势。具体表现为：

（1）变量之间的线性特征越显著，说明其相关关系越强，反之则越弱；

（2）两个变量之间的数值呈同方向变化为正相关，反之为负相关；

（3）若变量数值点分布在一条直线附近，则为线性相关，否则为非线性（二次曲线、三次曲线、指数曲线、对数曲线、S 曲线等）相关，以此为回归分析确定回归方程的形式提供依据，故散点图既是相关分析的分析工具，也是回归分析中经常使用的基本分析工具。

（三）相关系数

1. 相关系数的含义

通过编制相关表，绘制相关图可以初步判断现象之间有无相关关系、相关方向及相关类型，但不能准确测定相关的密切程度。如果要准确地测定两个现象之间相关关系的密切程度，则需要计算相关系数 r。

相关系数是在直线相关的条件下，用来说明现象之间相关关系密切程度的统计分析指标，用 r 表示，它是一种无量纲数。定义为

$$r=\frac{\dfrac{\sum(x-\overline{x})(y-\overline{y})}{n}}{\sqrt{\dfrac{\sum(x-\overline{x})^2}{n}}\sqrt{\dfrac{\sum(y-\overline{y})^2}{n}}}$$

式中，n 表示数据项数；$\overline{x}$ 为自变量 x 的算术平均数；$\overline{y}$ 为因变量 y 的算术平均数。

2. 相关系数计算公式

由于按照定义公式计算相关系数 r 的计算量较大且烦琐，特别是当 x、y 的平均数为非整数时，计算过程相当复杂。因此实际中常依据定义公式推导的简化式来计算，即

$$r=\frac{n\sum x\cdot y-\sum x\sum y}{\sqrt{n\sum x^2-(\sum x)^2}\sqrt{n\sum y^2-(\sum y)^2}}$$

按照这一公式计算系数，只需列 3 个数据项：x^2、y^2、$x\cdot y$，且避免了平均数、标准差的直接计算，大大简化了运算过程。

【案例 8-1】 某公司营业额（y）与市场营销人员数（x）相关系数计算表如表 8-3 所示。请根据表中的数据计算相关系数。

表 8-3　某公司营业额（y）与市场营销人员数（x）相关系数计算表

年　份	x	y	x^2	y^2	$x\cdot y$
2013	23	5500	529	30 250 000	126 500
2014	25	6300	625	39 690 000	157 500
2015	27	7000	729	49 000 000	189 000
2016	29	8000	841	64 000 000	232 000
2017	32	9600	1024	92 160 000	307 200
2018	35	10 800	1225	116 640 000	378 000
2019	38	12 000	1444	144 000 000	456 000
合计	209	59 200	6417	535 740 000	1 846 200

根据表 8-3 所示的数据，代入相关系数推导的简化公式得

$$r=\frac{n\sum x\cdot y-\sum x\sum y}{\sqrt{n\sum x^2-(\sum x)^2}\sqrt{n\sum y^2-(\sum y)^2}}$$

$$=\frac{7\times1\,846\,200-209\times59\,200}{\sqrt{7\times6417-209^2}\sqrt{7\times535\,740\,000-59\,200^2}}$$

$$=\frac{550\,600}{35.185\times15\,669.716}=0.9987$$

由计算结果可知：市场营销人员数与营业额之间的相关系数为 0.9987。

3. *相关系数计算结果的分析及应用*

相关系数由两部分组成：正负符号、绝对数值的大小。正负符号说明现象之间是正相关还是负相关；绝对数值的大小说明两现象之间线性相关的密切程度。

（1）r 的取值范围为$-1\leqslant r\leqslant1$。

（2）r 的绝对值越接近于 1，表明线性相关关系越密切；r 的绝对值越接近于 0，表明线性相关关系越不密切。

（3）当 $r=+1$ 或 $r=-1$ 时，表明两现象完全线性相关，即为函数关系。

（4）当 $r=0$ 时，表明两变量没有线性相关关系，即不相关。

（5）当 $r>0$ 时，表明现象呈正线性相关；当 $r<0$ 时，表明现象呈负线性相关。

（6）通过 r 的绝对值，即$|r|$的大小将线性相关的密切程度分为：$|r|<0.3$，为微弱线性相关；$0.3\leqslant|r|<0.5$，为低度线性相关；$0.5\leqslant|r|<0.8$，为一般线性相关；$0.8\leqslant|r|\leqslant1$，为高度线性相关。

“案例 8-1”中，市场营销人员数与营业额之间的相关系数为 0.9987，说明该公司市

场营销人员数与营业额之间存在着高度的正线性相关关系。

四、相关分析的内容及特点

（一）相关分析的内容

相关分析的内容如下：

（1）确定现象之间有无依存关系。判断现象之间是否存在依存关系是相关分析的起始点。只在相互存在依存关系，才有必要采用相关分析方法去研究。

（2）确定相关关系的表现形式。只有确定了现象相关关系的具体表现形式后，才能运用相应的相关分析方法去进一步研究相关的程度。

（3）判定相关关系的密切程度和方向。从现象之间不严格的数量关系中判定其相关关系的密切程度和方向。

（二）相关分析的特点

在相关分析中，所涉及的变量关系对等。即在相关分析中，不必定出哪个变量是自变量 x，哪个变量是因变量 y，可以根据具体情况，进行统计函数的设定。

任务二 回归分析

通过相关分析，可以确定变量之间是否存在相关关系，以及相关关系的类型。但是，如何将现象之间的相关关系用一定的函数关系式近似地表现出来呢？这就需要借助于回归分析。

一、回归分析概述

（一）回归分析的含义

回归分析是对具有相关关系的现象，运用一个数学模型（回归方程）近似地表示变量之间的一般关系或平均变化关系，并近似地进行估算和预测的一种统计分析方法。

（1）回归分析具有如下特点：

① 回归分析中两个变量是非对等关系，一个是自变量，另一个是因变量。分析过程中必须根据研究目的确定哪个是自变量，哪个是因变量。

② 回归方程不是抽象的数学模型，而是用给定自变量数值推算因变量数值的依据，反映变量之间关系的一般变动情况。

③ 因变量 y 是随机变量，自变量 x 是可控的非随机变量。

④ 回归分析中回归方程反映的是变量间的变动关系，回归系数可正可负。正负表示相关方向，而相关分析反映的是变量间的密切关系。

（2）回归分析的具体内容包括：

① 确定现象之间相关关系的数学表达模型；

② 进行回归方程的显著性检验和测定估计标准误差；
③ 运用回归方程进行预测。

（二）回归分析与相关分析的区别和联系

根据回归分析和相关分析的特点，可以总结出回归分析和相关分析的区别和联系。

1. 区别

（1）回归分析研究的两个变量是非对等关系，必须根据研究目的，先确定其中一个是自变量，另一个是因变量；而相关分析研究的两个变量是对等关系。

（2）对两个变量 x 和 y 来说，回归分析中，对互有因果关系的变量，根据研究目的的不同可以建立两个不同的回归方程：以 x 为自变量，y 为因变量，可以得出 x 对 y 的回归方程；以 y 为自变量，x 为因变量，可得出 y 对 x 的回归方程。相关分析只能计算出一个反映两个变量间相关密切程度的相关系数，x 和 y 的位置不影响相关系数。

（3）回归分析对资料的要求为自变量是可以控制的变量或给定的变量，而因变量是随机变量；相关分析对资料的要求是两个变量必须都是随机变量。

2. 联系

（1）相关分析是回归分析的基础和前提。如果没有相关分析，没有说明现象间是否具有相关关系，没有对相关关系的密切程度做出判断，就不能进行回归分析。即便进行了回归分析，其回归方程的代表性也是值得质疑的。

（2）回归分析是相关分析的深入和继续。对具有相关关系的现象，仅仅说明相关关系的密切程度是不够的，只有进行了回归分析，拟合了回归方程，才可能进行回归预测，相关分析才有实际意义。

因此，如果仅有回归分析而缺少相关分析，将会因为缺乏必要的基础和前提而影响回归分析的可靠性；如果仅有相关分析而缺少回归分析，就会失去相关分析的意义。只有把两者结合起来，才能达到分析研究的目的。

（三）回归分析的类型

回归分析从不同的角度可以划分为不同的类型：

（1）按回归分析涉及变量的多少可以分为一元回归分析和多元回归分析。一元回归分析是指只有一个自变量的回归分析；多元回归分析是指包含两个或两个以上的自变量的回归分析。

（2）按回归分析的表现形式不同可以分为线性回归分析和非线性回归分析。线性回归分析是指变量之间的变化趋势大体呈直线形式的回归分析；非线性回归分析是指变量的变化趋势不是呈直线形式的，而是表现为一定曲线形式的回归分析。

本任务重点介绍一元线性回归分析。

二、一元线性回归分析

一元线性回归分析是用直线方程表明两个变量之间的变动关系，并进行估计推算的分析方法，也称简单线性回归分析，是其他一般回归分析的基础。但是，什么情况下可以进行一元线性回归分析呢？

（一）一元线性回归分析的前提

一元线性回归分析的前提如下：

（1）现象之间确实存在数量上的相互依存关系。

（2）现象之间的依存关系是线性关系，这种关系可以通过绘制相关图来观察。

（3）具备一组因变量与自变量的对应资料，且明确哪个是因变量，哪个是自变量。

（二）一元线性回归模型（回归方程）的确定

当两个变量满足上述三个前提条件（即存在线性相关关系）时，就能进行一元线性回归分析。进行一元线性回归分析通常要建立一元线性回归方程，即

$$y_c = a + bx$$

在上述一元线性回归方程中，y_c 为因变量 y 的回归估计值，即通过回归方程推算出来的 y 的理论值；x 为对因变量有主要影响的自变量；a 和 b 表示确定回归模型的两个待估参数，通常用最小平方法求得。a 和 b 具体的几何意义是：a 为直线方程的截距，表示在没有自变量 x 的影响时，其他各种因素对因变量 y 的平均影响；b 为斜率，表示当 x 每增加一个单位时 y 的平均变化量，b 也称 y 对 x 的回归系数。

一元线性回归方程的几何意义如图 8-2 所示。

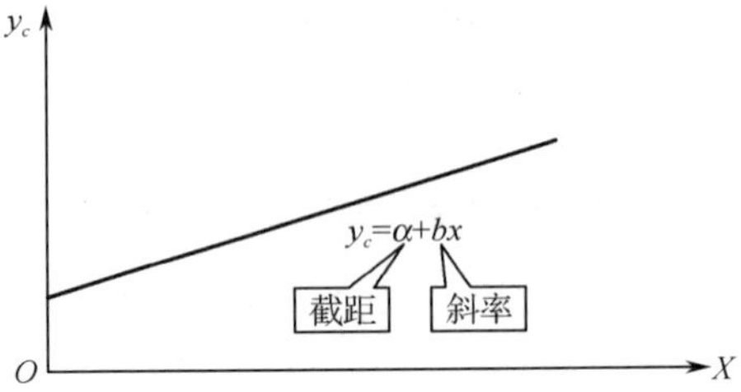

图 8-2　一元线性回归方程的几何意义

一元线性回归方程的具体形态如图 8-3 所示。

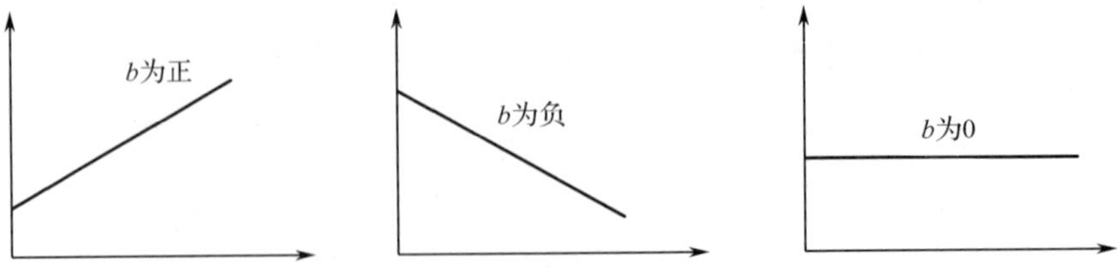

图 8-3　一元线性回归方程的具体形态

（三）参数 *a*、*b* 的估计

参数 a、b 的确定是通过统计中的最小二乘法求得的，最小二乘法的基本原理是：寻求一拟合方程 $y_c = a + bx$，使其拟合值（估计值）与因变量实际值的误差平方和达到最小，即 $\sum(y - y_c)^2$ 的值为最小值，这时各数据点到该直线的距离比各数据点到任何其他

直线的距离都要小，因而最具有代表性，是最优的线性回归模型，能较准确地反映观察值的变化规律。

参数 a、b 的求解方法：

要使 $\sum(y-y_c)^2$ 的值为最小值，即 $\sum(y-a-bx)^2$ 为最小值，令 $Q(a, b)=\sum(y-a-bx)^2$，要使函数 $Q(a，b)$有最小值，则必须满足函数对参数 a、b 的一阶偏导等于零。即

$$\begin{cases}\dfrac{\partial Q}{\partial a}=\sum 2(y-a-bx)(-1)=0\\ \dfrac{\partial Q}{\partial b}=\sum 2(y-a-bx)(-x)=0\end{cases}$$

由于 $\sum(y-y_c)=0$，经整理可得

$$\begin{cases}\sum y=n\cdot a+b\sum x\\ \sum x\cdot y=a\sum x+b\sum x^2\end{cases}$$

解之，即得

$$\begin{cases}b=\dfrac{n\sum x\cdot y-\sum x\sum y}{n\sum x^2-(\sum x)^2}\\ a=\overline{y}-b\overline{x}=\dfrac{\sum y}{n}-b\dfrac{\sum x}{n}\end{cases}$$

式中，b 为回归系数，它表示自变量 x 每增加一个单位时，因变量 y 的平均增减量，$b>0$ 为增量，$b<0$ 则为减量。

（四）回归系数与相关系数的关系

回归系数 b 与相关系数 r 有着非常密切的数量关系，二者之间可互相推算。b 与 r 同号，且 b 与 r 成正比例关系。

【案例 8-2】 请根据表 8-2 所示的数据建立一元线性回归方程。

【分析】 先绘制散点图观察市场营销人员数与营业额之间是否存在线性相关关系，然后拟合线性回归方程 $y_c=a+bx$。营业额（y）与市场营销人员数（x）相关系数计算表如表 8-4 所示。

表 8-4　营业额（y）与市场营销人员数（x）相关系数计算表

年　份	x	y	x^2	y^2	$x\cdot y$
2013	23	5500	529	30 250 000	126 500
2014	25	6300	625	39 690 000	157 500
2015	27	7000	729	49 000 000	189 000
2016	29	8000	841	64 000 000	232 000
2017	32	9600	1024	92 160 000	307 200
2018	35	10 800	1225	116 640 000	378 000
2019	38	12 000	1444	144 000 000	456 000
合计	209	59 200	6417	535 740 000	1 846 200

根据表中计算所得数据代入公式得

$$b=\frac{n\sum x\cdot y-\sum x\sum y}{n\sum x^2-(\sum x)^2}=\frac{7\times 1\,846\,200-209\times 59\,200}{7\times 6417-209^2}=\frac{550\,600}{1238}=444.750$$

$$a=\overline{y}-b\overline{x}=\frac{\sum y}{n}-b\frac{\sum x}{n}=-4821.809$$

故回归方程为

$$y_c=-4821.809+444.750x$$

该模型表明：在其他条件不变的情况下，市场营销人员数每增加 1 人，该公司营业额平均增加 444.750 万元。

（五）回归方程的估计标准误差

在建立了回归方程以后，就可以利用回归方程由给定的自变量值估计因变量的理论值（估计值）y_c。而理论值 y_c 与因变量的实际值 y 之间有差距，这就需要测定估计值的准确性问题。实际值 y 与理论值 y_c 之差称为残差或估计标准误差，如果残差越小，说明准确性越高，反之则越低。

我们通常用估计标准误差来度量观察值与估计值差异程度（估计值的准确性），估计标准误差（S）是观察值与估计值之间的标准差，其计算原理与标准差基本相同。标准差说明平均数代表性的统计指标，估计标准误差是衡量回归直线代表性的统计指标，是反映观测值围绕回归直线的分散程度，用 $S_{y\cdot x}$ 表示。其计算公式为

$$S_{y\cdot x}=\sqrt{\frac{\sum(y-y_c)^2}{n-2}}=\sqrt{\frac{\sum y^2-a\sum y-b\sum x\cdot y}{n-2}}$$

估计标准误差越小，说明估计值的代表性越好及回归方程的拟合度越好，用回归方程估计或预测的结果越准确。

三、一元线性回归预测

建立回归模型的目的之一是进行预测，如果一元线性回归方程是显著的，就可以利用其进行预测。所谓预测，就是当自变量 x 取一个值 x_0 时，估计 y_c 的取值。一元线性回归预测有点预测和区间预测之分。

（一）点预测

在不考虑估计标准误差的条件下进行一元线性回归预测显得比较简单。根据一元线性回归方程 $y_c=a+bx$ 进行预测，其预测值为 $y_{c0}=a+bx_0$。x_0 为给定 x 的具体数值，y_{c0} 是当 $x=x_0$ 时 y_c 的预测值，通常称为点预测或点估计。

【案例 8-3】 以【案例 8-2】建立的一元线性回归方程为例，当某公司市场营销人员数为 40 人时，该公司营业额为多少？

根据一元线性回归方程

$$y_c=-4821.809+444.750\,x$$

当 x_0=40 元，y_c 的预测值为

$$y_{c0}=-4821.809+444.750\times40=12\ 968.19\text{（万元）}$$

（二）区间预测

实际上，由于各种因素的影响，当 $x=x_0$ 时，y_0 的实际值一般不会恰好是 y_{c0}，实际值与预测值 y_{c0} 之间总存在着一定的偏差，即预测误差。我们通常用估计标准误差 $S_{y\cdot x}$ 来说明 y_0 与 y_{c0} 的差异程度。

一般来说，在大样本（即 n>30），且 x_0 不远离 $\bar{x}$ 时，则可以根据正态分布进行预测，在给定置信度 $1-a$ 下，预测区间为

$$P(y_{c0}-Z_{\frac{a}{2}}s_{y\cdot x}\leqslant y_0\leqslant y_{c0}+Z_{\frac{a}{2}}s_{y\cdot x}=2\Phi\left(Z_{\frac{a}{2}}\right)-1$$

例如，当显著性水平 a=0.055 时，查正态分布表得 $Z_{\frac{a}{2}}=2$，y_0 的预测区间为

$$y_{c0}-2_{S_{y\cdot x}}\leqslant y_0\leqslant y_{c0}+2_{S_{y\cdot x}}$$

任务三　Excel 在相关分析与回归分析中的应用

一、Excel 在相关分析中的应用

（一）相关图的绘制

以“案例引入”中表 8-1 所示的某公司 8 年销售收入与广告费投入的数据表为例绘制变量 x、y 的相关图。

相关图也称散点图，利用 Excel 中的图表功能可以方便地绘制，具体操作步骤如下：

第一步，将表 8-1 所示中数据输入 Excel 中。

第二步，选定年广告费投入 x、年销售收入 y 两个序列数据，单击“插入”选项卡，选择“图表”选项中的“散点图”选项，根据需要选择其中类型，如选择“仅带数据标记的散点图”选项。绘制的散点图如图 8-4 所示。

（二）相关系数的计算

相关系数的计算可以通过两种方法实现。下面以计算表 8-1 所示中变量年广告费投入 x、年销售收入 y 的相关系数为例进行说明。

1. 利用 CORREL 函数计算相关系数

利用 CORREL 函数计算相关系数的步骤如下：

第一步，在 Excel 中建立数据库，如图 8-5 所示。

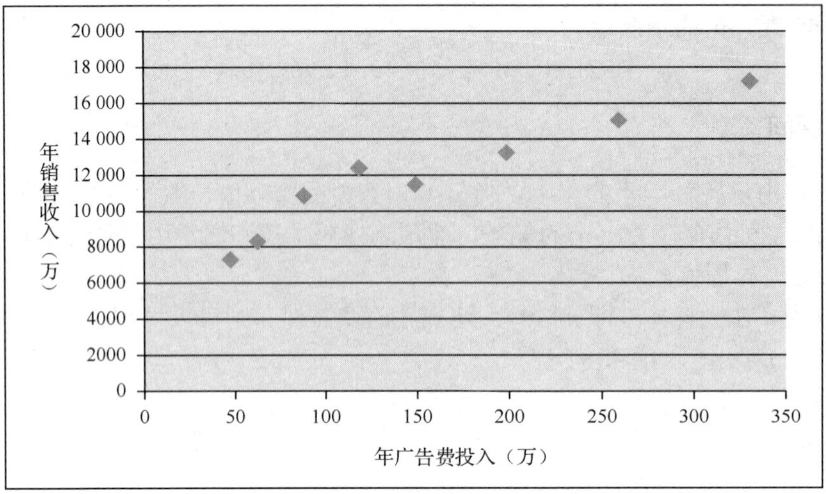

图 8-4　年广告费投入与年销售收入相关图

	A	B	C
1	**年度**	**年广告费投入（万）** *x*	**年销售收入（万）** *y*
2	**2012**	50	73 00
3	**2013**	64	82 00
4	**2014**	90	108 00
5	**2015**	120	123 00
6	**2016**	150	114 00
7	**2017**	200	132 00
8	**2018**	260	150 00
9	**2019**	330	172 00

图 8-5　某公司年广告费投入（*x*）与年销售收入（*y*）数据表

第二步，单击“公式”选项卡，选择“插入函数”选项，在弹出的“插入函数”对话框“选择类别”栏中的下拉菜单中选择“统计”选项，在“选择函数”选项中选择“CORREL”函数，单击“确定”按钮，弹出“CORREL 函数参数”对话框，如图 8-6 所示。

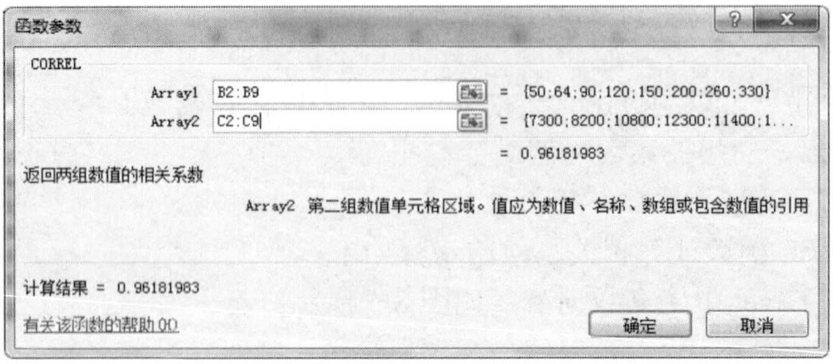

图 8-6　“CORREL 函数参数”对话框

在“函数参数”对话框中设置参数。在“Array1”和“Array2”的文本框中分别输入自变量 x 和因变量 y 数据所在的单元格地址，如在“Array1”的文本框中输入“B2:B9”，在“Array2”的文本框中输入“C2:C9”，单击“确定”按钮。计算得到年广告费投入和年销售收入的相关系数约为 0.9618。

2. 利用数据分析工具计算相关系数

仍以表 8-1 所示数据中的变量 x、y 数据为例，说明如何利用 Excel 数据分析工具计算相关系数。

第一步，建立数据库，单击“数据”选项卡，选择“数据分析”选项，在打开的“数据分析”对话框中的“分析工具”列表中选择“相关系数”选项，单击“确定”按钮，打开“相关系数”对话框。

第二步，在“相关系数”对话框的“输入区域”文本框输入变量数值所在的单元格地址，如“B2:C9”，单击“确定”按钮，即得相关系数，如表 8-5 所示。

表 8-5　数据分析工具计算相关系数结果

	列 1	列 2
列 1	1	
列 2	0.961 82	1

二、Excel 在回归方程建立及检验中的应用

仍以表 8-1 所示数据表中的变量 x、y 数据为例，说明利用 Excel 建立回归方程并对其结果进行检验的操作步骤。

第一步，建立数据库，如图 8-3 所示。

第二步，单击“数据”选项卡，选择“数据分析”选项，在打开的“数据分析”对话框中的“分析工具”列表中选择“回归”选项，点击“确定”按钮，打开“回归”对话框。

在“回归”对话框中，在“y 值输入区域”输入因变量数值所在的单元格地址，如“C2:C9”，在“x 值输入区域”输入自变量数值所在的单元格地址，如“B2:B9”，在“输出区域”中输入任一单元格地址，如“B11”，如图 8-7 所示，单击“确定”按钮，即可得到回归分析结果，如图 8-8 所示。

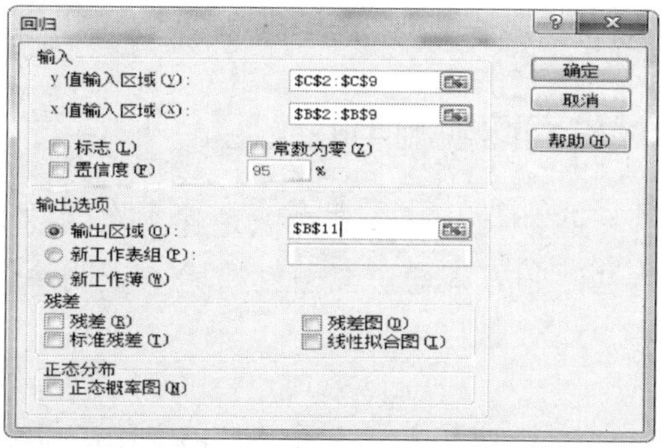

图 8-7　“回归”对话框

项目八

【提示】

在“回归”对话框中，“常数为零”复选框表示回归直线从原点开始。

勾选“残差”“标准残差”复选框，表示要输出残差和标准残差。

勾选“残差图”“线性拟合图”“正态概率图”复选框，表示要输出残差图、线性拟合图、正态概率图。

SUMMARY OUTPUT

回归统计	
Multiple R	0.9618198
R Square	0.9250974
Adjusted R SquarE.	0.9126136
标准误差	973.1168
观测值	8

方差分析

	df	SS	MS	F	gnificance F
回归分析	1	70173262	70173262	74.10401	0.000135
残差	6	5681738	946956.3		
总计	7	75855000			

	Coefficient	标准误差	t Stat	P-value	Lower 95%	Upper 95%	下限 95.0%	上限 95.0%
Intercept	6863.6582	681.2208	10.07553	5.55E-05	5196.771	8530.545	5196.771	8530.545
X Variable 1	32.033809	3.72124	8.608369	0.000135	22.92826	41.13936	22.92826	41.13936

图 8-8　回归分析计算结果

第三步，对计算结果进行分析描述。回归分析计算结果包括三部分：

（1）回归统计部分有相关系数 Multiple R、判定系数 R Square、经过调整的判定系数 Adjusted R SquarE.、标准误差和观察值；

（2）方差分析部分有回归平方和、残差平方和回归均方、残差均方、F 统计量值、F 统计量值对应的概率值；

（3）回归系数部分包括常数项 Intercept、回归系数 X Variable 1、Coefficient、标准误差、回归系数的估计标准误差、常数项的 t 检验、回归系数的 t 检验、常数项、回归系数估计值的区间上下限。

从回归系数部分可知：该公司年销售收入与年广告费投入的线性回归方程为 $y_c = 6863.658 + 32.034x$，由判定系数 0.9251 知该回归方程的拟合度较好，由相关系数 0.9618 可知年销售收入与年广告费投入之间存在高度的正相关。

第四步，对回归方程进行显著性检验。从方差分析表中 F 统计量所对应的概率值 0.000 135<0.05 可知，两变量之间存在线性关系，回归方程显著。

三、Excel 在一元线性回归预测中的应用

Excel 在一元线性回归预测中的应用，其实质是建立在回归方程的建立和检验的基础上的，以若建立的一元线性回归方程通过显著性检验，证明两变量之间存在线性关系。

（一）点预测

当给定一个自变量值 x_0 时，可以在 Excel 中直接利用回归方程计算因变量的点预测

值。以如图 8-7 所示建立的回归方程为例，当年广告费投入 x_0=350 时，y_{c0}=6863.6582+32.0338× 350=18 075.491（万元）。

（二）区间预测

关于因变量的区间预测不在本课程掌握知识之列，在此不再赘述。

项目小结

1．相关关系。客观现象之间确实存在依存关系，但数量关系上没有严格确定的依存关系称为相关关系。对现象之间相关关系的研究称为相关分析。相关分析有定性分析和定量分析两种分析方法。定性分析一般可以通过编制相关表、绘制相关图来进行。定量分析是在定性分析的基础上，通过计算相关系数与判定系数、构建数学模型等方法来进行的。

2．相关关系的种类：（1）按研究变量数量的多少，可以分成单相关和复相关；（2）按相关的密切程度，可以分成完全相关、不相关和不完全相关；（3）按变量变化的方向，可以分成正相关和负相关；（4）按变量之间依存关系的形式，可以分成线性相关和非线性相关。

3．相关系数。相关系数是在直线相关的条件下，用来说明现象之间相关关系密切程度的统计分析指标，用 r 表示，它是一种无量纲数，取值范围为 $-1 \leqslant r \leqslant 1$。相关系数的正负说明现象之间是正相关还是负相关，相关系数绝对数值的人小说明两现象之间线性相关的密切程度。r 的绝对值越接近于 1，表明线性相关关系越密切；$r=0$，表明两变量没有线性相关关系；$r=+1$ 或 $r=-1$，表明两现象完全线性相关，即为函数关系。

4．回归分析。回归分析是对具有相关关系的现象，运用一个数学模型（回归方程）近似地表示变量之间的一般关系或平均变化关系，并近似地进行估算和预测的一种统计分析方法。回归分析中两变量是非对等关系，一个是自变量，一个是因变量；因变量 y 是随机变量，自变量 x 是可控的非随机变量；回归分析中回归方程反映的是变量间的变动关系。

5．一元线性回归分析。一元线性回归分析是用直线方程表明两个变量之间的变动关系，并进行估计推算的分析方法。一元线性回归模型为 $y_c = a + bx$ 。

6．一元线性回归预测。建立回归模型的目的之一是进行预测，所谓预测。就是当自变量 x 取一个值 x_0 时，估计 y_0 的取值，有点预测和区间预测之分。

技能检测

一、判断对错

1．相关关系和函数关系都属于完全确定性的依存关系。（　　）

2. 相关系数越大，线性相关程度越高。（　　）

3. r=0，表明两变量 x、y 是完全不相关的。（　　）

4. 回归分析和相关分析一样，所分析的两个变量都是随机变量。（　　）

5. 回归系数 b 和相关系数 r 的符号一直都是相同的。（　　）

二、单项选择题

1. 相关系数 r 的取值范围是（　　）。

   A. $-\infty < r < +\infty$　B. $-1 \leqslant r \leqslant +1$　C. $-1 < r < +1$　D. $0 \leqslant r \leqslant 1$

2. 下列关系中，属于正相关关系的是（　　）。

   A. 合理限度内，施肥量和平均单位产量之间的关系

   B. 产品产量与单位产品成本之间的关系

   C. 商品的流通费用率和销售量之间的关系

   D. 正常商品的价格与需求量

3. 关于相关系数，下列描述不正确的是（　　）。

   A. 当 $0 \leqslant |r| \leqslant 1$ 时，表示两变量不完全相关

   B. 当 r=0 时，表示两变量之间无相关

   C. 两变量之间的相关关系是单相关

   D. 如果自变量的增长引起因变量的增长，则两变量之间就是正相关

4. 对于线性相关的两个变量建立的直线回归方程 $y=a+bx$ 中，回归系数 b（　　）。

   A. 肯定是正数　B. 可能为 0　C. 显著不为 0　D. 肯定为负数

5. 年劳动生产率 x（千元）和工人工资 y（元）之间的回归方程为 $y=10+70x$，这意味着年劳动生产率每提高 1 千元时，工人工资平均（　　）。

   A. 增加 70 元　B. 减少 70 元

   C. 增加 80 元　D. 减少 80 元

6. 在回归分析中，两个变量（　　）。

   A. 都是随机变量　B. 都不是随机变量

   C. 自变量是随机变量　D. 因变量是随机变量

7. 评价回归方程拟合度的指标有（　　）。

   A. 回归系数 b　B. 直线截距 a　C. 相关系数 r　D. 判定系数 r^2

8. 两变量的相关系数为 0.8，则其回归直线的判定系数为（　　）。

   A. 0.5　B. 0.8　C. 0.64　D. 0.9

三、多项选择题

1. 下列现象属于相关关系的是（　　　　）。

   A. 家庭收入与支出的关系　B. 圆的半径与圆的面积关系

   C. 产品产量与单位成本的关系　D. 施肥量与粮食单位面积产量的关系

   E. 机械化程度与农业劳动力的关系

2. 对于一元线性回归分析来说（　　　　）。

A．两变量之间必须明确哪个是自变量，哪个是因变量

B．回归方程是利用自变量的给定值来估计和预测因变量的平均可能值

C．可能存在着 y 依 x 和 x 依 y 的两个回归方程

D．回归系数只有正号

E．确定回归方程时，尽管两个变量都是随机的，但要求自变量是给定的

3．单位成本 y（元）与产量 x（千件）之间的回归方程为 $y=78-2x$，这表示（　　　　）。

A．产量为 1000 件时，单位成本约为 76 元

B．产量为 1000 件时，单位成本约为 78 元

C．产量每增加 1000 件时，单位成本平均下降 2 元

D．产量每增加 1000 件时，单位成本平均下降 2000 元

E．当单位成本为 72 元时，产量约为 3000 件

4．商品销售额与流通费用率，在一定条件下存在相关关系，这种相关关系属于（　　　　）。

A．单相关　　B．复相关　　C．直线相关

D．曲线相关　　E．负相关

5．反映一元线性回归方程 $y=a+bx$ 好坏的指标有（　　　　）。

A．相关系数　　B．判定系数　　C．b 的大小

D．估计标准误　　E．a 的大小

综合实训

一、实训目的

1．掌握相关分析和回归分析的相关知识。

2．培养学生应用相关系数测定现象之间相关关系的能力。

3．培养学生建立一元线性回归方程的能力。

4．培养学生应用一元线性回归方程分析和预测社会经济现象的能力。

二、实训内容

1．某建筑公司想了解位于某街区的住宅地产的销售价格 Y 与总评估价 X 之间的关系有多大，于是从该街区售出的住宅中随机抽取 10 所住宅房做样本，10 所住宅房的总评估价和销售价格如表 8-6 所示，根据资料分析总评估价和销售价格之间的关系；并通过回归分析建立总评估价和销售价格之间的回归模型，同时预测总评估价为 200 万时的销售价格。

表 8-6　10 所住宅房的总评估价和销售价格资料

总评估价 X（万元）	79	98	110	97	100	105	95	139	170	155
销售价格 Y（万元）	95	116	156	111	110	100	130	170	211	185

要求：

（1）查阅相关分析、回归分析的相关知识。

（2）利用 Excel 软件进行相关系数的计算，并判断总评估价和销售价格之间的相关关系。

（3）利用 Excel 建立回归方程，并根据回归方程解释总评估价和销售价格之间的关系。

（4）利用回归方程预测当总评估价为 200 万元时的销售价格。

2．从某市全体儿童总体中随机抽取一个容量为 30 的样本，测量身高与体重，所得样本数据如表 8-7 所示，要求：

（1）绘制样本数据的散点图，并判断两个变量之间的关系类型。

（2）计算两个变量的相关系数，并判断该市儿童身高与体重之间的相关关系。

（3）以身高为自变量、体重为因变量求出估计的回归方程，并解释其斜率的含义。

（4）若某一儿童身高为 125cm，试以 99% 的置信水平估计其体重的存在区间。

表 8-7　30 名儿童身高与体重的样本数据

序　号	身高（cm）	体重（kg）	序　号	身高（cm）	体重（kg）
1	119.8	22.6	16	128.0	22.4
2	121.0	22.0	17	126.0	22.7
3	121.0	19.6	18	128.6	23.5
4	124.0	21.8	19	129.4	21.5
5	120.0	21.5	20	127.0	25.5
6	117.0	20.1	21	126.5	25.0
7	118.0	18.8	22	128.0	26.1
8	118.0	22.0	23	131.0	28.0
9	124.0	21.3	24	130.8	26.8
10	124.8	24.0	25	133.0	27.2
11	124.5	23.0	26	130.4	24.4
12	123.0	22.5	27	131.0	24.0
13	125.0	23.0	28	130.0	23.0
14	124.0	19.5	29	136.0	26.3
15	127.0	23.2	30	138.0	28.8

3．某公司为验证公司员工培训是否对员工工作兴趣和兴奋度产生积极影响，现对 20 名员工上年度的病事假天数和相应的员工培训时间进行整理，如表 8-8 所示。

要求：

（1）讨论培训时间与病事假天数的相关性。

（2）求出培训时间与病事假天数的回归方程。

（3）员工培训是否对员工工作兴趣和兴奋度产生积极影响，并给出理由。

表 8-8 20 名员工的培训时间与病事假天数表

序号	培训时间（小时）	病事假天数（天）	序号	培训时间（小时）	病事假天数（天）
1	24	5	11	8	8
2	16	4	12	60	1
3	48	0	13	0	9
4	120	1	14	28	3
5	36	5	15	15	8
6	10	7	16	88	2
7	65	0	17	120	1
8	36	3	18	15	8
9	0	12	19	48	0
10	12	8	20	5	10

4．10 个工业企业的生产性固定资产年平均价值和工业总产值资料如表 8-9 所示。要求：

（1）绘制散点图，计算相关系数，判断两变量之间的相关性。

（2）建立生产性固定资产 x 与工业总产值 y 的线性回归方程。

（3）计算估计标准误差。

（4）利用回归方程估计当生产性固定资产为 1100 万元时总产值的可能值。

表 8-9 10 个工业企业的生产性固定资产年平均价值和工业总产值

企业编号	生产性固定资产年平均价值（万元）x	工业总产值（万元）y
1	318	524
2	910	1019
3	200	638
4	409	815
5	415	913
6	502	928
7	314	605
8	1210	1516
9	1022	1219
10	1225	1624

附录 A　正态分布概率表

$$\varphi(u)=\frac{1}{\sqrt{2\pi}}e^{-\frac{1}{2}u^2}$$

t	F(t)	t	F(t)	t	F(t)	t	F(t)
0.00	0.0000	0.35	0.2737	0.70	0.5161	1.05	0.7887
0.01	0.0080	0.36	0.2812	0.71	0.5223	1.06	0.7923
0.02	0.0160	0.37	0.2886	0.72	0.5285	1.07	0.7959
0.03	0.0239	0.38	0.2961	0.73	0.5346	1.08	0.7995
0.04	0.0319	0.39	0.3035	0.74	0.5407	1.09	0.8030
0.05	0.0399	0.40	0.3108	0.75	0.5467	1.10	0.8064
0.06	0.0478	0.41	0.3182	0.76	0.5527	1.11	0.8098
0.07	0.0558	0.42	0.3255	0.77	0.5587	1.12	0.8132
0.08	0.0638	0.43	0.3328	0.78	0.5646	1.13	0.8165
0.09	0.0717	0.44	0.3401	0.79	0.5705	1.14	0.8198
0.10	0.0797	0.45	0.3473	0.80	0.5763	1.15	0.8230
0.11	0.0876	0.46	0.3545	0.81	0.5821	1.16	0.8262
0.12	0.0955	0.47	0.3616	0.82	0.5878	1.17	0.7063
0.13	0.1034	0.48	0.3688	0.83	0.5935	1.18	0.7109
0.14	0.1113	0.49	0.3759	0.84	0.5991	1.19	0.7154
0.15	0.1192	0.50	0.3829	0.85	0.6047	1.20	0.7199
0.16	0.1271	0.51	0.3899	0.86	0.6102	1.21	0.7243
0.17	0.1350	0.52	0.3969	0.87	0.6157	1.22	0.7287
0.18	0.1428	0.53	0.4039	0.88	0.6211	1.23	0.7330
0.19	0.1507	0.54	0.4108	0.89	0.6265	1.24	0.7373
0.20	0.1585	0.55	0.4177	0.90	0.6319	1.25	0.7415
0.21	0.1663	0.56	0.4245	0.91	0.6372	1.26	0.7457
0.22	0.1741	0.57	0.4313	0.92	0.6424	1.27	0.7499
0.23	0.1819	0.58	0.4381	0.93	0.6476	1.28	0.7540
0.24	0.1897	0.59	0.4448	0.94	0.6528	1.29	0.7580
0.25	0.1974	0.60	0.4515	0.95	0.6579	1.30	0.7620
0.26	0.2051	0.61	0.4581	0.96	0.6629	1.31	0.7660
0.27	0.2128	0.62	0.4647	0.97	0.6680	1.32	0.7699
0.28	0.2205	0.63	0.4713	0.98	0.6729	1.33	0.7737
0.29	0.2282	0.64	0.4778	0.99	0.6778	1.34	0.7775
0.30	0.2358	0.65	0.4843	1.00	0.6827	1.35	0.7813
0.31	0.2434	0.66	0.4907	1.01	0.6875	1.36	0.7850
0.32	0.2510	0.67	0.4971	1.02	0.6923	1.37	0.8293
0.33	0.2586	0.68	0.5035	1.03	0.6970	1.38	0.8324
0.34	0.2661	0.69	0.5098	1.04	0.7017	1.39	0.8355

续表

t	F(t)	t	F(t)	t	F(t)	t	F(t)
1.40	0.8385	1.70	0.9109	2.00	0.9545	2.60	0.9907
1.41	0.8415	1.71	0.9127	2.02	0.9566	2.62	0.9912
1.42	0.8444	1.72	0.9146	2.04	0.9587	2.64	0.9917
1.43	0.8473	1.73	0.9164	2.06	0.9606	2.66	0.9922
1.44	0.8501	1.74	0.9181	2.08	0.9625	2.68	0.9926
1.45	0.8529	1.75	0.9199	2.10	0.9643	2.70	0.9931
1.46	0.8557	1.76	0.9216	2.12	0.9660	2.72	0.9935
1.47	0.8584	1.77	0.9233	2.14	0.9676	2.74	0.9939
1.48	0.8611	1.78	0.9249	2.16	0.9692	2.76	0.9942
1.49	0.8638	1.79	0.9265	2.18	0.9707	2.78	0.9946
1.50	0.8664	1.80	0.9281	2.20	0.9722	2.80	0.9949
1.51	0.8690	1.81	0.9297	2.22	0.9736	2.82	0.9952
1.52	0.8715	1.82	0.9312	2.24	0.9749	2.84	0.9955
1.53	0.8740	1.83	0.9328	2.26	0.9762	2.86	0.9958
1.54	0.8764	1.84	0.9342	2.28	0.9774	2.88	0.9960
1.55	0.8789	1.85	0.9357	2.30	0.9786	2.90	0.9962
1.56	0.8812	1.86	0.9371	2.32	0.9797	2.92	0.9965
1.57	0.8836	1.87	0.9385	2.34	0.9807	2.94	0.9967
1.58	0.8859	1.88	0.9399	2.36	0.9817	2.96	0.9969
1.59	0.8882	1.89	0.9412	2.38	0.9827	2.98	0.9971
1.60	0.8904	1.90	0.9426	2.40	0.9836	3.00	0.9973
1.61	0.8926	1.91	0.9439	2.42	0.9845	3.20	0.9986
1.62	0.8948	1.92	0.9451	2.44	0.9853	3.40	0.9993
1.63	0.8969	1.93	0.9464	2.46	0.9861	3.60	0.999 68
1.64	0.8990	1.94	0.9476	2.48	0.9869	3.80	0.999 86
1.65	0.9011	1.95	0.9488	2.50	0.9876	4.00	0.999 94
1.66	0.9031	1.96	0.9500	2.52	0.9883	4.50	0.999 993
1.67	0.9051	1.97	0.9512	2.54	0.9889	5.00	0.999 999
1.68	0.9070	1.98	0.9523	2.56	0.9895		
1.69	0.9099	1.99	0.9534	2.58	0.9901		

附录 B　T 分布表

$$P\{t(n) > t_a(n)\} = a$$

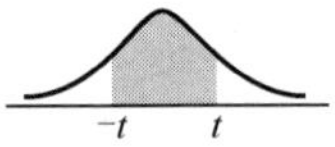

Confidence interval

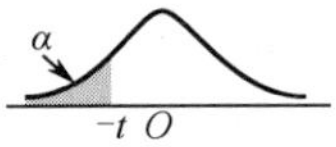

Left-tailed test

Right-tailed test

Two-tailed test

df	a=0.1	0.05	0.025	0.01	0.005	0.001	0.0005	单尾
	0.2	0.1	0.05	0.02	0.01	0.002	0.001	双尾
1	3.078	6.314	12.706	31.821	63.657	318.309	636.619	
2	1.886	2.920	4.303	6.965	9.925	22.327	31.599	
3	1.638	2.353	3.182	4.541	5.841	10.215	12.924	
4	1.533	2.132	2.776	3.747	4.604	7.173	8.610	
5	1.476	2.015	2.571	3.365	4.032	5.893	6.869	
6	1.440	1.943	2.447	3.143	3.707	5.208	5.959	
7	1.415	1.895	2.365	2.998	3.499	4.785	5.408	
8	1.397	1.860	2.306	2.896	3.355	4.501	5.041	
9	1.383	1.833	2.262	2.821	3.250	4.297	4.781	
10	1.372	1.812	2.228	2.764	3.169	4.144	4.587	
11	1.363	1.796	2.201	2.718	3.106	4.025	4.437	
12	1.356	1.782	2.179	2.681	3.055	3.930	4.318	
13	1.350	1.771	2.160	2.650	3.012	3.852	4.221	
14	1.345	1.761	2.145	2.624	2.977	3.787	4.140	
15	1.341	1.753	2.131	2.602	2.947	3.733	4.073	
16	1.337	1.746	2.120	2.583	2.921	3.686	4.015	
17	1.333	1.740	2.110	2.567	2.898	3.646	3.965	
18	1.330	1.734	2.101	2.552	2.878	3.610	3.922	
19	1.328	1.729	2.093	2.539	2.861	3.579	3.883	
20	1.325	1.725	2.086	2.528	2.845	3.552	3.850	
21	1.323	1.721	2.080	2.518	2.831	3.527	3.819	
22	1.321	1.717	2.074	2.508	2.819	3.505	3.792	
23	1.319	1.714	2.069	2.500	2.807	3.485	3.768	
24	1.318	1.711	2.064	2.492	2.797	3.467	3.745	

续表

df	a=0.1	0.05	0.025	0.01	0.005	0.001	0.0005	单尾
	0.2	0.1	0.05	0.02	0.01	0.002	0.001	双尾
25	1.316	1.708	2.060	2.485	2.787	3.450	3.725	
26	1.315	1.706	2.056	2.479	2.779	3.435	3.707	
27	1.314	1.703	2.052	2.473	2.771	3.421	3.690	
28	1.313	1.701	2.048	2.467	2.763	3.408	3.674	
29	1.311	1.699	2.045	2.462	2.756	3.396	3.659	
30	1.310	1.697	2.042	2.457	2.750	3.385	3.646	
31	1.309	1.696	2.040	2.453	2.744	3.375	3.633	
32	1.309	1.694	2.037	2.449	2.738	3.365	3.622	
33	1.308	1.692	2.035	2.445	2.733	3.356	3.611	
34	1.307	1.691	2.032	2.441	2.728	3.348	3.601	
35	1.306	1.690	2.030	2.438	2.724	3.340	3.591	
36	1.306	1.688	2.028	2.434	2.719	3.333	3.582	
37	1.305	1.687	2.026	2.431	2.715	3.326	3.574	
38	1.304	1.686	2.024	2.429	2.712	3.319	3.566	
39	1.304	1.685	2.023	2.426	2.708	3.313	3.558	
40	1.303	1.684	2.021	2.423	2.704	3.307	3.551	
41	1.303	1.683	2.020	2.421	2.701	3.301	3.544	
42	1.302	1.682	2.018	2.418	2.698	3.296	3.538	
43	1.302	1.681	2.017	2.416	2.695	3.291	3.532	
44	1.301	1.680	2.015	2.414	2.692	3.286	3.526	
45	1.301	1.679	2.014	2.412	2.690	3.281	3.520	
46	1.300	1.679	2.013	2.410	2.687	3.277	3.515	
47	1.300	1.678	2.012	2.408	2.685	3.273	3.510	
48	1.299	1.677	2.011	2.407	2.682	3.269	3.505	
49	1.299	1.677	2.010	2.405	2.680	3.265	3.500	
50	1.299	1.676	2.009	2.403	2.678	3.261	3.496	
51	1.298	1.675	2.008	2.402	2.676	3.258	3.492	
52	1.298	1.675	2.007	2.400	2.674	3.255	3.488	
53	1.298	1.674	2.006	2.399	2.672	3.251	3.484	
54	1.297	1.674	2.005	2.397	2.670	3.248	3.480	
55	1.297	1.673	2.004	2.396	2.668	3.245	3.476	
56	1.297	1.673	2.003	2.395	2.667	3.242	3.473	
57	1.297	1.672	2.002	2.394	2.665	3.239	3.470	
58	1.296	1.672	2.002	2.392	2.663	3.237	3.466	

续表

df	a=0.1	0.05	0.025	0.01	0.005	0.001	0.0005	单尾
	0.2	0.1	0.05	0.02	0.01	0.002	0.001	双尾
59	1.296	1.671	2.001	2.391	2.662	3.234	3.463	
60	1.296	1.671	2.000	2.390	2.660	3.232	3.460	
61	1.296	1.670	2.000	2.389	2.659	3.229	3.457	
62	1.295	1.670	1.999	2.388	2.657	3.227	3.454	
63	1.295	1.669	1.998	2.387	2.656	3.225	3.452	
64	1.295	1.669	1.998	2.386	2.655	3.223	3.449	
65	1.295	1.669	1.997	2.385	2.654	3.220	3.447	
66	1.295	1.668	1.997	2.384	2.652	3.218	3.444	
67	1.294	1.668	1.996	2.383	2.651	3.216	3.442	
68	1.294	1.668	1.995	2.382	2.650	3.214	3.439	
69	1.294	1.667	1.995	2.382	2.649	3.213	3.437	
70	1.294	1.667	1.994	2.381	2.648	3.211	3.435	
71	1.294	1.667	1.994	2.380	2.647	3.209	3.433	
72	1.293	1.666	1.993	2.379	2.646	3.207	3.431	
73	1.293	1.666	1.993	2.379	2.645	3.206	3.429	
74	1.293	1.666	1.993	2.378	2.644	3.204	3.427	
75	1.293	1.665	1.992	2.377	2.643	3.202	3.425	
76	1.293	1.665	1.992	2.376	2.642	3.201	3.423	
77	1.293	1.665	1.991	2.376	2.641	3.199	3.421	
78	1.292	1.665	1.991	2.375	2.640	3.198	3.420	
79	1.292	1.664	1.990	2.374	2.640	3.197	3.418	
80	1.292	1.664	1.990	2.374	2.639	3.195	3.416	
81	1.292	1.664	1.990	2.373	2.638	3.194	3.415	
82	1.292	1.664	1.989	2.373	2.637	3.193	3.413	
83	1.292	1.663	1.989	2.372	2.636	3.191	3.412	
84	1.292	1.663	1.989	2.372	2.636	3.190	3.410	
85	1.292	1.663	1.988	2.371	2.635	3.189	3.409	
86	1.291	1.663	1.988	2.370	2.634	3.188	3.407	
87	1.291	1.663	1.988	2.370	2.634	3.187	3.406	
88	1.291	1.662	1.987	2.369	2.633	3.185	3.405	
89	1.291	1.662	1.987	2.369	2.632	3.184	3.403	
90	1.291	1.662	1.987	2.368	2.632	3.183	3.402	
91	1.291	1.662	1.986	2.368	2.631	3.182	3.401	
92	1.291	1.662	1.986	2.368	2.630	3.181	3.399	

续表

df	*a*=0.1	0.05	0.025	0.01	0.005	0.001	0.0005	单尾
	0.2	0.1	0.05	0.02	0.01	0.002	0.001	双尾
93	1.291	1.661	1.986	2.367	2.630	3.180	3.398	
94	1.291	1.661	1.986	2.367	2.629	3.179	3.397	
95	1.291	1.661	1.985	2.366	2.629	3.178	3.396	
96	1.290	1.661	1.985	2.366	2.628	3.177	3.395	
97	1.290	1.661	1.985	2.365	2.627	3.176	3.394	
98	1.290	1.661	1.984	2.365	2.627	3.175	3.393	
99	1.290	1.660	1.984	2.365	2.626	3.175	3.392	
100	1.290	1.660	1.984	2.364	2.626	3.174	3.390	
120	1.289	1.658	1.980	2.358	2.617	3.160	3.373	
∞	1.282	1.645	1.960	2.326	2.576	3.090	3.291	

参考文献

[1] 贾俊平. 统计学基础（第 4 版）. 北京：中国人民大学出版社. 2019.

[2] 李杰顺，张琴. 统计学基础. 北京：清华大学出版社. 2018.

[3] 姚寿福. 统计学——在经济管理中的应用. 北京：电子工业出版社. 2020.

[4] 谢忠秋，丁兴烁. 应用统计学. 北京：机械工业出版社. 2020.

[5] 曾自卫，吴霞. 统计学原理. 上海：上海财经大学出版社. 2020.

[6] 卢治飞，孙忠宝. 应用统计学（第四版）. 北京：清华大学出版社. 2019.

[7] 贾俊平. 统计学：基于 Excel（第 2 版）. 北京：中国人民大学出版社. 2020.

[8] 刘文锦. 统计学基础. 北京：中国人民大学出版社. 2016.

[9] 赵爱威，陈行. 统计学基础. 北京：中国轻工业出版社. 2018.

[10] 危磊. 统计学基础. 北京：人民邮电出版社. 2018.

[11] 杜树靖，于声涛. 统计基础与实务. 北京：科学出版社. 2020.

[12] 王浩，陆璐. 原理与 SPSS 应用. 北京：机械工业出版社. 2019.

[13] 宋廷山，王坚，刁艳华，等. 应用统计学——以 Excel 为分析工具. 北京：清华大学出版社. 2018.